Kenkyu Sosho No.626

ラテンアメリカの市民社会組織

継続と変容

宇佐見耕一・菊池啓一・馬場香織：編

IDE-JETRO アジア経済研究所

研究双書 No. 626

宇佐見耕一・菊池啓一・馬場香織 編
『ラテンアメリカの市民社会組織―継続と変容―』

Raten-amerika no shimin-shakai-soshiki: Keizoku to henyo.
(Civil Society Organizations in Latin America: Continuity and Change)

Edited by
Koichi USAMI, Hirokazu KIKUCHI, and Kaori BABA

Contents

Introduction Civil Society Organizations in Latin America: What Is to Be Explained?
(Koichi USAMI, Hirokazu KIKUCHI, and Kaori BABA)

Part I : Interest Intermediation, Policy-Making, and Civil Society Organizations

Chapter 1 Continuity and Change in Mexican State-Labor Relations: Lessons from Labor Reform Politics (Kaori BABA)

Chapter 2 The President and Strong Civil Society Organizations in Current Bolivia: Making of the New Mining Law under Evo Morales (Isamu OKADA)

Chapter 3 Labor Unions and the State in the Postneoliberal Peru: A Comparison with State-Union Relations in the Twentieth Century (Yusuke MURAKAMI)

Part II : Democracy and Civil Society Organizations

Chapter 4 Participatory Democracy under the Chavez Administration in Venezuela: Institutionalization and Transformation (Aki SAKAGUCHI)

Chapter 5 Distributive Politics and Civil Society in Brazil: Determinants of Transfers from the Federal Government to Civil Society Organizations (Hirokazu KIKUCHI)

Chapter 6 Relationships between the State and Christian Groups in Brazil: The Rise of Evangelicals and Politicalization of Social Issues (Ryohei KONTA)

Conclusion Civil Society Organizations in 21st Century Latin America (Koichi USAMI)

〔Kenkyu Sosho (IDE Research Series) No. 626〕
Published by the Institute of Developing Economies, JETRO, 2016
3-2-2, Wakaba, Mihama-ku, Chiba-shi, Chiba 261-8545, Japan

まえがき

　21世紀に入りすでに15年以上が過ぎたラテンアメリカにおいて，軍政は遠い過去のものとなり，民主主義体制はもはや揺るぎのないものになっている。民主主義の定着とともに，市民社会とその基となる市民社会組織は性格を変容させつつ多様で量的にも拡大を示している。他方，1970年代末からの民主化以降，ラテンアメリカの国家と民主主義体制に関する議論，また拡大しつつある市民社会組織に関して活発な研究がなされてきた。そこで21世紀に入って15年が過ぎた時点で，これまで蓄積された先行研究をふまえつつ，ラテンアメリカにおける国家と市民社会組織の関係を整理して，学術的視点からその性格を確認することが本書の目的となっている。

　軍政から民主政治に体制転換したことに加えて，1980年代に始まり1990年代に本格化した新自由主義改革もラテンアメリカの経済面のみならず，社会・政治面に関しても大きな変容を与えたことは周知の事実である。それは輸入代替工業化という国家が経済過程に深く関与する経済政策から，市場機能を重視する経済政策への移行を意味している。しかし，新自由主義改革においても，国家の果たす役割が消滅したわけではなく，その役割が変容したことも通説となっている。21世紀に入り南米で成立した多くの左派政権も，20世紀末に実施された新自由主義改革とさまざまな意味で関係してくる。そこで本書の課題は，民主化と新自由主義改革という二重の移行を経たラテンアメリカにおける国家と市民社会組織が，いかなる関係性をもっているのかを明らかにするというものである。

　国家論あるいは市民社会論は，主として欧米の経験を基にした議論であるが，それを出発点として，ラテンアメリカにおけるそれぞれの性格を描き出した研究も多々みられ，本書もその延長線上に位置づけられる研究のひとつである。本書は，国家と市民社会組織の関係についてコーポラティズム論を基に利益媒介・政策形成の視点から分析しようとする第Ⅰ部と，民主化後に

おける民主主義の性格と市民社会組織の関係を考察する第Ⅱ部から構成される。また，分析の対象とする国は，メキシコ，ボリビア，ペルー，ベネズエラおよびブラジルである。ここでの研究が，ラテンアメリカの国家と市民社会組織関係をめぐる諸議論に新たな視点を加え，研究上の論争を活発化させることに少しでも貢献できることを願ってやまない。

　本書は，アジア経済研究所において2014年度・2015年度に実施された「21世紀ラテンアメリカにおける国家と市民社会組織の関係」研究会の最終成果であるが，その出版に至る過程で多くの方々のサポートを頂いた。同研究会には，講師として東京大学の大串和雄教授，筑波大学の辻中豊教授ならびに近藤康史教授をお招きし，貴重なアドヴァイスを頂いた。さらにアジア経済研究所のスタッフの方々からも多大の支援を頂いた。ここに皆様に心よりの感謝の念を申し上げたい。

2016年10月

編　者

目　次

まえがき

序　章　問題の所在と分析の視点
　　　　　　　……………………宇佐見耕一・菊池啓一・馬場香織 … 3
　　はじめに ……………………………………………………………… 3
　　第 1 節　問題の所在 ………………………………………………… 4
　　第 2 節　コーポラティズム論――利益媒介・政策形成―― ……… 12
　　第 3 節　民主主義と市民社会 ……………………………………… 20
　　第 4 節　本書の構成 ………………………………………………… 28

第Ⅰ部　利益媒介・政策形成と市民社会組織

第 1 章　メキシコにおける政労関係の継続と変容――労働法制改革を
　　　　めぐる政治を中心に―― ………………………馬場香織 … 41
　　はじめに ……………………………………………………………… 41
　　第 1 節　メキシコ2012年労働法制改革の背景と概要 …………… 43
　　第 2 節　本章の分析視角――労組の戦略，パワー，レバレッジ―― …52
　　第 3 節　労組の戦略，レバレッジと労働法制改革 ……………… 59
　　おわりに ……………………………………………………………… 68

第 2 章　ボリビアにおける国家と強力な市民社会組織の関係
　　　　――モラレス政権下の新鉱業法の政策決定過程――
　　　　………………………………………………………岡田　勇 … 77
　　はじめに ……………………………………………………………… 77

第1節　ボリビアの国家―市民社会組織関係についての研究 ………… 80
　第2節　理論枠組み――ボリビア鉱業にみる国家と市民社会組織の
　　　　　あいだでの政策決定―― ………………………………… 82
　第3節　新鉱業法の成立過程 ………………………………………… 91
　おわりに ………………………………………………………………… 104

第3章　ポスト新自由主義期ペルーの労働組合と国家
　　　　――20世紀の状況との比較―― …………… 村上勇介 … 113
　はじめに ………………………………………………………………… 113
　第1節　国家主導型発展モデル期の労働組合 ……………………… 115
　第2節　労働組合の影響力の低下と1990年代の新自由主義改革 …… 124
　第3節　ポスト新自由主義期の労働組合 …………………………… 129
　おわりに ………………………………………………………………… 137

第Ⅱ部　民主主義と市民社会組織

第4章　ベネズエラにおける参加民主主義――チャベス政権下に
　　　　おけるその制度化と変質―― ………………… 坂口安紀 … 151
　はじめに ………………………………………………………………… 151
　第1節　市民社会と民主主義概念の整理 …………………………… 153
　第2節　ベネズエラにおける参加民主主義の萌芽 ………………… 155
　第3節　チャベス政権下のコミュニティベースの参加民主主義の
　　　　　実態とその変質 ……………………………………………… 157
　結論 ……………………………………………………………………… 172

第5章　分配政治とブラジルの市民社会――連邦政府から市民社会
　　　　組織への財政移転の決定要因―― ………… 菊池啓一 … 181
　はじめに ………………………………………………………………… 181

第1節　ブラジルの市民社会組織のプロフィール ……………………… 183
　第2節　市民社会組織への財政移転 ……………………………………… 188
　第3節　データ分析 ………………………………………………………… 200
　おわりに …………………………………………………………………… 207

第6章　ブラジルにおける国家とキリスト教系宗教集団の関係
　　　　――福音派の台頭と政治化する社会問題――
　　　　　　………………………………………………… 近田亮平 … 217
　はじめに …………………………………………………………………… 217
　第1節　ブラジルの政治と宗教をめぐる変化 ………………………… 219
　第2節　中絶をめぐる国家とキリスト教系宗教集団 ………………… 229
　第3節　LGBTをめぐる国家とキリスト教系宗教集団 ……………… 232
　第4節　国家と宗教集団の関係 ………………………………………… 236
　おわりに …………………………………………………………………… 245

終　章　21世紀ラテンアメリカにおける国家と市民社会組織の
　　　　関係 ………………………………………… 宇佐見耕一 … 255

索　引 ……………………………………………………………………… 263

ラテンアメリカの市民社会組織

序章

問題の所在と分析の視点

宇佐見 耕一・菊池 啓一・馬場 香織

はじめに

　歴史的にみてラテンアメリカの国家は，寡頭支配体制以降，それに反発する多階級的支持基盤をもって発足したポピュリスト政権下での国家，あるいは軍政を典型とした権威主義的体制下の国家を経て，1970年代末以降には多くの国で民主主義体制に移行した。他方，市民社会組織も19世紀末から労働組合が域内で結成され始め，権威主義体制下では人権を求める組織が運動を展開し，民主主義への移行以後は多様で多数の市民社会組織の活動がみられるようになった。さらに経済政策も第2次世界大戦後は，国家介入型の輸入代替工業化政策が域内諸国で広範に採用されていたのに対して，1980年代経済危機を契機に，1980年代から90年代にかけて市場機能を重視する新自由主義経済政策が採用されている。

　21世紀に入りラテンアメリカ諸国，とくに南米では多くの左派政権が成立した。そのいくつかはエクアドルのコレア（Rafael Correa）政権のように都市中間層の市民運動，ボリビアのモラレス（Evo Morales）政権のように先住民運動，またブラジルのルーラ（Luiz Inácio "Lula" da Silva）とルセフ（Dilma Rousseff）政権のように労働運動など市民社会組織の活動を中心的な支持基盤としている政権がある（Castañeda 2006）。他方，アルゼンチンのキルチネル（Néstor Kirchner）とフェルナンデス（Cristina Fernández de Kirchner）両政

権（2003年5月～2007年12月・2007年12月～2015年12月）与党のペロン党は，労働組合を最大の組織的な支持基盤としており，キルチネルとフェルナンデス両政権になり社会運動との関係も強めている。またメキシコのペーニャ＝ニエト（Enrique Peña Nieto）政権与党の制度的革命党（Partido Revolucionario Institucional: PRI）は，伝統的に労働組合や農民組合と関係が深く，コーポラティズムの形態が明確にみられたことが知られている。

　このようなラテンアメリカにおいて歴史的変容を遂げてきた経済，国家および市民社会組織が，21世紀になっていかなる関係性をもっているのかを明らかにすることが本書の目的である。とくにラテンアメリカ政治研究では，民主化が進んだ1980年代以降，市民社会あるいは市民社会組織の政治的重要性が注目されるようになった（Oxhorn 2012, 249）。そのため本書では，21世紀になり15年が経過した現在における利益媒介システムあるいは政策形成過程としての国家と市民社会組織，あるいは民主主義と市民社会組織の関係性を考察し，その特性を明らかにしたい。

第1節　問題の所在

1．ラテンアメリカにおける市民社会はどのようにとらえられるか

　市民社会に関する議論は，欧米を対象として同地域において盛んに議論されてきた。たとえばハーバーマス（Jürgen Habermas）は，「自律的な公共圏は意見形成をおこなう結社（アソシエーション）を中心としてその周辺にかたちづくられうる」（ハーバーマス 1994, xxxix）と述べ，公共圏（public sphere）は自律的であり，さまざまなアソシエーションにより構成されているとする。彼は，こうした諸組織は市民社会の制度的核心をなすとも述べており，その意味で公共圏と市民社会はほぼ同義と考えられる。スコッチポル（Theda Skocpol）もハーバーマスと類似した市民社会概念を米国社会の歴史

の中に見出し，その変容が米国における市民社会の弱体化を示しているとする（スコッチポル 2007）。また，非民主主義体制から民主主義体制への移行を研究し，民主化以降の市民社会の機能の変化に注目したリンス（Juan J. Linz）とステパン（Alfred Stepan）は，市民社会を「国家から相対的に自律し，自主的に組織されたグループ，運動や諸個人が，さまざまな価値を結びつけ，組織を形成し，それらの利益を促進しようとする領域」（Linz and Stepan 1996, 7）と定義している。

こうした欧米で定義された自律的な市民社会概念に対して，ラテンアメリカを研究する研究者のなかでは，ラテンアメリカにおける市民社会は，市民社会のいわゆる欧米的な定義と内容を異にするとの主張がみられる。ダグニーノら（Dagnino, Olvera y Panfichi 2006）は，ラテンアメリカにおける市民社会の内部は，異なる文化や政治的伝統が共存しており，多様であるとする。そこでは参加的・民主的なものがある一方で，クライエンテリズム的・コーポラティズム的・権威主義的なものがあると主張している。もっとも市民社会の内部が一様でないとする見解は，欧米の市民社会論のなかにもみられる。フレイザー（Nancy Fraser）によると，ハーバーマスによる「ブルジョワ的」市民社会像は，市民社会内部における格差構造を考慮しておらず，公共圏をただひとつと考え，複数の公共圏が存在する可能性を排除していると批判しており，市民社会の内部に種類の異なる要素が共存しているとの主張をしている（フレイザー 2003）。これらの議論は，市民社会そのものの定義に関して，「普遍的」な定義がラテンアメリカの市民社会に関係した分析にどの程度適しているのかという問いを投げかけている。

2．ラテンアメリカにおける国家と市民社会

市民社会と国家との関係の歴史的な推移に関しても，市民社会の定義と類似の議論がみられる。マーシャル（Thomas Marshall）は，1950年に発表した著作で市民権（citizenship）を市民的（civil）権利，政治的（political）権利そ

して社会的 (social) 権利から構成されるものとし，イギリスにおいてそれぞれ18〜20世紀にかけて歴史的に確立されてきたことを提示している (Marshall 1992, 28-17)。他方ベック (Ulrich Beck) らは，現代社会を工業化とともに確立した近代が近代化の進行により影響を受ける「再帰的近代化」という視点を提示し，それにより近代性が徹底した新たな社会が出現したとする (ベック・ギデンズ・ラッシュ 1997, 11-13)。欧米における市民社会論は，ここに挙げたような欧米社会の歴史的発展に関する認識を基に展開されたといってよい。ギデンズ (Anthony Giddens) は，そうした近代性が徹底した社会には，その再帰性に付随する未来志向的考えが内包されており，そのなかに徹底した社会参加や社会運動等の市民社会の活動領域が拡大する可能性を見出している (ギデンズ 1993, 192-202)。

　他方，ラテンアメリカを対象とする研究者のなかでは，ラテンアメリカにおける市民権が欧米とは異なる過程で形成され，それゆえ異なる性質をもち，特有の国家や経済との関係をもっていたとの主張がある。たとえばガレトン (Manuel Garretón) は，1930年以降の市民社会と国家と市場の関係が以下のように推移したと論じている。1930年代から70年代までのラテンアメリカでは，それ以前の寡頭支配層のような支配的セクターはなく，残存した寡頭支配層，ブルジョワ，中間層，労働者の不安定な調整のなかで開発，近代化，統合や自立をめぐり集合行為がなされてきた。その後の軍政期・権威主義体制の下では，集合行為はより自己保全的になり，そこでの中心的テーマは生命と人権であった。さらにその後の民主政権と経済のグローバル化した状況の下では，近代化に基づく集合行為が市場原理により否定される一方，市民権・参加・社会資本を重視する視点から国家や政治も批判されるようになった。他方で，市場や個別的・コーポラティズム的立場から社会の崩壊を回避するために，国家や代表民主制度を強化しようとする考え方も出現しているとする (Garretón 2001)。また，第2次世界大戦後のラテンアメリカにおける市民権の拡大は，上から選択的に制定されたものであったとする見方もある (Oxhorn 2011)。

国家と市民社会組織の関係は、このようなラテンアメリカの歴史的文脈のなかで把握すべきであるとの見方は、アメリカのラテンアメリカ政治の研究者のなかにも共有されている。フリードマンとホックステトラー（Friedman and Hochstetler 2002）は、市民社会の組織化は、政治的な民主化と経済的な自由化に続く第3の変容であるとする。そのうえで、民主主義の性格（国家の統制の度合い）と市民社会組織の諸側面の性格との組み合わせで、どのような市民社会組織（国家―市民社会組織関係含む）がみられるかという分析枠組みを提示している。また、21世紀になりラテンアメリカ、とくに南米では多くの左派政権が出現した。キルビーとキャノン（Kirby and Cannon 2012）は、南米左派政権が市民社会との関係を強化しているとの認識に基づき、それが地域の民主主義にどのような成果をもたらしたのかという問いを立てている。

　それでは、21世紀のラテンアメリカにおける市民社会の概念や市民社会組織と国家との関係を考える上で、どのような視点が必要なのであろうか。多くの市民社会に関する議論では、市民社会を国家、市場、家族から独立した領域であると考えている（Cohen and Arato 1992, 117-118）。とはいえ、前述したようにラテンアメリカの市民社会は、内容が多様で市民社会組織のなかには必ずしも自律的でないものも含まれている。こうした点を考慮すると、ラテンアメリカ特殊論に陥らず、しかもラテンアメリカの市民社会の特性も分析可能な概念として、ペストフ（Victor Pestoff）の第3セクターを媒介セクターと考える見方（ペストフ 2000, 54）がヒントとなる。

　ペストフの第3セクターを媒介セクターとみなす考えは、福祉の供給は国家、市場およびコミュニティに加えてボランタリィ・アソシエーションや非営利組織からなる第3セクターが供給する福祉トライアングルを考察する中から出てきた概念である。ペストフの第3セクターは、福祉を供給するボランタリィ・アソシエーションや非営利企業からなるが、それをより一般的に解釈すると市民社会組織とほぼ一致する。彼の第3セクターの特徴は、各国の歴史的・政治的伝統にしたがって、国家、市場、コミュニティから影響されつつ形成されたとする点である。また、第3セクターを媒介セクターと考

えることにより，それと市場，国家およびコミュニティとのあいだが恒常的な緊張関係にあるという。市民社会および市民社会組織をこのように考えると，それが自律的であるか否かという点，あるいは国家や市場等とどのような関係をもつのかという点に関して柔軟に考察することができる。そのため，ラテンアメリカの市民社会および市民社会組織が，いわゆる「普遍的」かまたはラテンアメリカ特有の性格を有するかという問題はこうした視点に立てば解消されよう。すなわち本書では，市民社会を国家，市場，コミュニティから独立した領域であるととらえ，それらの隣接領域と相互に影響しあう領域であると考える。その市民社会と隣接領域の関係は多様であり，それゆえに国家から自律した市民社会組織があると同時に，国家に依存する市民社会組織の存在も想定できる。そうした市民社会を構成する市民社会組織は，ハーバーマスも述べているように教会，文化的サークル，学術団体，独立したメディア，スポーツ団体，レクリエーション団体，弁論クラブ，市民フォーラム，市民運動，また同業者組合，労働組合，オールタナティヴな施設まで（ハーバーマス 1994, xxxvi）多様なものを含んでいる[1]。ラテンアメリカにおける市民社会組織もこうした多用な組織を含んでいるが，それはラテンアメリカの歴史的文脈の中で形成され，欧米とは異なる性格をもった隣接領域と相互に影響しあいつつ形成されたものであろうと想定している。本書ではこのようにラテンアメリカの市民社会組織を把握しているため，21世紀のラテンアメリカにみられる国家と市民社会組織，あるいは民主主義と市民社会組織の関係性を考察し，その特性を明らかにするという本書の課題が意義をもつことになる。

　一方，市民社会は以下の四つの機能をもつとされることが多い。すなわち，①市民性の育成機能，②公共サービスの供給機能，③政治過程への利益表出機能および④政府への対抗・監視機能である（辻中・坂本・山本 2012, 26-27）。このうち本書と最も密接に関係している市民社会組織の機能は，政治過程への利益代表機能である。本書では，労働組合や協同組合を市民社会組織ととらえ，その要求が政治過程で如何に実現するのか，あるいはしないのかが検

討されることになる。他方，本書の課題である国家と市民社会組織関係のもう一方の主体である国家を，ここでは国レベルの政権から地方政府，そしてその行政組織を含む幅広い意味でとらえることとする。

3．20世紀末の政治・経済の変容

　第2次世界大戦後のラテンアメリカの政治経済は，政治的にはポピュリズム，権威主義体制とそれに続く民主主義への移行，経済的には国家介入型の輸入代替工業化とその破綻としての1980年代経済危機，そしてそれへの代替案としての市場機能を重視した新自由主義という流れでおよそ説明することができよう。

　ラテンアメリカでは，第2次世界大戦以降多数の国でポピュリスト政権が成立した。その後1960年代から1970年代にかけて長期軍政が域内多数の国でみられるようになった。他方，形式的な民主主義制度を維持し，ポピュリズム的政治スタイルがみられたメキシコでも，制度的革命党の実質的一党支配体制が続いていた。これら軍事政権にとどまらずメキシコの文民型政権にみられるような，全体主義とも民主主義とも異なる政治的多元主義が制限された政治体制を説明したのがリンスによる権威主義の概念である。彼の権威主義体制の定義は，以下の3点に集約される。①政治権力を独占した全体主義とは異なり，権威主義体制は限定的な政治的多元主義がみられる。他方，民主主義体制とは異なり権威主義体制の多元主義は制限されており，しばしば非合法であった。②全体主義が明確なイデオロギーをもっていたのに対して，権威主義体制は明確なイデオロギーは希薄であった。③全体主義が制度的な動員を行い，民主主義体制は上からの動員ではなく参加を奨励したのに対して，権威主義体制は人民の無関心か受動的な行動が好まれた（Mainwaring 1998, 2; Linz 1975, 264-275）。本書が扱うブラジル，ペルーとボリビアは軍事政権，またメキシコでは文民型の権威主義体制がみられた。唯一の例外がベネズエラで，本書各論で書かれているようにプントフィホ体制と呼ばれる民

主主義体制の下での二大政党による利益分配システムが確立されていた。

　権威主義体制下の経済政策は，基本的に国家介入型の輸入代替工業化政策であった。しかし，こうした輸入代替工業化政策は1970年代にはすで行き詰まりを見せており，対外借り入れの増大を通してその延命が図られていた（細野・恒川 1986, 38-42）。こうした膨大な対外借り入れが1980年代の「失われた10年」と呼ばれる深刻な経済危機の重要な要因となった。ただし，チリのピノチェ（Augusto Pinochet）軍政（1973～1990年）とアルゼンチンのプロセッソ（Proceso 1976～1983年）と呼ばれる軍政では，新自由主義経済政策が実施された。とはいえ，アルゼンチンのプロセッソ軍政による新自由主義の導入の試みは失敗に終わり，軍政末期には輸入代替工業化の政策枠組みが復活していた。

　こうしたラテンアメリカの権威主義体制は，1980年代に民政に移行する。軍政による権威主義は1990年のチリのピノチェ軍政の終焉と伴に消滅し，文民型権威主義体制を維持してきたメキシコでも2000年に制度的革命党から国民行動党への政権交代が実現したことにより民政に移行したとみなされている。他方，ベネズエラでは1990年代に二大政党による支配とそれに伴うコーポラティズムが崩壊し，チャベス（Hugo Chávez）政権の登場に至る（坂口 2008）。民政移行に関する議論はきわめて多岐にわたっているが，国家と市民社会組織関係を考えるとき，リンスとステパンが提起している，権威主義体制が民主主義体制への移行の完了と定着するための最低限の課題として以下の点を指摘していることが注目される。彼らによると，いくつかの権威主義体制においては，有効な法の支配と市民社会の伝統がみられたが，民主主義への移行には市民的自由の拡張・保護が必要であり，労働組合やメディア等の自律性を保障する法律が制定・施行される必要があるとする（Linz and Stepan 1996, 63）。リンスとステパンの提言から読み取れる示唆は，権威主義から民主主義への移行にともない，国家と市民社会組織の関係は変容するということであり，また他の先行研究が指摘している点は，民主主義への移行にともない，市民社会組織が質量共に拡大したということである（宇佐見

2009, 94-95)。それでは，そのような国家と市民社会組織の関係が民政移行を経てどのように変容したのかのという問題が本書の課題となる。

そうした政治経済が変容する中でポピュリスト体制やつぎに述べる権威主義体制，そして現在に至るまで利益媒介システムとしてのさまざまな形態のコーポラティズムがみられたとの主張があり（Errandonea 2014），コーポラティズムが存在したか否か，あるいはコーポラティズムが存在しない場合，どのような利益媒介システムが存在したのかという点も課題となる。さらに，各利益媒介システムの下で，どのように政策形成がなされたのかも課題となる。また，民主主義の定着がみられたが，そこではどのような民主主義がみられるのかという点も広範に議論されている。その中には，オドンネル（O'Donnell）の委任型民主主義（delegative democracy）論や左派政権の隆盛に関するものなどがある（O'Donnell 1997; Castañeda 2006）。

ラテンアメリカでは，主として1980年代に政治体制が権威主義的体制から民主主義体制に移行したが，経済的にみると1980年代はそれまでの国家介入型の輸入代替工業化が完全な行き詰まりをみせ，深刻な経済危機に陥った。そのため，国家介入型の輸入代替工業化政策は経済政策としての正統性を失い，それに代わって1990年代になると市場機能を重視する新自由主義経済政策が広範に採用されるようになった。民政移行にともない国家と市民社会組織の関係に変容がみられることが想定されていると述べたが，新自由主義経済政策の普及もまた国家と市民社会組織の関係に変容を与える可能性があることが想定される。たとえば，1990年代にラテンアメリカの新自由主義改革を後押しした世界銀行も，市民社会との協力を推し進めることにより，より効率的で質の高い貧困削減プログラムが実施可能となることを指摘している（World Bank 2005, 5）。ここにおいて新自由主義改革を経て再び国家と市民社会組織の関係が問い直されることになる。

以上のことをまとめると，21世紀ラテンアメリカにおける国家と市民社会組織関係は，20世紀末の権威主義体制から民主主義体制への移行，また国家介入型輸入代替工業化政策から市場機能重視の新自由主義経済政策への移行

という二重の移行を経て形成されたことを前提に議論を行うことが必要となろう。そこから，本書では以下のより具体的なふたつの課題に焦点を当てることとする。その第1は，民主主義への移行と新自由主義への移行により，ラテンアメリカで広くみられたコーポラティズムのような利益媒介・政策形成の様式がどのような形態をとるに至り，そこでどのような国家と市民社会組織の関係がみられるのかという課題である。その第2は，民主化した国家がどのような性格の民主主義をもち，それが多様で厚みを増した市民社会組織とどのような関係をもつに至ったのかという課題である。本書はこのふたつの課題に対して，各章で具体的な事例研究を行うという二部構成をもつ。以下本章では，それぞれの課題を分析するための主要な概念を検討する。

第2節　コーポラティズム論——利益媒介・政策形成——

　ラテンアメリカにおける国家と市民社会組織の関係を分析する有力なアプローチのひとつが，コーポラティズム論である。国家と市民社会組織の関係が表出するサブ政治のひとつの重要な側面として，本書では利益媒介と政策形成に着目するが，20世紀のラテンアメリカでは支配的な様式として，多元主義と対置されるコーポラティズムがみられた。こうしたコーポラティズム型の利益媒介・政策形成が，二重の移行を経てどのように変化／継続しているのか，あるいは元来コーポラティズムの弱かった国でどのような様式がみられるのかを探ることは，新たな段階の利益媒介・政策形成を理解するうえで有用な視角であると期待する。なお，本書では利益媒介・政策形成にかかわる市民社会組織のなかでも，とりわけ労働組合を中心に扱う[2]。その理由は，従来のラテンアメリカでは労働組合が都市大衆層の利益媒介を担う中心的組織であり，二重の移行のインパクトをもっとも強く受けた市民社会組織のひとつであるからである。労組の盛衰を軸に，新たなアクターの出現も視野に入れつつ検討していくことは，利益媒介・政策形成に参与する多様な市

民社会組織に今後研究の対象を広げていくための第一歩となる。

以上をふまえて，本節ではコーポラティズム論の概観から本書の課題を示す。

1．発展段階・権威主義体制とコーポラティズム

従来ファシズムおよびその時代と強く結びつけられていたコーポラティズムが，1970年代初頭にヨーロッパやラテンアメリカで（それぞれ異なる形で）「再発見」されると，コーポラティズムをめぐる論議が再び活発に展開していく。そこでのひとつの焦点は，コーポラティズム概念をどのように把握するかにあった。コーポラティズムのとらえ方は，思想史にみられるイデオロギーとしてのとらえ方や，ウィーアルダの研究（Wiarda 1974）に代表されるようなイベリア的伝統・政治文化として，あるいは政治体制や経済システムとしてのとらえ方などさまざまだったが，それを多元主義と対置される利益代表システムの一形態として論じたのがシュミッター（Philippe Schmitter）である[3]。

以後，比較政治学で支配的になっていくシュミッターの用法によれば，コーポラティズム型の利益代表システムでは，構成単位は単一性，義務的加入，非競争性，階統的秩序，そして職能別の分化といった属性をもつ，一定数のカテゴリーに組織されており，国家によって（創設されるのでないとしても）許可・承認され，さらに自己の指導者の選出や要求や支持の表明に対する一定の統制を認めることと交換に，個々のカテゴリー内での協議相手としての独占的代表権を与えられる。シュミッターはコーポラティズムの下位類型として，先進国にみられるような，団体が国家から自律的で国家に浸透していくコーポラティズムを「社会コーポラティズム」と呼び，南欧やラテンアメリカでみられるような，団体が国家に依存的で国家に浸透されるようなコーポラティズムを「国家コーポラティズム」と呼んだ（Schmitter 1974, 93-94, 103-104）[4]。

1970年代後半には，シュミッター的なコーポラティズムを利益代表（媒介）システムのひとつの型とする用法に依拠しつつ，ラテンアメリカ諸国の国家コーポラティズム間の差異に着目し，その説明を試みる研究が展開されていく。1977年にマロイ（James M. Malloy）によって編纂された論文集『ラテンアメリカにおける権威主義とコーポラティズム』（Malloy 1977a）が，この関心を象徴的に示しているといえるだろう。総論と比較研究の他に，メキシコ，コロンビア，ブラジル，ドミニカ共和国，ペルー，ボリビアの各論を含む同書のひとつの焦点は，当時ラテンアメリカで広くみられた「コーポラティズム型権威主義体制」間の（国家）コーポラティズムの差異の解明にあった（Malloy 1977b）。

　こうした研究の中でも体系的なもののひとつが，ステパンの研究だろう。ステパンは，支配的な政策の差異への着目から，ラテンアメリカの国家コーポラティズムの下位類型として「包摂型コーポラティズム」と「排除型コーポラティズム」というふたつの理念型を提示した（Stepan 1978, Chap.3）。包摂型コーポラティズムでは，労働組合を新しい政治・経済モデルに包摂するような政策を通じて，新たな国家―社会間の均衡がめざされるのに対し，排除型コーポラティズムでは，強制力を用いた政策によって，労働組合を弱体化させ，その後再組織することで，国家―社会間の均衡がめざされる（Stepan 1978, 74）。前者の事例には，カルデナス（Lázaro Cárdenas）政権下のメキシコ，ペロン（Juan Domingo Perón）によって労働者の包摂が行われた1943～1955年のアルゼンチン，1930～1945年のヴァルガス（Getúlio Vargas）政権下のブラジルが該当する。後者の代表例としては，1964年以降のブラジル軍政，1966年からの軍政下のアルゼンチン，そして1973年に始まるチリ軍政があげられる（Stepan 1978, 75-78）。

　ステパンによるふたつのコーポラティズムの分類は，従属論に発し，オドンネルが発展させた，「輸入代替型工業化の軽工業段階が困難を迎え，新たな発展が求められる段階に，新しいタイプの権威主義体制（官僚的権威主義体制）が登場する」との議論に依拠する部分が大きい（Stepan 1978, 78-80）[5]。

ただしステパンは，オドンネルに依拠する形で，その新たな段階に登場する排除型コーポラティズムにチリ軍政を含めている。その議論では，国家中心発展モデルが続く中での「排除」が前提とされていたと考えられるが，後にオドンネルの議論を批判的に継承した解釈が支配的になるように，チリ軍政を含む70年代の南米南部軍政は新自由主義への転換（の始まり）の段階であった。チリの事例が新自由主義への転換の中での「排除」であったことを考えれば，ステパンはチリ軍政を別に扱うべきだったといえるだろう。

以上のような初期の研究の進展を本書の関心からまとめれば，次のようになろう。第1に，国家コーポラティズムは，非民主主義体制下でみられる利益代表（媒介）システムであるととらえられていた（Schmitter 1974, 105; Stepan 1978, 74, n.5）。このことは，レームブルッフ（Gerhard Lehmbruch）が，先進ヨーロッパ型の「リベラル・コーポラティズム」に対し，国家コーポラティズムを「権威主義的コーポラティズム」と呼んで区別したことにも如実に現れている（Lehmbruch 1977, 92）。

第2に，シュミッターの議論に明らかなように，コーポラティズムは——エリートの選択を媒介として——特定の社会経済構造（あるいは，発展段階）と結びつけて論じられていた。シュミッターによれば，社会コーポラティズムが，独占的・集権的な先進資本主義の発展および協調的階級関係という問題状況への下からの対応として生じたのに対し，国家コーポラティズムは，従属的な後発資本主義の発展と階級関係におけるヘゲモニーの不在という問題状況に上から対応するものであった（Schmitter 1974, 108）。先述のステパンの議論は，この議論を具体的な発展段階に即して精緻化したものだった[6]。

2．「二重の移行」と政策形成の型としてのコーポラティズム

その後ラテンアメリカは，政治と経済の両面で，民主主義体制と新自由主義改革への二重の移行を経験する。この新しい時代の国家—社会関係の研究においても，コーポラティズム概念は意味を持ち続けた。一方で，前項でみ

たようなそれまでの支配的な議論からは、ラテンアメリカの文脈では、権威主義体制と国家中心発展モデルの時代が終焉すれば、国家コーポラティズムは消滅するか、あるいは民主主義の時代への対応として社会コーポラティズムに形を変えることも予測し得た[7]。他方で、民主主義体制に移行し、新自由主義改革が地域を席巻する中で、依然として「コーポラティズム的な」制度や慣行が残っているという現状に対する問題意識も強く存在した（e.g. Wiarda 2004）。

当然ではあるが、（国家）コーポラティズムの継続や変容を論じる文脈では、それは社会経済構造や政治体制から切り離されたシステムとしてとらえ直されることとなった。こうした研究の中で重視されていったのは、政策形成の文脈でのコーポラティズム概念の使用である。

よく知られているようにヨーロッパでは、コーポラティズムの政策形成の側面は、1970年代に発表されたレームブルッフ（Lehmbruch 1977）のネオ・コーポラティズム（リベラル・コーポラティズム）論以来ずっと重視されてきた。1990年代に入ると、新自由主義改革や福祉削減政策によるコーポラティズム的な政策形成の敗北や消滅が指摘されたが、1990年代後半には「競争的コーポラティズム」（Rhodes 2001）と呼ばれるような、新しいコーポラティズム型の政策形成様式に再び注目が集まることとなる。これは、賃金や労働規制などの雇用政策や、経済危機への対応のための新しい「社会協定」をめぐって、ヨーロッパ各国でコーポラティズムの「復活」がみられたためであった（Molina and Rhodes 2002, 305-306）[8]。こうした新たなコーポラティズムの勃興を受けて、ヨーロッパ研究ではその目的や機能、制度的特徴、そして成立要因が検討された（横田 2008, 2-3）。

従来、発展段階に規定される（と考えられていた）政治体制の枠組みとコーポラティズム概念が強く結びついていたラテンアメリカ研究では、新自由主義改革の政治過程に関する研究領域で、国家と社会の相互作用を重視する議論が支配的になっていく中で、そうした相互作用のあり方と政策的帰結を規定する政策形成のひとつの型として、コーポラティズムが着目されるように

なった。すなわち，コーポラティズムという概念そのものを分析ツールとして使うのではなく，労組の国家・政党への従属や，政労使の公式・非公式の協議といった要素に着目し，民営化や貿易，労働政策，社会保障など多岐にわたる政策イシューについて，他の政策形成のパターンとの比較の観点から「コーポラティズム型の政策形成」の特徴やその帰結を論じる研究が提出されている（Murillo 2001; Burgess 2004; Cook 2007; Etchemendy 2011）。たとえばエチェメンディ（Sebastián Etchemendy）は，メネム（Carlos Menem）政権下のアルゼンチン（1989～1999年）は「コーポラティズム型」の経済開放モデルに該当し，政労使の公式・非公式の協調（concertation）と交渉による「協調型」の政策形成がみられたとする（Etchemendy 2011, 7-8）。その帰結として，従来の輸入代替型工業化モデルのインサイダーアクターである国内企業と労組に対する市場におけるシェアによる補償（民営化の制限，特別関税体制，労働規制緩和の制限，参入障壁など）がもたらされたとされる（Etchemendy 2011, 162-170）。こうした研究が示すように，一般に，新自由主義改革期のコーポラティズム型の政策形成とその影響は，とくにアルゼンチンとメキシコの2カ国で強くみられたとされてきた[9]。

　新自由主義改革期におけるコーポラティズム型の政策形成が生む政策的帰結に関する研究は，政策形成への着目がコーポラティズム論一般へのフィードバックにつながることも示唆している。政策的帰結を含めたコーポラティズムの実態を分析するためには，関連する法制度や規則の特徴のみでなく，コーポラティズムの「実践」としての政策形成に着目する必要がある（上谷 2008, 40-45）。新自由主義改革期のアルゼンチンやメキシコの場合，概して労組幹部の特権維持と引き換えに組合員に犠牲を強いるような政策が行われてきたことが指摘されており（Burgess 2004; Etchemendy 2011），この特徴をヨーロッパにおける競争的コーポラティズムと比較すれば，ラテンアメリカのコーポラティズムにみる権威主義性の残存のテーマにも資するだろう。

3．二重の移行後の支配的な政策形成様式をめぐる各国の分岐と現状

　前項での検討は，二重の移行後の現在のラテンアメリカの国家―社会関係を考えるうえで，「コーポラティズム型の政策形成が，各国のマクロおよびメゾレベルの政策形成様式として，どれほどの重要性を占めているのか」という問いが，意味を持ち続けていることを示している。コリア（Ruth Berins Collier）とハンドリン（Samuel Handlin）の研究も，この点を示唆する。コリアらは，都市部の民衆層（労働者階級を含む低所得者層）の「利益（媒介）レジーム」（interest regime）の特徴に着目し，「労組・政党中心型」と「アソシエーション型」利益媒介レジームを，集合行為の特徴（大衆参加の範囲と組織間の調整度）と社会集団と国家の関係（国家へのアクセス度と自律性）というふたつの側面から対置させた。前者の「労組・政党中心型」は国家コーポラティズムで支配的だった利益媒介の様式だが，コリアらは，二重の移行後のラテンアメリカでは，支配的な利益媒介レジームが「労組・政党中心型」からより多元的で分権的な「アソシエーション型」へと移行したことを主張する（Collier and Handlin 2009）。

　たしかに，利益媒介における集合行為の戦略・特徴に着目すれば，民衆層の利益の代表・媒介を担う社会集団が，労組から，運動内部にほとんど階統制を有さず，他の運動と水平的で流動的なネットワークをもつような市民組織（アソシエーション）にかわったという「移行」はある程度妥当だろう。しかし，コリアらがほとんど扱っていない政策形成にかかわる側面に着目すると，コリアらも幾分認めているように，単なるレジームの移行とはいえない面もある（Collier and Handlin 2009, 76）。

　たとえば，キルチネル（Néstor Kirchner）政権下のアルゼンチンでは，エチェメンディとコリア（Etchemendy and Collier 2007）が「部分的ネオ・コーポラティズム」と呼んだシステムの下で，労組が賃金引き上げや組織の便益をめぐる政・使との交渉過程で影響力をもった。またメキシコでは，民主化

後も制度的革命党系労組の労働政策形成過程への特権的参与がみられた（本書第1章）。これらの国では，前項で述べたような「コーポラティズム型の政策形成」が，二重の移行後もときに形を変えて観察されている。

　他方で，国による差異も大きい。ペルーのように「コーポラティズム型の政策形成」が元来弱く，二重の移行後もその傾向が続いている国も存在するし（本書第3章），ボリビアの鉱業政策形成では新たな社会アクターとして協同組合の強いプレゼンスがみられた（本書第2章）。すなわち，国家と市民社会組織の関係の政策形成にかかわる側面に注目すれば，各国のマクロレベル・メゾレベルで支配的な政策形成様式は，「コーポラティズム」を含む複数の政策形成様式の組み合わせのバランスによって，さまざまなパターンが想定される。

　以上本節では，従来ラテンアメリカにおいて国家―社会関係の有用なアプローチのひとつとされてきたコーポラティズムの概念をめぐる研究の展開を検討した。この検討からは，各国の新たな政策形成様式（のバランス）の類型化と，国によって異なる経路の要因の解明という重要な研究課題が浮かび上がる。この大きな課題に取り組むための第一歩として，まずは各国の政策形成様式の変容やその政策的帰結の把握が必須である。こうした問題意識から，本書では三つの国の政策形成について論じる。具体的には，コーポラティズム型が強く残ったメキシコ（第1章），新たなアクターの政策形成への参与パターンがみられたボリビア（第2章），そして元来労働組合の政策形成への影響力が弱く，司法領域を例外として基本的にその傾向が続くペルー（第3章）についての分析を行う。このように，本書第Ⅰ部では三つの限られた事例しか扱うことができないが，従来のコーポラティズム型政策形成の程度や主要アクターが互いに異なる事例を選んだ。本書での検討から得られた知見が，今後進めていくべき政策形成様式の類型化や経路をめぐる理論化の基盤となることに期待したい。

第3節　民主主義と市民社会

　ラテンアメリカにおける国家と市民社会組織の関係を分析する第2のアプローチとして，代表制民主主義（representative democracy）に注目しつつ，国家と市民社会組織の関係を分析する方法が考えられよう。90年代の比較政治学を席巻した多くの民主化研究において，市民社会は国家を監視し自由公正な選挙の実現を促すことを通じて民主主義の定着に貢献するとされている（e.g., Diamond 1999; Linz and Stepan 1996)[10]。たとえば，リンスとステパン（Linz and Stepan 1996）は，「自由かつ活発な市民社会」（free and lively civil society）を民主主義の定着条件のひとつとして挙げている。彼らによれば，これに「比較的自律的な政治社会」（relatively autonomous political society），「法の支配」（rule of law），「国家官僚機構」（state bureaucracy），「制度化された経済社会」（institutionalized economic society）を加えた五つの条件が互いに強く影響し合う。すなわち，活発な市民社会は国家や経済社会を監視することを通じて民主主義の定着を促すが，市民社会の活性化には法の支配の尊重や国家官僚機構によるさまざまな権利の保障，経済社会によるサポートなどが必要である。そして，政治社会はそのような市民社会の利益や価値観を基に機能を果たすという。

　上記の民主化モデルをはじめ，多くの先行研究では市民社会と政治社会が明確に区別されており，民主主義の定着によって代表制民主主義が機能することを前提としている。しかし，実際には多くのラテンアメリカ諸国において政党や議会といった代表制民主主義の根幹をなすアクターに対する市民の不信は根強く，「代表制民主主義の危機」とも称される状態が続いている（e.g., 上谷2014; Mainwaring, Bejarano, and Leongómez 2006）。その一方で，「参加型制度」（participatory institutions）などをはじめとするさまざまなチャンネルを通じ，国家と市民社会が直接対話するケースも増えている。したがって，近年のラテンアメリカ諸国の市民社会を理解するには，市民社会のみを分析

するのではなく，国家と市民社会の関係性に注目する必要が生じているのである（e.g., 松下 2012; Oxhorn 2011）。

1．社会アカウンタビリティ

それでは，ラテンアメリカにおける代表制民主主義と市民社会に関する既存の研究の動向はどのようなものであろうか。ペルソッティ（Peruzzotti 2013）によれば，市民社会はおもに社会アカウンタビリティ（social accountability），多元性とアイデンティティ政治（politics of identitiy），参加型制度に関して代表制民主主義に貢献する。一方，近年はクライエンテリズムに関する研究でも市民社会組織に関する言及がみられる。そこで，本節ではこれらの4分野について先行研究の整理を行いたい。

社会アカウンタビリティとは，「市民による組織や運動など，多様な形態を通した活動，そしてメディアにより発動される，選挙によらないが垂直的に政府をコントロールするメカニズム」[11]のことである（Smulovitz and Peruzzotti 2000, 150）。多くの民主化論では民主主義への移行にともなって市民的権利と政治的権利が認められることを暗黙の了解にしているが，ラテンアメリカにおける市民的権利の広まりは決して均一なものではない（Hagopian 2007）。たとえば，ブラジル北東部やアンデス高地などでは，カウディージョや大土地所有者が所有する準軍事組織（paramilitary forces）を背景に，独自の支配を行っているケースがある（Yashar 1999）。民主化後も法の支配（rule of law）が確立されたとは言い難い状況について，オドンネル（O'Donnell 1993）は，市民的権利は選挙や民主主義下の政治過程によっては保障されず，それを擁護する司法裁判所やオンブズマン制度が不可欠であると論じた。また，彼は選挙を通じた有権者と執政者のあいだの垂直的アカウンタビリティ（vertical accountability）は成立しているものの，行政府と立法府・司法府のあいだの水平的アカウンタビリティ（horizontal accountability）が機能していない状態を「委任型民主主義」と名付けた（O'Donnell 1994）。

オドンネルが代表制民主主義をより良く機能させるための装置として公的な監視制度を想定したのに対し，スムロビッツとペルソッティ（Smulovitz and Peruzzotti 2000）は選挙以外にも政府―市民間の垂直的アカウンタビリティは成立し得るとして，社会アカウンタビリティを提唱した。彼らによれば，選挙日程のあいだの期間であっても，市民社会組織はマスメディアや参加型制度[12]を通じて政府にアカウンタビリティを高めるようプレッシャーをかけることができる。社会アカウンタビリティ研究で頻繁に取り上げられるテーマは警察の権力濫用による暴力であり，アルゼンチンの事例を中心に監視機能をもつ市民社会組織が警察による殺人事件を白日のもとにさらした様子が描かれている（e.g., Smulovitz and Peruzzotti 2003; Behrend 2006; Denissen 2008）が，チリの事例を分析したフエンテス（Fuentes 2006）のように民主主義への移行の社会的文脈と制度的特徴が社会アカウンタビリティを制限しているとする研究もある。また，汚職については，ブラジルを研究対象としたカルヴァンカンチ（Calvancanti 2006）が公共省（Ministério Público）と市民社会組織の関係の重要性を強調する一方で，ラテンアメリカ18カ国の延べ50人の大統領を分析したスタインとケラム（Stein and Kellam 2014）は自由かつ競争的なメディア環境に対峙する大統領の下では汚職が抑制されることを見出し，また，実験的手法を用いてコロンビアにおける市民の立候補者に対する評価を分析したボテーロら（Botero et al. 2015）も市民は司法やNGOよりも新聞を情報源として信頼すると結論付けている。その他にも，選挙監視（e.g., Olvera Rivera 2006）に関する社会アカウンタビリティなどが研究対象となってきた。

2．多元性とアイデンティティ政治

社会アカウンタビリティがリンスとステパン（Linz and Stepan 1996）の議論において想定されていた市民社会の監視機能に関するものであるのに対し，多元性とアイデンティティ政治は市民社会のアドボカシー機能や政府に対す

る直接的な利益表出に焦点を当てるとらえ方である。コーエンとアラート（Cohen and Arato 1992）によれば，市民社会の各アクターは既存の社会規範や社会関係に挑戦する新たな言説を提示し，それが代表制民主主義における政治エリートの行動や言説にも反映されるよう政治社会への影響力を行使する「影響の政治」（politics of influence）に参加する。とくにラテンアメリカにおいては民主化によって政治的権利がかつてない規模で大幅に拡大し，その一方で新自由主義的経済政策の導入にともない利益媒介のパターンがより多元主義的になったことから，さまざまな社会運動が新たに発生した。その典型例のひとつが先住民運動である。歴史的制度論に基づきエクアドル・ボリビア・メキシコ・グアテマラ・ペルーの先住民運動を分析したヤシャール（Yashar 2005）によれば，各国の市民権のあり方を規定する「市民権レジーム」（citizenship regime）がコーポラティズム型市民権レジーム（corporatist citizenship regime）から新自由主義市民権レジーム（neoliberal citizenship regime）に移行したことにより政治的権利が拡大する一方で社会的権利が制限されるようになったが，エクアドルのような国では既存の政党が先住民の利益を代表したことは皆無であった。そして，レジームの移行が先住民コミュニティの自律性を脅かしたため，彼らの間に行動を起こすインセンティブが生まれたという。ただし，インセンティブだけではなく，コミュニティ間のネットワークの存在や市民社会組織の結成を妨げない政治環境があってはじめて，先住民運動の興隆というアウトカムが生まれる。そのため，ペルーの先住民運動はきわめて弱いものとなったと考えられる。

　ただし，同じ先住民運動を分析した研究でも構成主義者は先住民のアイデンティティや規範の変化に注目する[13]。ルセーロ（Lucero 2009）は上記のヤシャールによる先住民運動の「強弱」の解釈を，各国の多様な先住民運動がひとつの方向に収斂することを前提にしているとして批判する[14]。そして，ボリビア・エクアドル・ペルーの事例の分析を通じ，先住民のネオリベラリズムに対する複雑かつ相反する動きが現在進行形で発生していると主張する。ボリビアとエクアドルの高地と低地における先住民運動の比較分析を行った

宮地（2014）も，各運動が選挙への参加やパラレルな統治機構の確立などをはじめとする「制度外的権力獲得」を実行するタイミングを説明するには，それらの背後にある規範への注目が欠かせないとする。

他方，構造主義的なアプローチをとる研究は，利益媒介のパターンがより多元主義的になり，各セクターの政治的影響力が市場原理によって大きく左右されることに警鐘を鳴らす。たとえば，オックスホーン（Oxhorn 2011）は民主化と新自由主義を経た現在のラテンアメリカにおける利益媒介システムをネオ多元主義（neo pluralism）と名付け，経済的不平等をはじめとする各側面における格差の拡大や法の支配の市場化は市民権のあり方を「消費としての市民権」（citizenship as consumption）にし，公共圏を縮小させるとしている。また，エクスタイン（Eckstein 2001）も政治的権限の拡大によってかつては排除されていたグループの政治過程へのアクセスが容易になる一方で，新たな収奪のかたちや不平等が生まれたと指摘した。これらの研究は総じてラテンアメリカの市民社会の弱さを強調する傾向があるが，その一方で国際的連帯によるサポートを受けやすく主張が明確な女性運動や先住民運動が比較的成功していることは認めている（Oxhorn 2012）。

3．参加型制度

ラテンアメリカにおける代表制民主主義と市民社会を語るうえで欠かせないトピックのひとつが，参加型制度である。参加型制度とは，保健医療，都市政策，社会扶助，環境保護などの分野の市民社会アクターの参加に対して開かれた公的な制度のことであり，代表と参加の原則の両立を通じた運営，市民社会の自発性を生かした恒久的な政治組織，市民社会と政党・国家アクターとの相互作用，以上を有効に機能させる妥当な制度設計，という特徴を有している（Avritzer 2009, 8）。その具体例としては，参加型予算（participatory budgeting），市民審議会（citizen's councils），監視委員会（oversight boards），参加型計画策定（participatory planning），住民委員会（neighborhood committees),公聴会（public audiences）などがあり（Peruzzotti and Selee 2009），中でもブラジルのポルトアレグレ（Porto Alegre）の参加型予算の事例がとくに有名である（e.g., Abers 2000; Avritzer 2002; 出岡 2012）。

参加型制度は，投票による多数決ではなく公共の場における討議を重視する熟議民主主義（deliberative democracy）の議論と親和的である。ただし，参加型制度を代表制民主主義に取って代わるオルタナティブやパラレルに存在する制度とみなす議論も存在はするものの，多くの研究は参加型制度を代表制民主主義の質を向上させ補完するものであるととらえている。たとえば，フリードマンとホックステトラー（Friedman and Hochstetler 2002）は，「代表」はどのような民主政体においても重要な構成要素であり，熟議民主主義をその一類型とみなす。そこでは制度化のレベルが高く，また，社会が国家に対して優越しており，国家アクターは広く平等かつ包括的な社会的・政治的ダイアログを促進するという。

1988年にポルトアレグレで導入された参加型予算をはじめとしてさまざまな参加型制度が導入されたことを受け，ハーバーマスの提起した「熟議的政治」（deliberative politics）と深く結びついた公共圏という概念と参加型制度を関連付ける研究が登場したのは自然なことであった。アブリツァー（Avritzer 2002）はラテンアメリカにおける民主主義への移行を市民社会や政治文化に注目して既存の民主化論を批判的に検討し，エリート間競争ではなく公共圏における集団的討議を基盤とする制度設計こそラテンアメリカを民主主義の定着に導くと論じた。そして，その証左として，ブラジルのポルトアレグレやベロオリゾンテ（Belo Horizonte）における参加型予算やメキシコの連邦選挙機関（Instituto Federal Electoral）に言及した[15]。

参加型制度を対象とした近年の研究は複数の都市の事例を比較することによってその効果のちがいを探るものが多いが，同制度の導入自体が代表制民主主義の質を向上させるという点については多くの研究者のあいだで合意がみられる（e.g., Abers 2000; Baiocchi, Heller, and Silva 2008; Wampler 2012; Wampler and Avritzer 2004）。しかしその一方で，参加型制度に懐疑的な研究もある。

たとえば，ロイボルトら（Leubolt et al. 2012）はアブリツァーのようなコンセンサスを強調するアプローチとは異なり，政党政治の重要性を主張する。そして，ブラジルのポルトアレグレとオサスコ（Osasco）の事例を分析し，政党戦略が参加型予算に大きな影響を及ぼすことを示した。また，コーンウォールとコエーリョ（Cornwall and Coelho 2007）は国家と社会の接点に位置する「参加圏」（participatory sphere）を市民参加のスペースとして想定し，参加民主主義の効果は皆無ではないものの，期待されているようなポジティブな効果は生まれないと論じている。

4．クライエンテリズム

そして，近年はクライエンテリズム（clientelism）に関する研究でも市民社会組織に関する言及が増えてきている。ただし，比較政治学におけるラテンアメリカのクライエンテリズムへの関心は，おもに政党研究によるものであった。ラテンアメリカの多くの国では民主化後も政党システムが不安定であるが，キッチェルトら（Kitchelt et al. 2010）はその理由を，選挙が政党の提示する政策プログラムをめぐる争いとなる「政策プログラムをめぐる政党制の構造化」（Programmatic Party Structuration: PPS）の度合いの低さに求めた。そこでは分配政治がパトロネージ（patronage）や買票（vote-buying）を基盤に行われるクライエンテリズムが横行し，代表制民主主義が阻害される。

クライエンテリズム研究では政治家と特定の有権者とを結びつける各政党のブローカー（broker）[06]の存在が注目を浴びているが（e.g., Stokes et al. 2013），民主化後に増加した市民社会組織は既存の政党にとって新たな票田として魅力的な存在である。そのため，市民社会組織に所属するオピニオン・リーダーはクライエンテリズムのターゲットにされやすく（Schaffer and Baker 2015），また，メキシコの制度的革命党やニカラグアのサンディニスタ民族解放戦線（Frente Sandinista de Liberación Nacional: FSLN）はセクシャル・マイノリティ運動の包摂（co-opt）を行ったという（McGee and Kampwirth 2015）。

5．代表制民主主義をめぐる国家――市民社会組織関係研究の課題――

以上みてきたように，ラテンアメリカを対象とした代表制民主主義をめぐる市民社会研究は，おもに社会アカウンタビリティ，多元性とアイデンティティ政治，参加型制度，クライエンテリズムを中心に展開されており，比較政治学においてもかなりの蓄積がみられる。しかしその一方で，先行研究には以下の三点の課題が残されている。

第1に，既存の研究の多くがラテンアメリカにおける民主主義の定着を大前提としている点である。いわゆる「第3の波」を経て多くのラテンアメリカ諸国は1990年代までに民主化したが，フリーダムハウス指標（Freedom House scores）に注目すると，近年ベネズエラ・グアテマラ・ホンジュラス・コロンビア・エクアドルでは指標の値が悪化している（Mainwaring and Pérez-Liñán 2013）。よって，民主主義の退行（erosion）がみられる場合の社会アカウンタビリティ，多元性とアイデンティティ政治，参加型制度，クライエンテリズムなどの様相についても検討する必要がある。本書第4章では，チャベス政権下のベネズエラに焦点を当て，民主主義の退行が国家―市民社会組織関係に与える影響を考察する。

第2に，市民社会組織に注目するクライエンテリズム研究が増えているものの，クライエンテリズムはあくまで政策プログラムに基づかない分配政治（nonprogrammatic distributive politics）の一類型であるという点である。ストークスら（Stokes et al. 2013）によれば，上記のような分配政治にはパトロネージや買票といったクライエンテリズムの他に，党派性が資源分配に影響を与えるポークバレル（pork-barrel）や個人への無条件利益供与（nonconditional benefits to individuals）などがある。そのため，分配政治における党派性と市民社会組織の関係の検証も重要であると考えられる。本書第5章では，ブラジルでの連邦政府から市民社会組織への財政移転の決定要因を分析することにより，国家―市民社会組織関係におけるクライエンテリズムとポークバレ

ルの存在を同時に検証する。

そして第3に,民主化や新自由主義的経済政策の導入によってさまざまな社会運動や市民社会組織が登場したものの,それらと代表制民主主義との関係が多面的にとらえられていないという点である。先行研究の多くは従来のコーポラティズムの枠外で誕生した社会運動や市民社会組織が「政治的弱者」であることを所与とし,それらが抗議運動や参加型制度などといった従来の代表制民主主義の政治過程の外でどのような利益表出を行っているのかに焦点を当てているが,そのような市民社会組織出身の議員も数多く存在している。そこで,代表制民主主義において,新しい市民社会アクターの利益が議員を通じてどのように表出されているのかについても,明らかにする必要があろう。本書第6章では,ブラジルのキリスト教系宗教集団に注目し,市民社会組織の国会における利益表出を検討する。

以上の三点について検討することが,本書第Ⅱ部の課題である。

第4節　本書の構成

本書は,1980年代の民主主義への移行と1990年代の新自由主義への移行という二重の移行を経た21世紀のラテンアメリカにおいて,国家と市民社会組織,あるいは民主主義と市民社会組織の関係性を考察し,その特性を明らかにすることを目的としている。この課題はさらに,利益媒介と政策形成の観点から国家と市民社会組織を考察する課題(第Ⅰ部)と,民主主義のあり方と市民社会組織との関係性を考察する課題(第Ⅱ部)に分けることができる。

このような課題を明らかにするために,本書は以下のような構成をとる。序論では問題の所在と先行研究の議論をまとめた後,第Ⅰ部第1章において,メキシコにおける労働法制改革プロセスの検討を通して,政労関係および労働政策形成の変容と継続を論じる。第2章では,ボリビアの鉱業政策決定過程を検討することにより,鉱山協同組合という市民社会組織の政策形成にお

ける影響力とその限界を論じる。第3章では，歴史的に制度化が進まなかったペルーにおける政労関係の分析を通して，そうした非制度的関係が現在も継続しているか否かを論じる。

　第Ⅱ部第4章では，ベネズエラにおける参加型民主主義と市民社会組織の関係が，チャベス政権下でどのようなものに変容したのかという課題を検討する。第5章は，ブラジルにおける連邦政府から市民社会組織への財政移転の決定要因を検討することにより，同国の民主主義に潜む問題点の一端を明らかにする。第6章は同じくブラジルを対象とし，民主化定着後に国家とキリスト教系宗教集団の関係がどのように変容したのかを人工中絶やLGBTに関する議論を題材として分析する。

〔注〕
(1) ハーバーマス（1994）は政党も市民社会組織に含めているが，近年の比較政治学の議論の多くは政治社会（political society）を市民社会と区別し，政党を前者のアクターとして捉えている（e.g., Linz and Stepan 1996）。よって，本書も，政党を市民社会組織には含まない立場を採用する。
(2) 第2章で扱われるボリビアの鉱山協同組合も，労働組合に近い性格を有している。
(3) 後にシュミッターは，「利益代表」に代わって「利益媒介」という表現を用いるようになる。これは，公式の利益団体がメンバーの選好を伝達しているか，あるいはそうした代表性が団体の主要な任務となっているかという点について，シュミッターが懐疑的であったことによる（Wilson 1983, 106）。
(4) むろん，シュミッターの定義は理念型であり，「単一性」にしても「義務的加入」や「非競争性」にしても，ラテンアメリカのほとんどのケースが厳密には該当しないとの主張も可能だろう。しかし，1970年代当時のラテンアメリカのコーポラティズム研究が論じるように，各国で観察された利益代表（媒介）システムの特徴はコーポラティズムの理念型に近いものであり（Kaufman 1974, 111），本節もラテンアメリカ諸国で元来国家コーポラティズムがみられたことを所与として議論を進める。
(5) ただしステパンは，オドンネルの議論が過度に社会経済構造を重視してエリートの選択を軽視していることを指摘し，両者の重要性を主張する（Stepan 1978, 80, n.9）。
(6) 国家コーポラティズムが，ある特定の発展段階とそれが規定する権威主義

体制に強く結びつけて論じられていた1970年代に，コーポラティズムを文脈から切り離して指標化し，各国の比較を行った先駆的な試みとして，コリアらの研究（Collier and Collier 1977; 1979）がある。彼らは政労関係に焦点を絞り，コーポラティズムを「誘因」と「制約」の2側面から構成要素に分解することで，その組み合わせによってラテンアメリカ諸国の国家コーポラティズム間の差異や，一国内の時期による変化をとらえることを試みた。コリアらは，「社会コーポラティズム」と「国家コーポラティズム」をシュミッター的な二元論ではなく連続的な概念としてとらえ直し，ラテンアメリカ諸国の事例にも「社会コーポラティズム」の性格が部分的にみられることを主張した（Collier and Collier 1979, esp. 968, 969-971, 973, 978-979）。

(7) ただし，シュミッターは元来，国家コーポラティズムの社会コーポラティズムへの変容には否定的であった。シュミッターは，仮に社会経済構造的な条件がシフトしたとしても，依然として国家コーポラティズムから社会コーポラティズムへの移行は困難であると述べている。なぜなら，発展の初期の段階で国家コーポラティズムにしっかり固定されてしまった国々では，従属や統制の型がすでに確立してしまっているからであるという。おそらくそれゆえにシュミッターは，国家コーポラティズムが社会コーポラティズムに移行するためには，「国家コーポラティズムはまず多元主義に退化しなければならない」と主張するのであろう（Schmitter 1974, 126-127）。

(8) ただし，この新たなコーポラティズムは，頂上組織による代表の独占や，組織の強さ，包括性，組織活動の影響範囲の大きさといったネオ・コーポラティズムの条件を欠いた，ネオ・コーポラティズム型の政策協調の経験をほとんど持たない国でみられた現象であり，この意味で「復活」という表現はやや正確さを欠く。

(9) たとえば，アルゼンチンについて Patroni（2001），宇佐見（2011），メキシコについて Luna y Pozas（1992），Sheddlen（2000），Samstad（2002），Bensusán y Middlebrook（2013）を参照されたい。

(10) この他にも，市民社会の活性化によってアソシエーション文化（associational culture）が根付くことにより，政治文化面から民主主義の尊重がうながされるとする議論もある（e.g., Ehrenberg 1999; Janoski 1998; Putnam 1993）

(11) この定義の日本語訳は，粕谷・高橋（2015）に依っている。

(12) 社会アカウンタビリティの多くは応答性のみを構成要素とし制裁を伴わない「ソフト・アカウンタビリティ」であるが，参加型制度の中でも参加型予算は不適切な予算執行に公的制裁が科されるため，応答性と制裁の双方を伴う「ハード・アカウンタビリティ」に分類される（粕谷・高橋 2015）。

(13) もちろん構成主義的な立場から先住民運動以外の社会運動を対象とした研究も存在するが，その多くは各イシューの国際レジームとの関係を分析して

いる（e.g., Grugel and Peruzzotti 2010）。
(14) ただし，彼はヤシャール（Yashar 2005）を構造主義的であると認識している。
(15) ただし，ポルトアレグレやベロオリゾンテの参加型予算制度でも代表者の選出が行われており，現在の代表制民主主義の問題が再生産されているとする議論もある（Melo 2009）。
(16) 多くの研究はブローカーが党員（もしくは政党に忠誠を誓う人物）であることを想定しているが，市民社会組織側のブローカーや政党と市民社会組織の双方に忠誠を誓うブローカーの存在を指摘する研究もある（Holland and Palmer-Rubin 2015）。

〔参考文献〕

<日本語文献>
出岡直也　2012.「参加型予算（ブラジル，ポルト・アレグレ市）――大規模政治体における民衆集会的政治の可能性――」篠原一編『討議デモクラシーの挑戦――ミニ・パブリックスが拓く新しい政治――』岩波書店　147-175.
上谷直克　2008.「国家コーポラティズム（論）の呪縛？――「民主化」以後のラテンアメリカにおける政・労・使関係の軌跡――」（特集　ポスト体制移行期におけるコーポらティズムの可能性）『大原社会問題研究所雑誌』(595) 31-47.
―――　2014.「なぜ「ポスト新自由主義期」のラテンアメリカにおける「政治参加」なのか」上谷直克編『「ポスト新自由主義期」ラテンアメリカにおける政治参加』日本貿易振興機構アジア経済研究所　3-21.
宇佐見耕一　2009.「ラテン・アメリカにおける新たな福祉社会の可能性と市民社会」篠田武司・宇佐見耕一編『安心社会を創る――ラテン・アメリカ市民社会の挑戦に学ぶ――』新評論　83-104.
―――　2011.『アルゼンチンにおける福祉国家の形成と変容――早熟な福祉国家とネオ・リベラル改革――』旬報社.
ギデンズ，アンソニー　1993. 松尾精文・小幡正敏訳『近代とはいかなる時代か？――モダニティの帰結――』而立書房（Anthony Giddens, *The Consequences of Modernity*. Cambridge: Polity Press, 1990）.
粕谷祐子・高橋百合子　2015.「アカウンタビリティ研究の現状と課題」高橋百合子編『アカウンタビリティ改革の政治学』有斐閣　17-54.
坂口安紀　2008.「ベネズエラのチャベス政権―誕生の背景と「ボリバル革命」の

実態――」遅野井茂雄・宇佐見耕一編『21世紀ラテンアメリカの左派政権――虚像と実像――』アジア経済研究所　35-67.

スコッチポル，シーダ　2007．河田潤一訳『失われた民主主義――メンバーシップからマネージメントへ――』慶應義塾大学出版会（Theda Skocpol, *Diminished Democracy: From Membership to Management in American Civil Life*. Norman: University of Oklahoma Press, 2003）.

辻中　豊・坂本治也・山本英弘編　2012．『現代日本の NPO 政治――市民社会の新局面――』木鐸社．

ハーバーマス，ユルゲン　1994．細谷貞夫・山田正之訳『公共性の構造転換――市民社会の一カテゴリーについての探求――』（第 2 版）未来社（Jürgen Habermas, *Strukturwandel der Öffentlichkeit: Untersuchungen zu einer Kategorie der bürgerlichen Gesellschaft*. Suhrkamp Verlag: Frankfurt am Main, 1990）.

フレイザー，ナンシー　2003．仲正昌樹監訳『中断された正義――「ポスト社会主義的」条件をめぐる批判的省察――』御茶の水書房（Nancy Fraser, *Justice Interruptus: Critical Reflections on the"Postsocialist"Condition*. New York: Routledge, 1997）.

ベック，ウルリッヒ，アンソニー・ギデンズ，スコット・ラッシュ　1997．松尾精文・小幡正敏・叶堂隆三訳『再帰的近代化――近現代における政治，伝統，美的原理――』而立書房（Beck, Ulrich, Anthony Giddens, and Scott Lash, *Reflexive Modernization: Politics, Tradition and Aesthetics in the Modern Social Order*. Cambridge: Polity Press, 1994）.

ペストフ，ビクター・A.　2000．藤田暁男他訳『福祉社会と市民民主主義――協同組合と社会的企業の役割――』日本経済評論社（Victor A. Pestoff, *Beyond the Market and State: Social Enterprises and Civil Democracy in a Welfare Society*. Aldershot: Ashgate, 1998）.

細野昭雄・恒川恵市　1986．『ラテンアメリカ危機の構図――累積債務と民主化のゆくえ――』有斐閣．

松下　洌　2012．『グローバル・サウスにおける重層的ガヴァナンス構築――参加・民主主義・社会運動――』京都　ミネルヴァ書房．

宮地隆廣　2014．『解釈する民族運動――構成主義によるボリビアとエクアドルの比較分析――』東京大学出版会．

横田正顕　2008．「戦略的行動としての「社会的協調」――現代スペインにおける労働政治の変容とその意味――」（特集　ポスト体制移行期におけるコーポラティズムの可能性）『大原社会問題研究所雑誌』（595）2-17.

＜外国語文献＞

Abers, Rebecca 2000. *Inventing Local Democracy: Grassroots Politics in Brazil*. Boulder:

Lynne Rienner Publishers.
Avritzer, Leonardo 2002. *Democracy and the Public Space in Latin America*. Princeton: Princeton University Press.
―― 2009. *Participatory Institutions in Democratic Brazil*. Washington, D.C.: Woodrow Wilson Center Press.
Baiocchi, Gianpaolo, Patrick Heller, and Marcelo Kunrath Silva 2008. "Making Space for Civil Society: Institutional Reforms and Local Democracy in Brazil." *Social Forces* 86 (3) March: 911-936.
Behrend, Jacqueline 2006. "Mobilization and Accountability: A Study of Social Control in the "Cabezas" Case in Argentina." In *Enforcing the Rule of Law: Social Accountability in the New Latin American Democracies*, edited by Enrique Peruzzotti and Catalina Smulovitz. Pittsburgh: University of Pittsburgh Press, 213-245.
Bensusán, Graciela, y Kevin J. Middlebrook 2013. *Sindicatos y política en México: Cambios, continuidades y contradicciones*. México, D.F.: FLACSO-UAM-CLACSO.
Botero, Sandra et al. 2015. "Says Who? An Experiment on Allegations of Corruption and Credibility of Sources." *Political Research Quarterly* 68(3) Sept.: 493-504.
Burgess, Katrina 2004. *Parties and Unions in the New Global Economy*. Pittsburgh: University of Pittsburgh Press.
Calvancanti, Rosangela Batista 2006. "The Effectiveness of Law: Civil Society and the Public Prosecution in Brazil." In *Enforcing the Rule of Law: Social Accountability in the New Latin American Democracies*, edited by Enrique Peruzzotti and Catalina Smulovitz. Pittsburgh: University of Pittsburgh Press, 34-74.
Castañeda, Jorge G. 2006. "Latin America's Left Turn." *Foreign Affairs* 85(3) May/June: 28-43.
Cohen, Jean L., and Andrew Arato 1992. *Civil Society and Political Theory*. Cambridge: MIT Press.
Collier, David, and Ruth Berins Collier 1977. "Who Does What, to Whom, and How: Toward a Comparative Analysis of Latin American Corporatism," In *Authoritarianism and Corporatism in Latin America*, edited by James M. Malloy. Pittsburgh: University of Pittsburgh Press, 489-512.
―― 1979. "Inducements versus Constraints: Disaggregating 'Corporatism'." *American Political Science Review* 73(4) Dec.: 967-986.
Collier, Ruth Berins, and Samuel Handlin, ed. 2009. *Reorganizing Popular Politics: Participation and the New Interest Regime in Latin America*. University Park: Pennsylvania State University Press.

Cook, María Lorena 2007. *The Politics of Labor Reform in Latin America: Between Flexibility and Rights,* University Park: Pennsylvania State University Press.

Cornwall, Andrea, and Vera Schattan P. Coelho 2007. "Spaces for Change? The Politics of Participation in New Democratic Arenas." In *Spaces for Change? The Politics of Citizen Participation in New Democratic Arenas,* edited by Andrea Cornwall and Vera Schattan P. Coelho. London: Zed Books, 1-29.

Dagnino, Evelina, Alberto J. Olvera y Aldo Panfichi, ed. 2006 *La disputa por la construcción democrática en América Latina.* México, D.F.: Fondo de Cultura Económica.

Denissen, Marieke 2008. *Winning Small Battles, Losing the War, Police Violence, the Movimiento del Dolor, and Democracy in Post-Authoritarian Argentina.* Amsterdam: Rozenberg.

Diamond, Larry 1999. *Developing Democracy: Toward Consolidation.* Baltimore: Johns Hopkins University Press.

Eckstein, Susan 2001. "Where Have All the Movements Gone? Latin American Social Movements at the New Millennium." In *Power and Popular Protest: Latin American Social Movements.* Updated and Expanded Edition, edited by Susan Eckstein. Berkley: University of California Press, 351-401.

Ehrenberg, John 1999. *Civil Society: The Critical History of an Idea.* New York: New York University Press.

Errandonea, Fernando 2014. "El pacto corporativo en América Latina." (Documentos de Trabajo No.88) Buenos Aires: CIEPP.

Etchemendy, Sebastián 2011. *Models of Economic Liberalization: Business, Workers, and Compensation in Latin America, Spain, and Portugal.* Cambridge: Cambridge University Press.

Etchemendy, Sebastián, and Ruth Berins Collier 2007. "Down but Not Out: Union Resurgence and Segmented Neocorporatism in Argentina (2003-2007)." *Politics and Society* 35(3) Sept.: 363-401.

Friedman, Elisabeth Jay, and Kathryn Hochstetler 2002 "Assessing the Third Transition in Latin American Democratization: Representational Regimes and Civil Society in Argentina and Brazil." *Comparative Politics* 35(1) Oct.: 21-42.

Fuentes, Claudio A. 2006. "Violent Police, Passive Citizens: The Failure of Social Accountability in Chile." In *Enforcing the Rule of Law: Social Accountability in the New Latin American Democracies,* edited by Enrique Peruzzotti and Catalina Smulovitz. Pittsburgh: University of Pittsburgh Press, 134-177.

Garretón, Manuel Antonio 2001. *Cambios sociales, actores y acción colectiva en América Latina.* Santiago de Chile: CEPAL.

Grugel, Jean, and Enrique Peruzzotti 2010. "Grounding Global Norms in Domestic Poli-

tics: Advocacy Coalitions and the Convention on the Rights of the Child in Argentina." *Journal of Latin American Studies* 42(1) Feb.: 29-57.
Hagopian, Frances 2007. "Latin American Citizenship and Democratic Theory." In *Citizenship in Latin America*, edited by Joseph S. Tulchin and Meg Ruthenburg. Boulder: Lynne Rienner, 11-56.
Holland, Alisha C., and Brian Palmer-Rubin 2015. "Beyond the Machine: Clientelist Brokers and Interest Organizations in Latin America." *Comparative Political Studies* 48(9) Aug.: 1186-1223.
Janoski, Thomas 1998. *Citizenship and Civil Society: A Framework of Rights and Obligations in Liberal, Traditional, and Social Democratic Regimes*. Cambridge: Cambridge University Press.
Kaufman, Robert R. 1974. "Corporatism, Clientelism, and Partisan Conflict: A Study of Seven Latin American Countries," In *Authoritarianism and Corporatism in Latin America*, edited by James M. Malloy. Pittsburgh: University of Pittsburgh Press, 109-148.
Kirby, Peadar, and Barry Cannon 2012. "Globalization, Democratization and State-Civil Society Relations in Left-led Latin America" In *Civil Society and the State in Left-led Latin America: Challenges and Limitations to Democratization*, edited by Barry Cannon and Peadar Kirby. London: Zed Books, 3-16.
Kitschelt, Herbert et al. 2010. *Latin American Party Systems*. Cambridge: Cambridge University Press.
Lehmbruch, Gerhard 1977. "Liberal Corporatism and Party Government." *Comparative Political Studies* 10(1) Apr.: 91-126.
Leubolt, Bernhard et al. 2012. "Re-evaluating Participatory Governance in Brazil." In *Civil Society and the State in Left-led Latin America: Challenges and Limitations to Democratization*, edited by Barry Cannon and Peadar Kirby. London: Zed Books, 78-93.
Linz, Juan J. 1975. "Totalitarian and Authoritarian Regimes." In *Macropolitical Theory*, edited by Fred I. Greenstein and Nelson W. Polsby. (Addison-Wesley Series in Political Science. Handbook of Political Science; 3) Reading: Adison-Wesley, 175-411.
Linz, Juan J., and Alfred Stepan 1996. *Problems of Democratic Transition and Consolidation: Southern Europe, South America, and Post-Communist Europe*. Baltimore: Johns Hopkins University Press.
Lucero, José Antonio 2009. "Decades Lost and Won: Indigenous Movements and Multicultural Neoliberalism in the Andes." In *Beyond Neoliberalism in Latin America? Societies and Politics at the Crossroads*, edited by John Burdick, Philip Oxhorn,

and Kenneth M. Roberts. New York: Palgrave Macmillan, 63-81.
Luna, Matilde, y Ricardo Pozas H., ed. 1992. *Relaciones corporativas en un período de transición*. México, D.F.: Universidad Autónoma de México.
Mainwaring, Scott 1998. "Introduction: Juan Linz and the Study of Latin American Politics." In *Politics, Society, and Democracy: Latin America*, edited by Scott Mainwaring and Arturo Valenzuela. Boulder: Westview Press, 1-26.
Mainwaring, Scott, Ana María Bejarano, and Eduardo Pizarro Leongómez, ed. 2006. *The Crisis of Democratic Representation in the Andes*. Stanford: Stanford University Press.
Mainwaring, Scott, and Aníbal Pérez-Liñán 2013. *Democracies and Dictatorships in Latin America: Emergence, Survival, and Fall*. Cambridge: Cambridge University Press.
Malloy, James M., ed. 1977a. *Authoritarianism and Corporatism in Latin America*. Pittsburgh: University of Pittsburgh Press.
——— 1977b. "Authoritarianism and Corporatism in Latin America: The Modal Pattern," In *Authoritarianism and Corporatism in Latin America*, edited by James M. Malloy. Pittsburgh: University of Pittsburgh Press, 3-19.
Marshall, Thomas H. 1992. "Citizenship and Social Class." In *Citizenship and Social Class*, by T. H. Marshall and Tom Bottomore. London: Pluto Press, 3-51.
McGee, Marcus J., and Karen Kampwirth 2015. "The Co-optation of LGBT Movements in Mexico and Nicaragua: Moderninzing Clientelism?" *Latin American Politics and Society* 57(4) Winter: 51-73.
Melo, Marcus André 2009. "Democratizing Budgetary Decisions and Execution in Brazil: More Participation or Redesign of Formal Institutions?" In *Participatory Innovation and Representative Democracy in Latin America*, edited by Andrew Selee and Enrique Peruzzotti. Washington, D.C.: Woodrow Wilson Center Press, 17-39.
Molina, Oscar, and Martin Rhodes 2002. "Corporatism: The Past, Present, and Future of a Concept." *Annual Review of Political Science* 5: 305-331.
Murillo, María Victoria 2001. *Labor Unions, Partisan Coalitions, and Market Reforms in Latin America*. Cambridge: Cambridge University Press.
O'Donnell, Guillermo 1993. "On the State, Democratization and Some Conceptual Problems: A Latin American View with Glances at Some Postcommunist Countries." *World Development* 21(8) Aug.: 1355-1369.
——— 1994. "Delegative Democracy." *Journal of Democracy* 5(1) Jan.: 55-69.
——— 1997. *Contrapuntos: Ensayos escogidos sobre autoritarismo y democratización*. Buenos Aires: Paidós.

Olvera Rivera, Alberto J. 2006. "Social Accountability in Mexico: The Civic Alliance Experience." In *Enforcing the Rule of Law: Social Accountability in the New Latin American Democracies*, edited by Enrique Peruzzotti and Catalina Smulovitz. Pittsburgh: University of Pittsburgh Press, 178-212.

Oxhorn, Philip 2011. *Sustaining Civil Society: Economic Change, Democracy, and the Social Construction of Citizenship in Latin America*. University Park: Pennsylvania State University Press.

――― 2012. "Understanding the Vagaries of Civil Society and Participation in Latin America." In *Routledge Handbook of Latin American Politics*, edited by Peter R. Kingstone and Deborah J. Yashar. New York: Routledge, 248-261.

Patroni, Viviana 2001. "The Decline and Fall of Corporatism? Labour Legislation Reform in Mexico and Argentina during the 1990s." *Canadian Journal of Political Science* 34(2): 249-274.

Peruzzotti, Enrique 2013. "Reflections on the "Representativeness" of Civil Society Organizations: An Analysis of Recent Latin American Trends." In *Representation and Effectiveness in Latin American Democracies: Congress, Judiciary, and Civil Society*, edited by Moira B. MacKinnon and Ludovico Feoli. New York: Routledge, 226-237.

Peruzzotti, Enrique, and Andrew Selee 2009. "Participatory Innovation and Representative Democracy in Latin America." In *Participatory Innovation and Representative Democracy in Latin America*, edited by Andrew Selee and Enrique Peruzzotti. Washington, D.C.: Woodrow Wilson Center Press, 1-16.

Putnam, Robert D., Robert Leonardi, and Raffaella Y. Nanetti 1993. *Making Democracy Work: Civic Traditions in Modern Italy*. Princeton: Princeton University Press.

Rhodes, Martin 2001. "The Political Economy of Social Pacts: 'Competitive Corporatism' and European Welfare States." In *The New Politics of the Welfare State*, edited by Paul Pierson. Oxford: Oxford University Press, 165-194.

Samstad, James G. 2002. "Corporatism and Democratic Transition: State and Labor during the Salinas and Zedillo Administrations." *Latin American Politics and Society* 44(4) Dec.: 1-28.

Schaffer, Joby, and Andy Baker 2015. "Clientelism as Persuasion-Buying: Evidence from Latin America." *Comparative Political Studies* 48(9) Aug.: 1093-1126.

Schmitter, Philippe C. 1974. "Still the Century of Corporatism?" *Review of Politics* 36(1): 85-131.

Shedlen, Kenneth C. 2000. "Neoliberalism, Corporatism, and Small Business Political Activism in Contemporary Mexico." *Latin American Research Review* 35(2): 73-106.

Smulovitz, Catalina, and Enrique Perruzzoti 2000. "Societal Accountability in Latin America." *Journal of Democracy* 11(4): 147-158.

―――― 2003. "Societal and Horizontal Controls: Two Cases about a Fruitful Relationship." In *Democratic Accountability in Latin America*, edited by Scott Mainwaring and Christopher Welna. Oxford: Oxford University Press, 309-331.

Stein, Elizabeth A., and Marisa Kellam 2014. "Programming Presidential Agendas: Partisan and Media Environments that Lead Presidents to Fight Crime and Corruption." *Political Communication* 31(1): 25-52.

Stepan, Alfred 1978. *The State and Society: Peru in Comparative Perspective*. Princeton: Princeton University Press.

Stokes, Susan C. et al. 2013. *Brokers, Voters, and Clientelism: The Puzzle of Distributive Politics*. Cambridge: Cambridge University Press.

Wampler, Brian 2012. "Entering the State: Civil Society Activism and Participatory Governance in Brazil." *Political Studies* 60(2): 341-362.

Wampler, Brian, and Leonardo Avritzer 2004. "Participatory Publics: Civil Society and New Institutions in Democratic Brazil." *Comparative Politics* 36(3) Apr.: 291-312.

Wiarda, Howard J. 1974. "Corporatism and Development in the Iberic-Latin World: Persistent Strains and New Variations." *Review of Politics* 36(1): 3-33.

―――― 2004. "Introduction: Whatever Happened to Corporatism and Authoritarianism in Latin America?" In *Authoritarianism and Corporatism in Latin America – Revisited*, edited by Howard J. Wiarda. Gainesville: University Press of Florida, 1-26.

Wilson, Frank L. 1983. "Interest Groups and Politics in Western Europe: The Neo-Corporatist Approach." *Comparative Politics* 16(1): 105-123.

World Bank 2005. *Issues and Options for Improving Engagement between the World Bank and Civil Society Organizations*. Washington, D.C.: The World Bank.

Yashar, Deborah J. 1999. "Democracy, Indigenous Movements, and Postliberal Challenge in Latin America." *World Politics* 52(1) Oct.: 76-104.

―――― 2005. *Contesting Citizenship in Latin America: The Rise of Indigenous Movements and the Postliberal Challenge*. Cambridge: Cambridge University Press.

第Ⅰ部

利益媒介・政策形成と市民社会組織

第 1 章

メキシコにおける政労関係の継続と変容

――労働法制改革をめぐる政治を中心に――

馬 場 香 織

はじめに

　2012年11月，メキシコで連邦労働法（Ley Federal del Trabajo）の柔軟化改革が実施された。メキシコが新自由主義改革に大きく舵を切った1980年代以来，市場に親和的な方向への労働法制改革は歴代政権の懸案であったが，度重なる改革の試みにもかかわらず，メキシコの労働法制は顕著に保護主義的（protective）・硬直的（rigid）な性格を維持してきた。その労働法制が，このたびついに改革されたのである。2012年の連邦労働法改正は，アウトソーシング労働の合法化と規準確立，時間雇用制度や試用期間制度の合法化など，雇用の柔軟化をひとつの重要な柱とするものであった。最初の改革の試みから20年以上が経過したいま，なぜ労働法制が新自由主義的な方向へと改革されたのだろうか。

　労働法制をめぐる政治は，本書の関心からは，一国の政労関係をもっとも可視的に浮き彫りにする点で重要である。一般に新自由主義期のラテンアメリカにおいて，労働法制改革は，歴史的に労組のきわめて強い反対が展開されてきた，労組にとってもっとも優先順位の高い政策領域のひとつであった。一国の労働法制が歴史的に政労使の相互作用を反映してきたとすれば（Cook 2007, 2），2012年労働法制改革の要因とプロセスを探ることは，現代メキシ

コにおける政労関係の変容と，そして継続を検討するうえで，大きな示唆を有することが期待される。

メキシコにおける労働法制の維持に関しては，ラテンアメリカの新自由主義改革の政治力学を解明しようとする先行研究のなかで，さまざまな説明がなされてきた。そうした研究のなかには，後述のようなメキシコの特徴——保護主義的な労働法制の維持とその他の領域での新自由主義の強い進展——への関心に基づき，労働法制改革が実施された域内諸国との比較からメキシコの「例外性」を論じるものや，メキシコにおける新自由主義改革全体のダイナミズムに労働法制改革の不在を位置づけて論じる研究がみられた。しかし管見では，2012年に実施された労働法制改革について，これを長きにわたる労働法制改革の不在と整合的に説明しようとする議論は，現在までのところほとんど提出されていない。

そこで，2012年のメキシコ労働法制改革を，長きにわたるその不在とつなげて説明し，ここからメキシコの政労関係および国家－市民社会組織の関係への含意を引き出すことが，本章の課題となる。本章では，2000年の制度的革命党（Partido Revolucionario Institucional: PRI）からの歴史的政権交代で登場したビセンテ・フォックス（Vicente Fox）国民行動党（Partido Acción Nacional: PAN）政権（2000～2006年）と，それを引き継いだフェリペ・カルデロン（Felipe Calderón）PAN政権（2006～2012年）の下での労働法制改革をめぐる歴史的プロセスを分析することで，この課題の検討を行う。2012年労働法制改革をめぐる本章の結論を先取りすれば，新自由主義改革と民主化といういわゆる「二重の移行」を経たメキシコでは，PRI系（旧体制内）労組と独立系（非PRI系）労組が政府による新自由主義改革への対応として異なる戦略をとるなかで，PAN政権およびPRIに対するPRI系労組と独立系労組の短期的・状況的なレバレッジ（leverage）が低下したとき，雇用の柔軟化を軸とする労働法制改革が実施された。

本章の構成は次のとおりである。第1節では，メキシコの労働組合・労働運動の基本的特徴を押さえたうえで，労働法制改革をめぐる主要アクターの

立場と，2012年改革の概要を確認する。第2節では，国家と社会の相互作用から新自由主義改革を分析する従来の議論を出発点に，本章の分析視角を示す。以上を受けて第3節で，労働法制改革の歴史的プロセスを検討し，改革をめぐる力学を明らかにする。最後に，労働法制改革の政策決定過程に関する本章の結論が，メキシコにおける政労関係および国家－市民社会組織の関係にどのような示唆を有するか述べて結びとしたい。

第1節　メキシコ2012年労働法制改革の背景と概要

　労働法制とは，広く労働にかかわる一連のフォーマルな法制度を指す。一般に労働法制は，ふたつの領域にかかわる法からなる。ひとつは，労働者の雇用，待遇，労働条件，解雇，失業保険などの「個別的権利」にかかわる個別的労働関係法で，いまひとつは，労働組合の組織化・資源・運営，ストライキやデモ，集団交渉などの「集団的権利」にかかわる集団的労働関係法である。全体にラテンアメリカ諸国の労働法制は，世界の他の地域と比べて，個別的労働関係法と集団的労働関係法のいずれも保護主義的，あるいは硬直的で規制が強いといわれるが[1]，なかでもメキシコの労働法制は伝統的に保護主義的な特徴を有してきた（Carnes 2014, 27-29）。しかも，そうした保護主義的な労働法制が，その他の政策領域での新自由主義の進展にもかかわらず長年維持されたことが，メキシコの際立った特徴である。

　メキシコの労働法制は，労働者の権利について定めたメキシコ合衆国憲法第123条（1917年制定）と，1931年に制定された連邦労働法のふたつを，伝統的な支柱としている。連邦労働法に定められた労組にとって有利な数々の条項は，メキシコ革命以降の組織労働者の政治アクターとしての重要性を反映するものであり，また逆に，これらの法制度の下で，国家・政府・党——従来のPRI体制下で三位一体であった——により承認され，保護されてきた「公式の組合」（＝PRI系労組）は，組合員の統制とPRI（体制）への支持動

員と引き換えに，国家資源へのアクセスを含むさまざまな特権を享受してきた（Bensusán y Middlebrook 2012, 336-338）。また，少なくとも法制度のうえでは，労働者は個別的権利に関しても手厚い保護を受けてきた。労働法制改革の組上にのったのは，こうした労働者の個別的・集団的権利にかかわる連邦労働法と憲法第123条の条項であった[2]。

　まず指摘しておかなければならないのは，メキシコでは法改正こそ遅れたものの，1980年代以降すでに「事実上の」雇用の柔軟化が進んでいたことである。それは，各企業・工場レベルの労働協約によって，労働者の試用期間や解雇に関する規定を緩和する方法で行われ，労働社会保障省（Secretaría del Trabajo y Previsión Social: STPS）の管轄下におかれる和解仲裁評議会（Junta de Conciliación y Arbitraje: JCA）がそうした労働協約を認めることによって実現してきた（Murillo 2001, 104-105; Cook 2007, 163）。連邦中央および州レベルにおかれるJCAは，政労使の代表で構成され，労働組合の承認，労働協約締結の資格付与，ストライキの承認，その他労使紛争の調停など，労働関係をめぐる幅広い権限をもつ。民間セクターの労組連合としては国内最大のメキシコ労働者連合（Confederación de Trabajadores de México: CTM）をはじめとするPRI系の「公式の組合」は，伝統的に労働者側の代表権を有してきた。JCAには労働法の解釈を含めて比較的自由な裁量が与えられ，政府や雇用主に対して敵対的な独立系（非PRI系）労組の成立や勢力拡大を阻止し，「公式の組合」の特権的地位を維持するために，多くの場合きわめて恣意的に運営されてきた。事実上の雇用の柔軟化が可能だったのは，JCAが，しばしばPRI系労組幹部の特権維持と引き換えに，労働者の便益を削減し労働条件の柔軟化を増すような労働協約を認めてきたからだった。このような労働協約は「雇用主保護協約」（contratos de protección patronal）と呼ばれている（Xelhuantzi López 2000; Bouzas Ortiz 2009; Bensusán et al. 2007）[3]。

　しかし，法制上の雇用の柔軟化への圧力もつねに存在してきた。メキシコで初めて労働法制改革について公に議論されるようになったのは，ミゲル・デラマドリー（Miguel de la Madrid）PRI政権下の1987年末頃のことである。

新自由主義経済モデルの下で企業に国際競争力が求められるなか,デラマドリー政権は労働法制の柔軟化改革の必要性を認識し,また,企業側からの政府に対する改革圧力も強まっていった。その後,カルロス・サリナス（Carlos Salinas）PRI政権（1988～1994年）とエルネスト・セディージョ（Ernesto Zedillo）PRI政権（1994～2000年）がそれぞれ労働法制の柔軟化改革を試みるが,いずれも挫折する。2000年の政権交代で発足した中道右派のフォックスPAN政権も,すぐに労働法制の柔軟化改革をめざすが,最終的にこれも頓挫した。続くカルデロンPAN政権では,2010年から2011年にかけて主要3政党がそれぞれ労働法制改革法案を提出するが,2011年にいったん改革論議は行き詰まる。しかしその後,2012年7月の大統領選でPRIを中心とする選挙連合の候補エンリケ・ペニャ＝ニエト（Enrique Peña Nieto）が勝利すると,同年9月に開会した通常議会[4]にカルデロン政権が連邦労働法改正法案を提出,最終的に11月に上院で可決され,連邦労働法改革が実施された。

本節ではまず,メキシコの労働組合と労働運動の基本的特徴を押さえたうえで,労働法制改革をめぐる主要アクターの立場を確認し,2012年改革の概要を示す。

1. メキシコの労働組合・労働運動の基本的特徴

PRI系の労組連合は,民営セクター労働者の労組連合としては最大のCTMのほかにも代表的なものだけで複数存在し,労働者農民革命連合（Confederación Revolucionaria de Obreros y Campesinos: CROC）やメキシコ地域労働者連合（Confederación Regional Obrera Mexicana: CROM）などが,歴史的に分裂し,競合していた。しかし,1966年にCTMの当時の指導者フィデル・ベラスケス＝サンチェス（Fidel Velázquez Sánchez）のイニシアティヴによって,PRI系労組連合のナショナル・センターである労働会議（Congreso del Trabajo: CT）が創設されると,労組連合の分裂状態は緩和された。一般に「公式の組合」というと,CT加盟のPRI系労組（連合）を指す（Bensusán y

Middlebrook 2013, 61-62)。

　一方1990年代になると,「新しい労働運動」と呼ばれる独立系労組（連合）が勃興する。まず，メキシコ電話通信労働者組合（Sindicato de Telefonistas de la República Mexicana: STRM）などが中心となって製品・サービス企業労組連盟（Federación de Sindicatos de Empresas de Bienes y Servicios: FESEBS）が創設され（1992年に正式登録），CT内でCTMに対抗する派閥として台頭した（Murillo 2001, 108-109）。FESEBSは元来PRI系労組からなり，サリナス政権と密接な関係を有していたが，FESEBSを創設した主要労組は，その後1997年に労働者全国同盟（Unión Nacional de Trabajadores: UNT）創設のイニシアティヴをとり，PRIから距離をおくようになる。

　UNTは，先記STRMをはじめとするCTから離反した労組と，労働真正戦線（FAT）など従来から政党との距離を保ってきた闘争的な独立系労組が合流して，1997年11月に設立された。当時執行部を構成した主要な加盟労組は，STRM，メキシコ国立自治大学職員組合（Sindicato de Trabajadores de la Universidad Nacional Autónoma de México: STUNAM），そして後にUNTを離脱したメキシコ社会保険公社職員組合（Sindicato Nacional de Trabajadores del Seguro Social: SNTSS）であった。これらのUNT主要労組は元PRI系労組であり，設立段階ではFATなど従来から政党に属さない労組連合とのあいだで，組織や意思決定のあり方をめぐって衝突があったが，最終的にFATなどの提案が強く組合規約に反映される形で，国家および政党からの自律性も強化されていった。なお，労働組合にはJCAへの登録義務があるが，労組連合の登録は任意とされており，UNTは労組連合として正式に登録されていない。これは，JCA管轄の登録制度や，組合自治への政府の介入を含む「コーポラティズム」の権威主義性へのUNTの反発に基づく意図的な選択によるものだった[5]。2005年時点で，UNTは30の加盟労組と約48万人の組合員を擁している（Aguilar García 2010, 15）。

　以上のような労組（連合）からなるメキシコの労働運動の構造的特徴について，組織率と統一性の観点から確認しておきたい。まず，図1-1は労働組

図1-1　経済活動人口に占める労働組合加入者数の割合

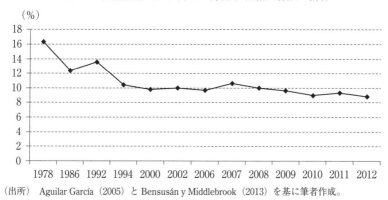

（出所）　Aguilar García（2005）と Bensusán y Middlebrook（2013）を基に筆者作成。

織率を示したものである。データが入手できた年の間隔が一定ではないが，労働組織率は1970年代末以降低下傾向にあることがわかる。

1978年に16.3％だった組織率は，1994年には10.4％まで低下し，その後も低迷している。そのひとつの原因は，組織しにくいインフォーマル労働者の拡大である。また，フォーマルセクター中心の福祉制度に代わって，プログレッサ（Progresa）やオポルトゥニダーデス（Oportunidades）といった社会扶助政策や，貧困層向けの「民衆保険」（Seguro Popular）が拡充され，労組に加入せずとも社会保障制度へのアクセスが可能となったことで，労組加入のインセンティヴが削がれたことも指摘されている（Bizberg 2003, 226）。

つぎに，労働運動の統一性については，先述のような複数の労組連合の林立が示すように，その弱さが特徴であった。まず，PRI系労組連合については，概して組織内の集権性が高いものの，歴史的に労組連合は複数存在し，統一性や代表の独占性は弱かった。そのなかにあってCTMは，民間セクターの労組連合としては最大で，政治的にも重要性を認知されてはいたが，上述のように「公式の組合」はほかにも存在し，CTMはそのひとつにすぎなかった。

さらに，UNT創設に象徴される1990年代に進んだ新しい労働運動の勃興

表1-1 労組連合別組織状況（2005年）

労組連合		加盟労組数	登録済み労組全体に占める加盟労組の割合(%)	組合員数	全労組加入者に占める組合員の割合(%)
CTM		1,351	52	754,286	38
CROC		210	8	81,083	4
CROM		171	7	30,895	2
PRI系3労組連合	小計	1,732	67	866,264	44
非登録労組連合		448	17	829,170	42
FESEBS		13	1	138,336	7
独立系労組連合	小計	461	18	967,506	49

（出所） Aguilar García（2010）。

は，メキシコの労働運動にPRIによる組織労働者の包摂以降初めての多元主義をもたらしたが，一方でそれは労働運動の分裂と競争の激化を意味した（Bensusán y Middlebrook 2013, 64）。表1-1は2005年の労組連合別組織状況を示したものである。なお，先述のようにUNTは労組連合として正式に登録されていないため，表1-1では「非登録労組連合」に含まれる。労組連合への加盟労組数をみると，CTM，CROC，CROMという，民間セクターの代表的な三つのPRI系労組連合の合計が全体の67％を占めるが，組合員数でみると，PRI系3労組連合が約44％を占めるのに対し，FESEBSを含む独立系労組連合が49％となっており，分裂していることがわかる。

以上のような労働組織率の低さと労組の分裂は，メキシコにおける労組の組織的力の弱さを意味するが，この点については後述する。

2．労働法制改革をめぐる主要アクターの立場

つぎに，メキシコの労働法制改革をめぐる主要アクターの立場を確認しておきたい。表1-2は，労働法制改革の「雇用の柔軟化」と「組合民主主義」の側面について，主要アクターの立場を示したものである。時期による変化

表1-2 労働法制改革をめぐる主要アクターの立場

アクター	雇用の柔軟化	組合民主主義
制度的革命党（PRI）	賛成	反対
国民行動党（PAN）	賛成	賛成
民主的革命党（PRD）	反対	賛成
メキシコ労働者連合（CTM）	反対	反対
労働者全国同盟（UNT）	反対	賛成
メキシコ企業家連合（Coparmex）	賛成	中立的

（出所）筆者作成。

もあり，また党・労組内の意見の差異はあるが，単純化した基本的なスタンスを示した。雇用の柔軟化とは，具体的には雇用，解雇，労働条件，福利厚生などにかかわる規制の緩和をめざすような改革を指す。一方，組合民主主義にかかわる改革には，いわゆるユニオンショップ制およびクローズドショップ制[6]の廃止や，組合員の秘密投票による組合リーダー選出，組合員の合意に基づく労働協約の締結，組合の会計監査制度の確立などが含まれる。メキシコの場合，先述の和解仲裁評議会（JCA）の行政府からの自律性も，組合民主主義をめぐる主要な争点のひとつとなってきた。

　表1-2に示されるとおり，雇用の柔軟化と組合民主主義をめぐる主要アクターの立場はさまざまである。政権党としてはじめに新自由主義改革を担ったPRIは，雇用の柔軟化を積極的に進めようとしたものの，組合民主主義には基本的に慎重な立場をとってきた。これは，先述のようにPRIの旧支配構造において労働セクターの支持が重要だったからであり，一般に指摘されているように「二重の移行」によって組織労働者の政治的重要性が低下したとはいえ，「公式の組合」に対する党の統制や，組合の党への支持を弱め得るような組合民主主義を積極的に進めることはなかった。この点，CTMのようなPRI系主要労組連合の幹部にとっては，組合民主主義改革の阻止こそが労組の存亡にかかわる最大の関心事であった。またPRI系労組は，組合民主主義改革の阻止に比べれば優先順位が低いものの，雇用の柔軟化にも基本的には反対の立場をとっていた。

組合民主主義を促進しつつ雇用の柔軟化を進めようとしたのが PAN である。PAN は，雇用の柔軟化を強く求めるメキシコ企業家連合（Confederación Patronal de la República Mexicana: Coparmex）など企業家層とのつながりが深く，雇用の柔軟化に賛成の立場をとってきた。一方で，元来 PAN は，PRI 主導のコーポラティズム体制に対する批判的立場から組合民主主義を支持し（Wuhs 2008, 114），民主化後も基本的にこの立場を維持してきた。ただし，後に述べるように，2000年代以降，組合民主主義の推進に PAN は基本的に控えめな立場をとっており，雇用の柔軟化を優先する姿勢は明らかである。

　他方，中道左派政党の民主的革命党（Partido de la Revolución Democrática: PRD）と UNT は，雇用の柔軟化に反対の立場をとってきた。また，PRI 系労組の特権と，それとかかわる従来のコーポラティズム体制への批判から，組合民主主義を強く推進してきた。

3．2012年労働法制改革の概要

　次節以降の理論枠組みの考察と改革プロセスの分析に先立ち，2012年労働法制改革の概要を簡略的に示しておきたい。

　表1-3は，2012年の連邦労働法改革の，雇用の柔軟化と組合民主主義にかかわる主要な改正点をまとめたものである。雇用の柔軟化に関連するもっとも重要な改正は，アウトソーシング労働の合法化であった。この種の労働形態は以前からメキシコでは広くみられたが，本改正により初めて合法的に認められた。新労働法では，アウトソーシング労働は当該職場における「中心的活動」以外の職務にのみ認められるとの条件が付されたが，JCA の自律性が保証されないなかで，「中心的活動」が恣意的に解釈される可能性も指摘されている[7]。また，新たな労働法では，臨時雇用制度や試用期間制度が導入されたほか，不当な解雇が認定された場合の労働者への給与補償に上限が設定された。これらの一連の改革は，雇用主にとって解雇のコストを下げる側面をもっていた。

表1-3 2012年連邦労働法改正の概要（雇用の柔軟化と組合民主主義関連のみ抜粋）

	雇用の柔軟化
第15条	アウトソーシング（派遣）労働の合法化（ただし，当該職場における「中心的活動」以外の職務のみ）
第35条	臨時雇用制度の合法化
第39条	試用雇用制度（通常最長30日間）および初期研修雇用制度（通常最長3カ月）の合法化
第48条	不当な解雇が認定された場合の労働者への給与補償上限設定（最大12カ月分）
	組合民主主義
第364条2項・365条2項	労働組合登録にかかわる情報開示の促進
第371条	労組幹部選出方法について，間接選挙または組合員の直接選挙（いずれも秘密投票）いずれかを組合総会で決定
第373条	組合員に対する労組の定期的な会計監査報告の義務づけ
第391条2項	労働協約開示義務
第395条	排他条項のうち，クローズドショップ制の廃止

（出所） Secretaría del Trabajo y Previsión Social（2012）を基に筆者作成。

　組合民主主義に関しては，前進があったものの，限界も大きかった。もっとも重要な前進は，クローズドショップ制の廃止である。ただし，職場や企業，産業レベルでの独立系労組の組織化や労働協約の締結が，制度的に引き続き非常に困難な状況下で，クローズドショップ制の廃止はむしろ独立系労組に打撃を与えるだけで，雇用主に元来近いCTMなどPRI系労組連合系列の組合は，その庇護を得て組合員を維持するだろうとも指摘されている（Bensusán y Middlebrook 2013, 133-134）。情報開示や透明性については，まず労働組合の登録に関して法整備が進んだが，労組登録の管轄はJCAに残ることとなった（したがって，登録の可否や手続きに要する時間が，依然として恣意的となり得る）。また，組合員に対する会計監査報告が義務づけられたものの，違反の際の制裁は設けられなかった。他方，PRI系労組が強く反対した組合幹部の直接秘密投票による選出規定は，議会での法案審議の過程で義務ではなく任意と修正された。なお，PRD上院議員のアレハンドラ・バラーレス（Alejandra Barrales）が推進した，労働協約の締結に組合員の過半数の

票を必要と定める第388条2項案は，最終的に削除された。

第2節　本章の分析視角
——労組の戦略，パワー，レバレッジ——

　以上の事実と経緯をふまえて，本節では，メキシコで新自由主義的な労働法制改革が長き不在の後に実施された理由を明らかにするために，先行研究の議論を修正・発展させることで，メキシコの事例を分析するための視角を提示する。

　少なくともラテンアメリカでは，労働法制改革は他の新自由主義改革に比べて着手が遅れた分野であったが，国による経過や内容の差異も大きかった。そのなかで，保護主義的・硬直的な労働法制が長らく維持されたメキシコを含め，各国間の労働法制改革の経路のちがいを説明する研究が提出されてきた。

　労働法制改革を含め，新自由主義改革に関する初期の研究では，「強い国家」による上からの改革や，国際的な経済転換の要請に着目する説明がみられたが，その後の研究では，新自由主義改革によって損失をこうむる層と政府とのあいだの相互作用を重視する議論が支配的となっていく（Etchemendy 2011, 4）。本書のテーマにも沿う形で，本章の分析視角も，こうした見方を出発点としている。本節では，労働法制改革や，それを含む広く新自由主義改革をめぐる各国の経路のちがいを，国家・政府と労働者の相互作用に着目する視角から説明しようとする先行研究の批判的検討を出発点に，メキシコの2012年労働法制改革を分析する視角を提示する。

　ただし，上記のような本章のアプローチは，労働法制改革をめぐる政治とその政策的帰結が，国家・政府・党と労組の相互作用のみで決まることを主張するものではない。企業家層や国際金融機関など，雇用の柔軟化改革を推進するアクターと政府の関係も，むろん重要であった。とくにメキシコの企

業家層は，議会でのロビー活動だけでなく，80年代以降は自らPRI，PANや緑の党の選出議員としていわゆる「企業家議員団」(bancada empresarial) を構成し，政策形成への強い影響力を有してきた（*CNN Expansión*, 22 de noviembre de 2009　http://expansion.mx/expansion/2009/10/29/el-negociador）。しかし，こうした改革推進アクターの要求は基本的にPRIおよびPAN政権の改革案の方向性と合致していたこと，そして企業家層の改革圧力はつねに存在し，政権の改革意図も続いてきたことから，改革の可否や内容にとってより重要だったのは，むしろ反対派との関係だったと考えられる。ゆえに本章では，もっとも重要な反対派アクターである労働者，および労働組合に焦点を絞って論じる。

1．政府の新自由主義政策に対する労組の戦略

　先述のように，ラテンアメリカの新自由主義改革に関する研究では，政府と労組の相互作用に着目する視角から新自由主義改革の帰結の説明が試みられてきた。その分析で重要となるのは，労組の戦略とその効果（成否）である。

　先行研究は広く，労組が政府による新自由主義改革に直面する際の，労組のリアクションや戦略を論じてきた。マドリーは，（手段はどうあれ）労組の反対の強度のちがいを重視するため，ストライキや抗議運動，政府や政権党との交渉での反対表明，労組選出議員による政府法案への反対票といった労組の戦略を列挙するが (Madrid 2003, 66)，より一般には，こうした戦略は大きくふたつに分かれるとされている。第1の戦略は，「闘争」(militancy, contestation) である (Murillo 2001, 11; Cook 2007, 23; Etchemendy 2011, 15-16)。「闘争」とは，ストライキや抗議デモ，ボイコット，サボタージュなどによる，組織的な生産活動の中断や政治的揺さぶりを指す。これに対して，潜在的な闘争の可能性を示唆しながらも，実際にはそれを差し控え，政府・政党との交渉を行うのが，第2の戦略である「自制」(restraint) または「協調」

(conciliation, concertation) である (Murillo 2001, 11; Cook 2007, 23; Etchemendy 2011, 6, 15-16)。バージェスは，労組を支持基盤とする政党 (labor-based party, 以下「労働基盤政党」と記載) による政権に対する労組 (幹部) の戦略として，「規範の枠内の要求」「規範を破る要求」「連合からの離脱」という三つを挙げるが (Burgess 2004, 9)，これも上述のふたつの分け方の亜種ととらえることができるだろう。

以上のような労組の戦略が，国や時期によって異なっていることについての先行研究の説明は，さまざまである。ムリージョは，労組のリーダーシップをめぐる政党間競争から，労働基盤政党が政権にある場合の，その政権の新自由主義政策に対する労組のリアクションを説明する。政党間競争が強い場合には「闘争」，弱い場合には「自制」が選択されることになる (Murillo 2001, 11-20)。一方でクックは，労組が政権党と連合関係にある場合は「協議」，野党と連合関係にある場合は「闘争」が選択されると述べる (Cook 2007, 23)。エチェメンディの場合，労組の戦略を決めるのは，後述の労組の組織的力とされている (Etchemendy 2011, 15-16)[8]。また，バージェスは，政権党 (この場合，労働基盤政党) または労働組合員の，労組幹部による不忠な行動に対する相対的制裁力と，政権党の政府からの自律性を，労組幹部の戦略の説明要因として挙げている (Burgess 2004, 12-13)。

しかし，以上のような先行研究の議論は，2000年代以降のメキシコの労働法制改革をめぐる労組の戦略を説明できない。次節で論じるように，2000年以後も PRI 系労組は PAN 政権に対して「自制」を，UNT などの独立系労組は「闘争」を選択したが，まずクックの議論は，PRI 系労組について明らかに当てはまらない。ムリージョやバージェスの議論からは，労組と連合関係にない政党が政権にある場合の労組の戦略を説明することができない。また，メキシコの労組の組織的力の低さにかんがみれば，エチェメンディの議論も有効ではない。

一方で，上記の先行研究の議論に共通する特徴として，政府および政権党 (ムリージョとバージェスの場合は労働基盤政党に限定される) と労組の関係や

配置から労組の戦略を説明する点を指摘できるが，このこと自体は2000年代以降のメキシコのケースを考えるうえでも有効である可能性が高い。つまり，労働基盤政党である PRI が下野して保守的な PAN が政権についた後のメキシコでも，政府や政権党と労組の関係（単に政権党と連合関係にあるか否かを超えて）が労組の戦略選択にとって重要だったのではないか。そして，政府・政権党と労組の関係に着目するこれらの議論の含意からは，その関係を形成する要素のなかでも，労組の戦略を規定する要因として，労組の政策形成への参与可能性と影響力が重要であることが示唆される。

政策形成への労組の強い影響力が見込まれるならば，元来労組が政権党との連合関係にない場合でも，「闘争」よりも効果的な戦略であるとの認識から「自制」を選択することは，労組にとって十分に合理的な選択となろう。ここからは，政策形成への強い参与が見込まれる場合は「自制」，参与が期待できない場合は「闘争」が選択されるとの仮説が導かれる。ここでは，一般に労組の戦略を説明する体系的な枠組みを提示することはできないが，メキシコでは従来の PRI 体制下で PRI 系労組が特権的に政策形成に参与し，本章が分析の対象とする2000年代以降も PRI 系労組の「自制」戦略がみられたことを考えれば，少なくとも政策形成への参与可能性が労組の戦略に影響を与えるとの作業仮説を立ててメキシコの事例を検討することには意味があるだろう。

2．労働運動の構造的特徴と労組の組織的力

労組の戦略を規定する要因として政策形成への参与が重要であるとして，戦略の効果および政策の帰結は，どのように規定されるのか。「闘争」であれ「自制」であれ，そうした労組の戦略が効果的でなければ，労組は新自由主義改革自体を阻止したり，政府から重要な妥協を引き出したりすることはできない。労組の戦略の効果を規定する要因として，第1に労働運動の構造的特徴に由来する労組の組織的力が考えられる。

労組の組織的力を測るうえで、まず重要なのは労組の（潜在的な）動員力であり、これはある程度労組の組織率に比例すると考えられている。ラテンアメリカ諸国の労働法制改革の比較分析を行ったカーンズは、労組の政治的行為の遂行能力を政治・組織的力と呼び、具体的にはそれを労組の組織率で測っている。彼は、労組の政治・組織的力が強い場合、集団的労働関連法が保護主義的になりやすいと論じた（Carnes 2014, 79-83）。組織率を補う形でクックは、労組の力を測る要素として、労組の集権性と頂上組織の統一性・戦略志向の一体性にも着目している（Cook 2007, 20-23）。エチェメンディも、労組の組織的力を「代表の独占性」と「労組内の集権性」からとらえ、この力が強い場合、政治体制にかかわらず労組は政府から新自由主義政策の「補償」を得るとした（Etchemendy 2011, 15-16）。また、ムリージョは、労働者の利益代表をめぐる労組間の競争に着目し、労組間の競争が強い場合に労組の戦略は非効果的となり、弱い場合には効果的となると論じた（Murillo 2001, 11-20）。

労働法制改革の文脈でも、こうした労組の組織的力が強い場合、労組が強い交渉力を得ることが予想される。ここで、以上のような労組の組織的力を重視する議論によれば、労組の戦略が効果的となるか否かは、労働運動の構造的特徴によって基本的には「すでに決まっている」ことに注意したい。そのため、この立場からは、1990年代のメキシコにおける労働法制改革の不在については、競合関係にある労組が短期的に団結することによって——いわば、組織的力が弱いという元来の構造的特徴が修正されることで——例外的に労組の戦略が効果的となったという解釈が提示される[9]。

ムリージョによれば、1990年代のメキシコでは、他の政策領域と異なり、集団的権利関連の労働法制改革については例外的に、CTMは他のPRI系労組の支持を得た。つまり、労働法制改革に限定すれば、労組間の競争が弱いとみなし得る状態だったわけである（予測される帰結は、労組の「効果的自制」による政策形成への影響力）（Murillo 2001, 105-106）。またマドリーによれば、セディージョ政権期には、労働法制改革反対を掲げる話し合いが、PRI系労

組連合だけでなく新興の独立系労組連合 UNT も合流する形で開始されており，PRI 系労組と独立系労組の協力もみられた（Madrid 2003, 87）。労組は団結して労働法制改革に反対してサリナスおよびセディージョ政権から譲歩を引き出し，両政権は改革を見送ることとなったとされる[10]。

このように，少なくとも1990年代のメキシコにおける労働法制改革の不在については，一連の新自由主義改革におけるその例外性を，組織的力の枠組みで説明することも可能である。しかし，2000年代以降の労働法制改革をめぐる労組の戦略の効果は，組織的力やそれを短期的に修正する要因としての労組の団結では説明できない。まず，第1節1．でみたように，2000年代以降もメキシコの労働組織率は低く，かつ低下傾向にある。また，代表の独占性は独立系労組の勃興によりさらに弱まり，労働運動は分裂している。このため，90年代の労働法制改革をめぐる政治でみられたような労組の団結が実現しないかぎり，労組の組織的力は弱いものと考えられるが，次節での検討結果を先取りすれば，2000年代以後，労働法制改革をめぐる有効な労組の団結はみられなかった。

それでは，2000年代以降の労組の戦略の効果はどのように説明できるだろうか。労組の戦略の効果に影響を与える要因には，構造的な条件だけでなく，より短期的・状況的な要因も考えられる。メキシコにおける1990年代の労働法制改革の不在について，こうした短期的・状況的なレバレッジを強調するのがバージェスである。

3．短期的・状況的なレバレッジ

バージェスによれば，たしかにサリナスおよびセディージョ政権下で労組の団結した強い反対は重要だったが，労組の反対が効果をもった背景として，両政権が重視する政策の推進・実現に，労組の支持や協力が不可欠だったことが重要であった。優先された政策として具体的には，NAFTA 締結，インフレ抑制のための政労使の社会協定の締結，そしてサパティスタ蜂起や PRI

の大統領候補ルイス＝ドナルド・コロシオ（Luis Donaldo Colosio）の暗殺で政局が不安定化するなかで，1994年大統領選でのPRIの勝利を確実とすることがあった（Burgess 2004, 81-84）[11]。

　バージェスが着目した以上のような要因は，それ以外にも考えられる要素も含めて，労組の短期的・状況的レバレッジとして一般化することができる。ここで労組のレバレッジとは，労組の労働法制反対圧力に対するPAN政権およびPRIの脆弱性と定義する[12]。とくにPRI系労組については，彼らが対峙すべき相手はPAN政権だけでなく，PRI党内の力学も依然として重要であった。PRIは2000年以降も上下両院でPANと並ぶか，時期によってはそれを上回る議席数を維持するなかで，さまざまな政策イシューをめぐってPAN政権にとって重要な交渉相手となったからである。労働法制をめぐって労組が強い交渉力をもち，また，労組を「敵に回す」ことが潜在的にPAN政権およびPRIにとって大きな脅威となり得るとき，労組のレバレッジは高いとみなされる。こうした短期的・状況的なレバレッジは，バージェスが指摘したような政府にとって優先順位が高く，かつ労組の支持が必要な他の政策イシューの存在や，政権党およびPRIの選挙への配慮などに由来する。

　1990年代メキシコにおける労働法制改革の不在に関するバージェスの分析は，短期的レバレッジが労組の戦略の効果を説明する第2の要因であることを示している。2000年代以降も前項でみた労組の組織的力が弱く，また労組の団結も弱かったとすれば，PAN政権下でメキシコの労働法制改革の帰結を左右したのは，むしろ労組の短期的なレバレッジであった可能性が高い。他の領域での新自由主義経済社会改革の実施などの政策イシューや，労組の支持が結果を左右し得る差し迫った選挙などが存在する場合，その成否を握る労組は，労働法制改革において強い交渉力を獲得することが予想される。

　本節での議論が妥当であれば，2000年の政権交代後のメキシコでは，労働政策形成の様式が旧PRI体制から継続したために，PRI系労組と独立系労組

は，PAN 政権に対してそれぞれ「自制」と「闘争」という異なる戦略を選択したとの解釈が可能であろう。より具体的には，PAN 政権に対して PRI 系労組は政策形成に参与するなかで影響力を行使する戦略をとり，独立系労組は大規模な動員を伴う「異議申し立て」を行う戦略をとったことが，政策形成への参与のちがいによって説明されることとなる。そして，労組が短期的に高いレバレッジを有するあいだは労働法制改革を効果的に回避できたが，レバレッジが低下して効果的な戦略が展開できなくなったときに労働法制改革が起こったものと考えられる。次節では，労働法制改革の歴史的プロセスを分析し，以上のような改革をめぐる力学を明らかにする。

第3節　労組の戦略，レバレッジと労働法制改革

1．フォックス政権下のアバスカル法案の挫折

　フォックスは，大統領選キャンペーン中から労働法制改革を公約として掲げ，企業側が主張する雇用の柔軟化だけでなく，組合民主主義を推進する改革にも当初は意欲をみせていた。しかし，2002年末に議会に提出されたフォックス政権の連邦労働法改正法案——主導者であった当時の労働社会保障相カルロス・アバスカル（Carlos Abascal）[13]にちなみ「アバスカル法案」と呼ばれる——は，雇用の柔軟化を進める一方で組合民主主義には立ち入らず，PRI 系労組の従来の特権を維持する内容であった（Ramírez Cuevas 2002; Cook 2007, 183）。そのアバスカル法案も，3年近く政府，与野党間の交渉や調整が続けられたものの，最終的に合意に至らず挫折した。アバスカル法案の挫折は，PRI 系労組の「自制」戦略と独立系労組の「闘争」戦略が短期的なレバレッジによって成功したことで説明される。
　2000年の PRI から PAN への政権交代後のメキシコでは，CTM などの PRI 系主要労組と，PRD に近い独立系の UNT のリーダーは，いずれも PAN 政

権に党派的忠誠を示す必要がないために，PAN 政権の新自由主義改革に強く反対，ないし抵抗すること（「闘争」）が予想されていた。しかし，実際にPAN 政権の労働法制改革をめぐって観察された労組の戦略は，PRI 系労組連合と UNT を中心とする独立系労組とで異なるものであった。後述のように，PAN 政権の改革イニシアティヴに対して，PRI 系労組がストライキやデモへの動員を伴う真っ向からの反対や抵抗を避けたのに対し，UNT はフォックス政権初期に政府主導の三者協議を離脱してからは，大規模な動員を伴う政府改革案への反対を貫いた。つまり，先の予想は独立系労組には当てはまるが，PRI 系労組には合致しない。

このように，PRI 系労組と独立系労組の戦略が異なったのはなぜだろうか。あるいは，PRI 系労組の戦略が PAN 政権下で「闘争」とならず，むしろ「自制」が選択されたのはなぜだろうか。その理由は，旧体制下の労働政策形成の様式が PAN 政権下でも継続したことによると考えられる。ベンスサンとミドルブルックは，労働政策形成の特徴を含む「政労関係レジーム」の継続を論じている（Bensusán y Middlebrook 2013）。2000年の政権交代によって誕生したフォックス PAN 政権にとって，新興民主主義体制の安定と経済成長が最大の関心事であった。PRI 系労組のゼネストが起こるような事態を恐れた PAN 政権は，政権発足前から CTM をはじめとする労働者会議（CT）加盟労組との非公式の交渉を開始し，「労組に対する政府の保護と引き換えに労組幹部は組合員を統制する」という従来の枠組みを引き継ぐ「暫定協定」を結んだといわれている（Bensusán y Middlebrook 2013, 89-90; Cook 2007, 183-184）。従来から CTM など「公式の組合」が労働者代表としての参与を事実上独占してきた政労使の三者代表制度も，和解仲裁評議会（JCA）をはじめ，メキシコ社会保険公社（Instituto Mexicano del Seguro Social: IMSS），全国最低賃金委員会（Comisión Nacional de los Salarios Mínimos: CNSM），全国労働者住宅基金機構（Instituto del Fondo Nacional de la Vivienda para los Trabajadores: INFONAVIT）などで維持された（Bensusán y Middlebrook 2013, 38-39）[14]。

労働法制改革の文脈でも，PRI 系労組，とりわけ CTM は，労働セクター

のなかでも特権的に政策形成への参与を続けた。フォックス政権が発足すると，アバスカル労働社会保障相は，2001年7月に労働法制について協議するための政労使の三者協議（「労働法制の近代化・刷新のための協議」）を開始し，労・使からそれぞれ11名の代表が協議に参加した。労働者側の代表は，当初PRI系労組から8名，UNTから3名で構成されたが，UNTは協議開始後まもなく事実上離脱する。これは，三者協議が実質的には，PRI系労組の特権の不可侵と引き換えに雇用の柔軟化改革を実施するうえで，利害関係者の合意を得たという形式上の正統性を付与するためのものにすぎないと，UNT幹部が考えたためであった（La Botz and Alexander 2003, 150; Cook 2007, 184-185; Bensusán y Middlebrook 2013, 111; Kohout 2008, 143）[15]。

　以後，PRI系労組とUNTの戦略のちがいは鮮明となった。アバスカル法案が議会に提出されて以来初となる2003年のメーデーには，PRI系労組が象徴的なものにとどまるメーデー集会を早々に引き揚げ，幹部はフォックスからの大統領府への招待に応じたのに対し，UNTは政府の招待を拒否し，法案への反対を掲げて首都で大規模な抗議デモを行った（*Reforma*, 1 de mayo de 2003）。PRI系労組が労働法制改革をめぐって政府に協力するなかで妥協を引き出す道を探った一方で，UNTは政府・企業家団体・PRI系労組主体の政策形成の枠組み自体を批判し，雇用の柔軟化への反対と組合民主主義の推進を掲げて街頭でのデモや抗議運動を展開することとなった。

　このように，PRI系労組連合とUNTは，労働者の代表をめぐって競合しただけでなく，労働法制改革についても異なる戦略・立場をとり，以後，一致団結した反対にはつながらなかった。PRI系労組連合は，政府との真っ向からの対立を避け，政府と企業家層がめざす労働法制の柔軟化改革への協力のなかで，組合民主主義をめぐる改革を阻止する法案妥結をめざした。これに対して，独立系労組連合のUNTは，アバスカル主導の労働法制改革協議から離脱すると，政府法案に強く反対して，労働者の権利拡充と組合民主主義の推進を柱とする独自の労働法制改革法案（憲法改正法案を含む）の準備を進めた。このUNT法案は，中道左派政党PRDを通して2002年10月に議

会に提出されるが，PRI系労組はこの法案に反対し，同年12月に議会に提出された政府主導のアバスカル法案を支持した（*Reforma*, 30 de agosto de 2002）。その後もUNTやその他の独立系労組が大規模な動員を伴う反対運動を展開したのに対し，CTMなどのPRI系労組は「われわれはデマゴーグではなく，より効果的な戦略をとる」と公言して，UNTなどの闘争に合流しなかった（*Reforma*, 23 de noviembre de 2003）。このように，PRI系労組が政策形成に特権的に参与するような，旧体制下の政策形成の様式が維持されるなかで，2000年代以後の労働法制改革をめぐる主要労組の戦略および立場は分裂しており，労組の団結はみられなかった[16]。

したがって，この時期に労組の戦略が効果をもったことは，労組の組織的力ではなく，フォックス政権が優先し，かつ労組の協力が必要だった課題の存在や，主要選挙前に高まった労組のレバレッジによって説明される。第1のレバレッジ資源は，長年にわたるPRIのヘゲモニー支配を経て初めての民主主義政権として登場したフォックス政権にとって，新興民主主義体制の安定が優先的課題であったことに求められる。先述のとおり，発足当初のフォックスPAN政権は，自由で民主的な労働運動を前提とする多元的協議に基づく労働政策形成の制度づくりに意欲を示したが，政府は早々に，最大野党となったPRIと結びつく「公式の組合」がメキシコの新興民主主義体制に対する脅威となり得ることを認識し，「暫定協定」による合意形成を急いだ（Cook 2007, 183-184）。フォックス政権による新興民主主義体制の安定の重視によって，PRI系労組連合は労働法制改革をめぐって政府に対する交渉力を得た。ここでPRI系労組連合は，柔軟化改革の支持と引き換えに，少なくとも労組幹部にとってより重要性の高い組合民主主義推進改革を阻止するという妥協を引き出した。ただし，PRI系労組連合内にも雇用の柔軟化改革への反対は根強く存在しており（*Reforma*, 30 de agosto de 2002; 3 de diciembre de 2002），PRI系労組連合には，可能であれば雇用の柔軟化を阻止したい考えもあった。党としてPRIが基本的に雇用の柔軟化改革に賛成していたなかで，組合民主主義改革の阻止以上に妥協を引き出すことが難しいことは，

PRI系労組連合も認識していたものと考えられるが，影響力を行使できる機会があれば柔軟化改革を阻止したいと考えていたこともうかがえる (*Reforma*, 30 de agosto de 2002)。

　第2に，民主化した新しいメキシコとして国内外で認知を得るために，フォックス政権が民主的制度や手続きを少なくとも当初重視したことは，PRI系労組連合とUNTのレバレッジを高めた。先記のアバスカルによる三者協議の招集も，公には「コンセンサスなしに法改正はあり得ない」というアバスカルのこだわりに基づくものであり，UNTが離脱した後も，「政労使コンセンサスに基づく改革法案」という体裁は重視された (La Botz and Alexander 2003, 150; Cook 2007, 188)。このことがCTMをはじめとするPRI系労組に発言権や拒否可能性を付与したことも，先述のとおりである。

　他方，UNTは，PRDや国内外の市民社会アクター（NGOや研究者・弁護士など）との協力のもとアバスカル法案への一貫した反対運動を展開した。フォックス政権の政策形成における民主的手続き（の体裁）や民主的制度重視の姿勢は，こうした反対派による抵抗の効果を高めたものと考えられる。この点は，後述の2012年改革のプロセスと比較したときに重要である。フォックス政権下では，アバスカル法案とあわせてUNT-PRD法案も議会で審議され，合意形成がめざされたために，最終的に法案可決に至らなかった[17]。これは，UNTが独自の法案を用意したにもかかわらず，審議に期限を設定して政府案の議決を急いだ2012年改革プロセスとは対照的である。ただし，UNTを中心とする反対派による，対抗法案の提出を含むアバスカル法案への強い反対——この時期の特徴として，非常によくコーディネートされてもいた——は，それ自体が議会での法案審議に影響を与えたことも確認でき (Cook 2007, 186; Partida Rocha 2005)，本章が重視するレバレッジの変化よりも直接的・積極的な，アバスカル法案を挫折させた要因であったことも指摘しておかなければならない[18]。

　第3の短期的なレバレッジ資源は，2003年と2006年の連邦選挙である。ラボッツらは，フォックス政権がPRI会派とあわせた議会多数派の票で法案

可決を強行できる状況にあったにもかかわらず，全国的な反対運動を前にそれを行わなかった理由として，2003年7月の連邦下院選（中間選挙）が近づき，PANやPRIの票への影響が危惧されるようになったことを挙げている（La Botz and Alexander 2003, 157)。その2003年選挙でPANが大幅に下院の議席を失うなか，2003年9月に新議会が開会するが，税制改革などその他の重点改革や，労働委員会関連では当時メキシコ社会保険公社（IMSS）職員年金改革が優先され，結局2005年2月開始の通常議会まで労働法制改革の審議は棚上げにされた。2月に審議が再開すると，CT幹部ビクトル・フローレス（Víctor Flores）を筆頭とするPRI系労組幹部が，政府案への反対を相次いで表明し（*Reforma*, 17 de febrero de 2005)，同会期内の法案可決の見込みは遠のいた（*Reforma*, 26 de abril de 2005)。PRI系労組が，組合民主主義改革の阻止と引き換えに労働法制改革に協力的だったそれまでの態度を変えることができた背景には，PRIの苦戦が見込まれていた2006年大統領選・上下両院選を交渉の材料にできたことがある。PRI系労組幹部は，2006年選挙に向けてPRIにとっての労組票の重要性を強調し，「もし労働法制改革が行われれば，労働者の利益だけでなく今後のPRIの行く末にも悪い影響を及ぼすだろう」と警告した（Cook 2007, 188)。2005年9月開始の通常議会にあわせて，フォックス政権はより限定的な改革をめざす新たな労働法改正法案を提案したが，PRI系労組の反対を受けてPRI会派は党内の合意を形成できていないとして，政府法案への反対を早い段階から明言した（*Reforma*, 9 de septiembre de 2005; 13 de noviembre de 2005)。こうして当初から予想されていたとおり，同通常議会で法案は通らず，年が明けて2006年選挙が近づくと，フォックス政権下での労働法制改革の可能性はさらに低下した（Cook 2007, 188)。

以上をまとめると，次のことがいえよう。フォックス政権の労働法制改革イニシアティヴに対して，引き続き政策形成に特権的に参与したPRI系労組は「自制」，UNTなど独立系労組は「闘争」という，それぞれ異なる戦略をとった。労組の組織的力は弱く，またPRI系労組と独立系労組の団結もみられなかったなかで，労組の戦略の効果を説明するのは労組の短期的なレ

バレッジである。具体的には，政府が民主主義体制の安定，および民主的制度・手続きを比較的重視したことや，連邦選挙への潜在的な影響への懸念が，PRI系労組と独立系労組のレバレッジを高め，効果的な戦略によって労組は労働法制改革を阻止することができた。

2．カルデロン政権と2012年労働法制改革

フォックス政権を引き継いだPANのカルデロン政権は，2010年3月に連邦労働法改正法案を議会に提出した。この法案は，ILOが提唱する「働きがいのある人間らしい仕事」の理念を労働法に盛り込む点で新しさがみられたが[19]，雇用の柔軟化を主軸とし，基本的に前政権のアバスカル法案を踏襲するものだった。他方で，組合民主主義関連では，クローズドショップ制の廃止などこれを促進する内容がみられた。この法案に対し，PRDとPRIは異なる立場からいずれも反対を表明し，まず2010年4月にPRDが，2002年のUNT-PRD法案を踏襲する内容の改革法案を提出した。しかし，PANとPRDの法案はいずれも議会での合意形成に至らず，こう着状態に陥る。こうしたなか，2011年3月になると，今度はPRIが独自の改革法案を提出した。その内容は，雇用の柔軟化を盛り込む点でPANの法案と重なる一方，組合民主主義には否定的な内容であった。PRI法案を受けて，カルデロン政権と議会のPAN会派は自党の改革法案をひとまずわきにおき，PRI法案を一致して支持した。2012年7月の大統領選を前に，改革は再び棚上げとなったが（Bensusán y Middlebrook 2013, 115-117），2012年9月に始まる通常議会で，ついに雇用の柔軟化を軸とする改革が実施された（改正内容の詳細は，第1節3．参照）[20]。この一連の改革プロセスは，労組の短期的なレバレッジの変化によって理解することができる。労組には，2011年のメキシコ州知事選や2012年大統領選のほかレバレッジ資源は残されておらず，大統領選でPRIが勝利したタイミングで，PAN政権は議会内のPRI票を得て法案を可決することができた。

すでにみたとおり，労組の組織率は2000年代に入ってさらに低下を続け，2008年頃には10％を切っていた。労働組織率の低さは，労組の潜在的な動員力の低さと，票田としての重要性の低下を意味し，これに伴い，労働政策のイシューとしての優先順位も下がることとなった[21]。また，PRI系労組とUNTを中心とする独立系労組は，労働法制改革をめぐってそれぞれ異なる立場や戦略をとり，労働セクターの一致団結も依然としてみられなかった[22]。

　他方，PAN政権が議会で労働法制改革法案を可決できるか否かが，議会内のPRI票にかかっていたことを前提に，2010年から2012年上半期にかけては，主要な選挙の前に高まるPRI系労組と独立系労組の短期的なレバレッジが，柔軟化改革を阻止してきた面を確認できる。先述のように，2011年3月にPRIが労働法制改革法案を議会に提出すると，議会ではPANとPRIのあいだで調整が進められた。しかし，この改革法案は，UNT，左派諸政党，そして国際労組連合による強い反対キャンペーンを受けただけでなく，CTMやCT内でも雇用の柔軟化に対して懸念の声があがった。PRIは，2012年大統領選にむけて企業家層にもアピールしたい考えをもっていたが，PRI内労働セクターの反対とUNTを中心とする街頭での反対運動を受けて，改革法案の議会での推進を差し当たってとりやめることを決めた。これはおもにPRIが，労組の強い反対を前に，2011年7月に控えていたメキシコ州知事選——2012年大統領選の前哨戦という意味合いをもっていた——への悪影響を懸念したためであった（Bensusán y Middlebrook 2013, 117)[23]。

　同メキシコ州知事選ではPRIが勝利し，2011年末になるとペニャ＝ニエトがPRIを中心とする選挙連合の大統領候補として正式に承認される。そうしたなかCTMは，早い段階からPRIへの忠誠とペニャ＝ニエトの支持を強く表明していた（*Líderes Trabajadores*, diciembre de 2011, 2; enero de 2012, 3）。しかし同時期に，CTM評議会議長（2005年〜）ホアキン・ガンボア＝パスコエ（Joaquín Gamboa Pascoe）は，PRIとPANによって議会で調整が進められていた先記の労働法制改革法案につき，「当初は労働者にとってわるい内容ではなさそうに思っていたが，そうではなかった」と発言し，法案の承認を

渋るかのように態度を変えている。ガンボア＝パスコエが法案の内容として批判したのは，CTMが従来合意していたはずの，試用期間制度や不当解雇の際の補償に関する，雇用の柔軟化をめぐる条項であった（*Líderes Trabajadores*, enero de 2012, 5）。ここでも，影響力を行使できるチャンスがあれば柔軟化改革を阻止したいCTMの意図がうかがえ，選挙前のレバレッジにより実際にそれは成功したといえる。

　以上のような選挙前の短期的な労組のレバレッジは，当然ながら2012年の大統領選後に消滅する。フォックス政権以来の懸案である労働法制改革に固執していたカルデロンPAN政権と，来る新政権下で多岐にわたる政策課題遂行にPANの協力を得たいペニャ＝ニエトおよびPRIの利害は一致し，労組に他のレバレッジ資源も存在しないなか，同年11月，雇用の柔軟化を軸とする連邦労働法改正法案がついに議会で可決された。大統領選後からPRI政権発足までの期間という，労組のレバレッジがもっとも低いと考えられる時期の改革実施であった。

　議会審議のなかで，改革実現を優先したい政府は，議会のPAN会派を通じてPRIやPRDとの交渉に当たり，政府法案は数々の修正を受けた。しかし，アウトソーシング労働への条件付加などの譲歩もみられたものの，独立系労組が強く反対し，PRI系労組もレバレッジが高い時期には反対を表明していた雇用の柔軟化改革が実施された。他方，議会審議でのおもな修正点は組合民主主義に関するもので，PRI系労組が強く反対していた組合幹部選出の秘密投票や，労働協約締結の際の組合員へのアカウンタビリティをめぐる改革などは，内容を薄められたか，あるいは削除された。

　以上のプロセスから，次のことが確認できよう。カルデロン政権下でも引き続き，PRI系労組とUNTなど独立系労組は，それぞれ自制と闘争という異なる戦略をとった。労組の組織的力が弱く，労組間の団結もみられないなか，労組の戦略の効果は，主要な選挙前に一時的に高まるきわめて短期的・状況的なレバレッジに依存することになった。2010年から2011年にかけてのPANおよびPRIによる雇用の柔軟化を主軸とする改革法案は，主要選挙前

の労組のレバレッジ上昇により効果的に可決を回避された。しかし，2012年大統領選でのPRIの勝利後に労組のレバレッジが弱まると，PRI系労組はあくまでPRI内やPANとの交渉で組合民主主義関連条項削除という妥協を引き出すことに腐心し，UNTなどの独立系労組との団結した反対派連合も形成されないなかで，ついに改革が実施された。

おわりに

　本章では，メキシコの2012年労働法制改革を，政労関係を長期的にみる視座から説明することを試みた。2000年のPRIからPANへの政権交代後のメキシコでは，政府の新自由主義的な労働法制改革に対して，PRI系労組と独立系労組はそれぞれ「自制」と「闘争」という異なる戦略を選択した。すなわち，PAN政権に対してPRI系労組は政策形成過程における交渉のなかで影響力を行使する戦略をとり，独立系労組は大規模な動員を伴う「異議申し立て」を行う戦略をとった。PRI系労組が労働基盤政党からの政権交代にもかかわらず「自制」を選んだ理由は，旧体制下の労働政策形成の様式がPAN政権下でも継続したことによる。労組は，組織的力の弱さにもかかわらず，高いレバレッジを有したあいだは労働法制改革を効果的に回避できたが，それは短期的・状況的な性格の強いものだった。カルデロン政権下の改革プロセスでは，労組は2011年メキシコ州知事選や2012年大統領選の前には，PRI系労組はPRI内での交渉，UNTなど独立系労組は大規模な動員を伴う抗議デモを効果的に展開できたが，2012年大統領選でのPRIの勝利後，労組のレバレッジが弱まった時期に，短期間で改革が実施されることとなった。

　以上から得られる示唆として，次の2点がある。第1に，本章で検討したメキシコの事例は，政策形成への参与が継続する場合には，労働基盤政党以外の政権下でも労組が「自制」戦略をとり得ることを示している。今後，労組の戦略を説明するより体系的な枠組みを検討するためにも，メキシコの事

例とその示唆は重要となろう。第2に，メキシコの事例は，労組の戦略の効果を説明する要因として，短期的・状況的レバレッジの重要性を示すものである。メキシコの2000年代以降の労働法制改革をめぐる政治過程は，異なる戦略を選んだ労組のあいだの団結がみられないなかで，労組の組織的力──それは，労組の団結による「修正」なしには元来弱い──では説明できない。本章で概念化した労組の短期的・状況的レバレッジは，バージェスの議論の延長線上にあるものだが，「民主主義体制の安定」といったその他のレバレッジ資源の存在を指摘し，より一般化した修正が重要であることを示した。

　とくに第2の点については，本章の議論は，労働運動の特徴という構造的要因によって労組の戦略の成否を説明する先行研究の議論を補完するものでもある。構造的条件からは戦略の失敗が予想される場合でも，労組が短期的なレバレッジを有する場合には，効果的な戦略を展開できる可能性がある。こうした短期的・状況的なレバレッジは，労組の組織的力がいっそう弱まり，労組間の団結もみられなくなった2000年代に，政策的帰結を規定する要因としてより重要性を増すこととなった。

　以上のような議論は，逆にそれほど新鮮味のないものに思われるかもしれない。しかし，労組の短期的なレバレッジが重要であるという本章の結論は，メキシコの政労関係や民主主義の性格の理解に重要な含意をもつ。1980年代末以来の労働法制改革をめぐる論議のなかでは，各党や企業家団体，労組から改革法案が提案・提出されてきただけでなく，とくに2000年の政権交代後は，（少なくとも当初は）多元的な協議に基づく政策形成への期待のもと，労働問題を専門とする弁護士や研究者，NGOなどの市民社会アクターによるさまざまな政策提言が行われてきた。そこでは，組合民主主義に基づく労使関係や労働司法体系の法的基盤となるよう，労働法制を新たな民主主義の時代に見合うものとすることがめざされた。しかし，多元的協議の構想は早々に挫折，あるいは形式だけで骨抜きにされ，結果として引き続き，政府・政党と労組のそのときどきの力関係が，改革の帰結にとって重要となったのである。加えて，1990年代までの労組が，インフレ抑制やNAFTA締結など，

政府が重点をおく経済政策への協力と引き換えに労働法制改革を回避できたのに対し，労組のそうした役割は2000年代以降明らかに弱まり，レバレッジを行使できるのは主要選挙の直前に限定されるような状況となっている。

　容易に想像できるとおり，このような労働政策形成の特徴は，2012年以降のペニャ＝ニエト PRI 政権下でも変わっていない。それは，2016年1月現在進行中の労働司法制度改革をめぐる動向に明示的に現れている。JCA を軸とする労働司法制度への国内外からの批判を受けて，政府は，メキシコの主要研究機関のひとつである経済研究教育センター（Centro de Investigación y Docencia Económicas: CIDE）に，政策形成のための調査・研究を委託した。CIDE は17の機関との協力のもと，各地で大統領府主催のフォーラムを開催し，2015年4月に最終報告書を提出した。CIDE の報告書は，労働司法を行政府から自律させて司法府に帰属させる必要性を説き，改革に向けての協議の場の設置を提案するものであった。同報告書を受けて，2015年12月に政府は改革にむけての「社会協議」を発足させたが，参加する14人の代表のうち10人は政府関係者，3人は企業家層に近い機関の代表で，報告書のなかで推奨されていた研究者を含む市民社会の代表に該当するのは，メキシコ国立自治大学（UNAM）の研究者ひとりのみだった[24]。報告書を作成した CIDE 自身の参与が取り下げられたことに明らかなように，協議は CIDE の勧告を事実上無視する形で，大統領府内できわめて秘密裡に進められている。メキシコの労働問題専門家のひとりが痛烈に批判するように，以上のような改革プロセスは，労働司法制度改革が元来根絶をめざしているはずの「見せかけの民主主義」に新たな一章を加えるものとなった（Alcalde Justiniani 2016）。

　労働政策をめぐる政治にみられるように，メキシコでは民主化以降，政策形成において少なくとも外見上の民主主義的体裁を重視する傾向は強まったが，市民社会の参与は実質的なものではなく，実際には政府・党主導の様式が続いている。そうしたなかで，労働法制改革では，労組の短期的なレバレッジが改革の帰結を左右するような政治過程がみられた。労働組織率が低下の一途をたどり，「公式の組合」が幹部の特権維持に腐心するなかで，こう

した政策形成のあり方が，真に一般の労働者の利益となる改革を遂行できる可能性は乏しい。多元的な協議に基づく政策形成の必要性は言を俟たないが，それが形式・外観上にとどまらず実質的なものとなるには，依然さまざまな障壁が存在するといえよう。

＜付記＞

　本章の執筆にあたって，出岡直也氏から中心的な議論にかかわるご指摘をいただき，構成の改善に生かすことができた。また，本章のもととなった研究会委員諸氏からも多くの有益なコメントをいただいた。皆さんに心よりお礼申し上げたい。なお，本章は科研費（課題番号：26780092）の助成を受けた研究成果の一部でもある。

〔注〕
(1) 保護主義的・硬直的な労働法制は，必ずしも「労働者を保護する」ものであるとは限らない。たとえば集団的権利に関連して，所定機関によるストライキの承認や集団交渉の代表権をもつ労組の承認の必要性は，ときに政府の労組に対するコントロール手段として働いてきたが，こうした規制が強い場合も含み，保護主義的・硬直的と表現される。
(2) メキシコの場合，上からの組織化という性格も強い形で，1937年に公務員労働組合連合（Federación de Sindicatos de Trabajadores al Servicio del Estado: FSTSE）が創設され，公務員は異なる労働法制の下に置かれることとなった。本章で扱うのは，民間セクター労働者を管轄する労働法制である。
(3) 雇用主保護協約が結ばれる場合，労働者はそもそも職場に労働組合が存在することや，ましてや労働協約が存在することを知らないケースも多い。金属・鉄鋼関連産業労働組合（Sindicato de Trabajadores de la Industria Metálica, Acero, Hierro, Conexos y Similares: STIMAHCS）執行委員長・UNT社会広報担当副委員長ベネディクト・マルティネス（Benedicto Martínez Orozco）への筆者によるインタビュー（メキシコ市，2016年1月5日）。なお，STIMAHCSは後述の労働真正戦線（Frente Auténtico del Trabajo: FAT）主要加盟労組のひとつである。
(4) 通常議会は2期に分かれており，前期は9月1日から12月15日，後期は2月1日から4月30日に開かれる。
(5) マルティネスへの筆者によるインタビュー（メキシコ市，2016年1月5

日)。STRM政治活動委員会共同責任者ビクトル・ファベーラ（Víctor Fabela Rocha）への筆者によるインタビュー（メキシコ市，2016年1月6日）。

(6)　ユニオンショップ制とは，雇用に際して労働組合員であることを条件とする制度であり，クローズドショップ制とは，組合から除名された者を解雇する制度である。2012年改革以前のメキシコでは，連邦労働法第395条により，組合は雇用主とのあいだに締結する労働協約に，ユニオンおよびクローズドショップ制を定める「排他条項」（cláusula de exclusión）を盛り込むことができるとされていた。

(7)　新法がアウトソーシング労働に法的な「条件」を付したことへの評価は，雇用の柔軟化に反対するアクターのあいだでも異なる。メキシコ労働市場に従来から存在したアウトソーシング労働について，まずその存在を公式に認め，さらに条件を付したことをポジティヴに評価する意見もあれば，公式に認めたこと自体を退行であるとする意見もある。マルティネスへの筆者によるインタビュー。元UNT労働問題組織顧問ウリセス・ビダル（Ulíses Vidal）への筆者によるインタビュー（メキシコ市，2016年1月5日）。ファベーラへの筆者によるインタビュー（メキシコ市，2016年1月6日）。

(8)　ただしエチェメンディの議論では，政権側が労組を含む諸アクターに対して，政策形成の様式も含めてどのような対応をとるかという，むしろ政権側の戦略に重点が置かれているため，厳密には労組側の主体的な戦略の想定は弱い。

(9)　こうした諸説のより詳しいレビューは，馬場（2015）を参照されたい。

(10)　ムリージョは，個別的権利と集団的権利は同じ法律で定められるため，集団的権利関連だけでなく個別的権利関連の改革も見送られ，その代わり事実上の雇用の柔軟化が起こったと説明する（Murillo 2001, 105-106）。

(11)　1994年選挙に際して，CTM創設以来の指導者ベラスケスは，「550万の労働者の票」をPRIに約束したが，こうしたジェスチャーは半ば大げさながらもシンボリックな意味では重要であった。労組の連帯に応える形でPRI側は，セディージョ政権が発足すると，CTM幹部フアン・ミラン（Juan Millán）をPRIの幹事長（secretario general）に任命した（Burgess 2004, 87-88）。

(12)　本章のレバレッジ概念については，扱われるテーマは異なるが，競争的権威主義体制の民主化に関するレヴィツキーとウェイの議論から多くの示唆を得た（Levitsky and Way 2010, 40-43）。

(13)　アバスカルは，Coparmexの会頭として，セディージョ政権下で「新労働文化に関するダイアログ」と呼ばれる政労使の三者協議を率い，事実上の雇用の柔軟化を進めた人物である。こうした人物の労働社会保障相への登用からも，労働法制改革をめぐるフォックス政権の企業寄りの立場は明らかであった。

⑭　紙幅の制約のため詳述はできないが，JCA を軸とする旧来の政労関係の諸制度が維持されたことは，先述の雇用主保護労働協約や，産業構造のあらゆるレベルでの PRI 系労組の優位が，2000年以後も保証されたことを意味する。JCA 制度に対する国内外からの批判は強く，その改革をめぐる昨今の動きについては本章の末尾でふれる。

⑮　UNT 共同執行委員長フランシスコ・エルナンデス＝フアレス（Francisco Hernández Juárez）は，筆者によるインタビューのなかで，アバスカル主導の三者協議に UNT の参与は「事実上まったくなかった」と語った。エルナンデス＝フアレスへのインタビュー（メキシコ市，2016年1月4日）。

⑯　なお，アバスカル法案に反対する労組のなかにも，メキシコ電力労組（Sindicato Mexicano de Electricistas: SME）のように，一切の改革に反対する立場から UNT の改革法案にも反対する労組も存在し，政府案への反対派も一枚岩ではなかった（La Botz and Alexander 2003, 161, n.23）。

⑰　アメリカ商工会議所（Cámara Americana de Comercio）メキシコ事務所のルイス＝マヌエル・グアイダ（Luis Manuel Guaida）は，UNT に過度の発言権を与えたことが，労働法制改革の早期実施を困難にしたと述べている（*Reforma*, 26 de abril de 2005）。

⑱　なお，労働法制改革をめぐる国際的な圧力は両義的であった。アバスカル法案は，労働者の権利を著しく損なうとして，ヒューマン・ライツ・ウォッチなどの国際人権団体や国際労働機関（ILO），国際的労組連合からの強い批判を受けたが（*La Jornada*, 11 de febrero de 2005; Cook 2007, 186），こうした国際社会からの批判や圧力は，民主主義国家としての体裁を気にする政府にとって，ときに国内の圧力以上の効果をもった（マルティネスへの筆者によるインタビュー）。この点で，政府の民主主義への「コミットメント」は反対派のレバレッジを高めたようにも思われるが，一方で世界銀行や IMF，OECD は，雇用の柔軟化を進めるよう政府に圧力をかけてきたため（Cook 2007, 190），双方の圧力は相殺されたとも考えられる。

⑲　以後提出された PRD および PRI による労働法制改革案には，いずれも ILO の「働きがいのある人間らしい仕事」の理念が組み込まれた。

⑳　2012年連邦労働法改革の政府法案は，通常議会開会直前の憲法改正により導入された優先法案制度により，優先的に審議される法案として提出された。このことは，会期内の議決を促したため改革の促進要因にはなったが，制度自体が改革の成否を決定したとはいえない。

㉑　労働政策の優先順位低下は，PRI だけでなく中道左派政党の PRD でもみられた。UNT 指導者のエルナンデス＝フアレスは，2009年から2012年まで PRD 選出の下院議員を務めたが，下院の PRD 会派内で労働関連イシューを推進したのは彼ひとりだったという。PRD は中道左派政党として，2010年に UNT

が推進した労働法制改革法案にも協力はしたが，少なくともこの時期には自ら積極的に労働政策に取り組むことはなかったという。エルナンデス＝フアレスへの筆者によるインタビュー（メキシコ市，2016年1月4日）。ファベーラへの筆者によるインタビュー（メキシコ市，2016年1月6日）。メキシコ市労働雇用創出省職員ガビーノ・ヒメネス（Gabino Jiménez）への筆者によるインタビュー（メキシコ市，2016年1月6日）。

⒇ エルナンデス・フアレスによれば，2012年の労働法制改革プロセスでもUNTとCTM・CTの立場は異なっており，UNTがCTM・CTにストや抗議デモへの協力を要請したことは一切なかったという。エルナンデス・フアレスへの筆者によるインタビュー（メキシコ市，2016年1月4日）。

(23) エルナンデス・フアレスへの筆者によるインタビュー（メキシコ市，2016年1月4日）。

(24) 報告書で同様に推奨されていた立法府および司法府の代表の参与はみられない（Alcalde Justiniani 2016）。

〔参考文献〕

＜日本語文献＞

馬場香織　2015.「新自由主義期メキシコにおける労働法制の維持をめぐる諸説の整理」宇佐見耕一・馬場香織編『ラテンアメリカの国家と市民社会研究の課題と展望』（調査研究報告書）アジア経済研究所　1-17.

＜外国語文献＞

Aguilar García, Javier 2005. *La población trabajadora y sindicalizada en México en el período de la globalización.* México D.F.: Fondo de Cultura Económica-UNAM.

―――― 2010. "Tasa de sindicalización en México 2005-2008." México D.F.: Fundación Friedrich Ebert Stiftung.

Alcalde Justiniani, Arturo 2016. "Se cocina en secreto reforma laboral." *La Jornada*, 23 de enero.

Bensusán, Graciela et al. 2007. *Contratación colectiva de protección en México: Informe a la Organización Regional Interamericana de Trabajadores.* México D.F.: Universidad Autónoma Metropolitana (UAM).

Bensusán, Graciela, and Kevin J. Middlebrook 2012. "Organized Labor and Politics in Mexico." In *The Oxford Handbook of Mexican Politics,* edited by Roderic Ai Camp. New York: Oxford University Press, 335-364.

―――― 2013. *Sindicatos y política en México: Cambios, continuidades y contradicciones.* México D.F.: UAM-FLACSO-CLACSO.
Bizberg, Ilán 2003. "El sindicalismo en el fin de regimen." *Foro Internacional* 43(1) enero/marzo: 215-248.
Bouzas Ortiz, José Alfonso, coord. 2009. *Evaluación de la Contratación Colectiva en el Distrito Federal.* México D.F.: Friedrich Ebert Stiftung.
Burgess, Katrina 2004. *Parties and Unions in the New Global Economy.* Pittsburgh: University of Pittsburgh Press.
Carnes, Matthew E. 2014. *Continuity despite Change: The Politics of Labor Regulation in Latin America.* Stanford: Stanford University Press.
Cook, María Lorena 2007. *The Politics of Labor Reform in Latin America: Between Flexibility and Rights.* University Park: Pennsylvania State University Press.
Etchemendy, Sebastián 2011. *Models of Economic Liberalization: Business, Workers, and Compensation in Latin America, Spain, and Portugal.* Cambridge: Cambridge University Press.
Kohout, Michal 2008. "The New Labor Culture and Labor Law Reform in Mexico." *Latin American Perspectives* 35(1) Jan.: 135-150.
La Botz, Dan, and Robin Alexander 2003. "Mexico's Labor Law Reform: Employers' Rights vs. Associational Rights." *Guild Practitioner* 60(3): 149-161.
Levitsky, Steven, and Lucan A. Way 2010. *Competitive Authoritarianism: Hybrid Regimes after the Cold War.* New York: Cambridge University Press.
Madrid, Raúl L. 2003. "Labouring against Neoliberalism: Unions and Patterns of Reform in Latin America." *Journal of Latin American Studies* 35(1) Feb.: 53-88.
Murillo, María Victoria 2001. *Labor Unions, Partisan Coalitions, and Market Reforms in Latin America,* Cambridge: Cambridge University Press.
Partida Rocha, Raquel Edith 2005. "Activistas, académicos, y juristas frente a la reforma laboral." *Espiral* 11(33) mayo/agosto: 191-199.
Ramírez Cuevas, Jesús 2002. "El proyecto Abascal: Un pacto contra los trabajadores." *La Jornada,* 1 de diciembre.
Secretaría del Trabajo y Previsión Social 2012. "Cuadro Comparativo Disposiciones de Ley Federal del Trabajo anteriores y el Decreto por el que se reforman, adicionan y derogan diversas disposiciones de la Ley Federal del Trabajo (DOF 30 de noviembre de 2012)." México.
Wuhs, Steven T. 2008. *Savage Democracy: Institutional Change and Party Development in Mexico.* University Park: Pennsylvania State University Press.
Xelhuantzi López, María 2000. *La democracia pendiente: La libertad de asociación sindical y los contratos de protección en México.* México D.F.: STRM.

＜新聞，雑誌，その他＞
CNN Expansión
La Jornada
Líderes Trabajadores（CTM の機関誌）
Reforma

第2章

ボリビアにおける国家と強力な市民社会組織の関係

――モラレス政権下の新鉱業法の政策決定過程――

岡 田　勇

はじめに

　21世紀初頭のボリビアは，激しい街頭での政治動員で幕を開けた。2003年と2005年の天然ガスの生産と利益分配をめぐる動乱では，街頭を埋め尽くすデモ行進と道路封鎖によってふたりの大統領が退陣した。2005年にエボ・モラレス大統領が高得票率で選出された後，2000年代後半にも新憲法制定をめぐる政治動員が繰り広げられた。激しい市民社会の要求は国家へと向かい，街頭での圧力行動は頻繁であった。そうした2000年代の経験をふまえると，2009年2月の新憲法公布，同年12月の圧倒的得票率でのモラレス大統領の再選は，一見すると政治的安定を与えたかにみえるが，そのような見方は妥当だろうか。それとも，大枠では政治的安定を達成したようにみえながら，実際には国家は政策決定の自律性をもたず，強力な市民社会組織との調整を余儀なくされるという，伝統的な様式が続いているのだろうか。

　本章は，鉱業部門を例として挙げながら，依然として国家は政策決定の自律性をもたず，強力な市民社会組織とのアドホックな調整が必要とされていることを明らかにする。しかしそのような従来からの通説を裏書きするだけでなく，国家と市民社会組織とのアドホックな調整の結果，どのように政策

決定が可能となっているのかも考察する。なぜ政策決定が難しいのかだけでなく,どのように可能となるかも,興味深い問いである。

なぜ鉱業部門なのか。2000年代初頭の最懸案事項であった天然ガスの生産体制と利益再分配方式は,同資源の国有化の決定と新憲法の成立によって一応の決着をみた。しかし他方で,輸出額において天然ガスとほぼ並ぶ鉱物資源[1]の生産体制をめぐる法改正は容易に進まなかった。モラレス政権は鉱業を,天然ガスや電力・通信と同じく戦略部門としてとらえ,2006〜2011年の「国家開発計画」(Plan Nacional de Desarrollo)で国家管理の強化とそれに向けた法制度改革を謳った(Ministerio de Planificación del Desarrollo 2007, 120-121)。しかし,2006年10月にオルロ県のワヌニ(Huanuni)鉱山において採掘権をめぐって16人の死者を含む衝突が起きると,政府は法改革を2009年の新憲法制定後まで先延ばしにした。天然ガスとは異なって鉱業には長い歴史があり,ダイナマイトをもってデモ行進を繰り広げる利益団体がおり,政府の改革には激しい抵抗が繰り広げられた。モラレス大統領は,2009年末に再選されると新鉱業法の制定に着手したが,それ以降の政策決定過程はまさに困難な道のりだった。2009年憲法は,その末尾に付された移行条項において新政権の発足から1年後(2010年12月)までに新しい鉱業法制に移行すべきと規定したが,新鉱業法が公布されたのは2014年5月29日であった。

このようにボリビアの鉱業部門では,強力な市民社会組織の抵抗によって法制度改革が遅れたが,最終的に達成された。この事例を詳細にたどることで,今日のボリビアで国家がいかに市民社会組織と交渉して政策決定を実現しているかを知ることができる。本章の具体的な目的は,ボリビアの新鉱業法の制定がどのようにして遅れ,しかし最終的には可能となったのか,を明らかにするというものである。

新鉱業法の遅延と成立をめぐる問いは,21世紀のボリビアの国家と市民社会組織との関係を理解するうえでの好事例である。ボリビアの市民社会組織の強さはつねづね指摘されてきたものの,国家とそのような組織とのあいだでどのように政策決定がなされるかを明らかにした研究はなかった。新鉱業

法は，国家だけでなく関連する市民社会組織にとっても重要な法改正であり，実際に強力な市民社会組織が法案の起草から承認までの政策決定過程に積極的にかかわった。新鉱業法の制定が遅れたことは，国家がこのような強力な市民社会組織から合意を取り付けられなかったからにほかならない。それに対して，最終的に新鉱業法が制定されたという事実は，何らかの形で合意が形成され得ることを示唆している。

　ボリビア鉱業における最も強力な市民社会組織は，鉱山協同組合である。後述するように，この鉱山協同組合は1980年代後半の新自由主義改革によって国家が鉱業部門から手を引いた後に勢力を拡大した自発的な組織である一方で，ボリビアで20世紀半ばに出現した国家と労働組合の特殊な利益代表（媒介）システムの名残も受け継いでいる。本章で扱う鉱業法の政策決定過程において，この市民社会組織は，民間鉱山の業界団体や労働組合と並んで鉱業部門の利益団体を構成する。基本的に今日のボリビア鉱業は，国家とこの強力な市民社会組織の交渉として理解できる。

　またこうした法案作成の戦略と交渉は，大統領を中心とした政治的駆け引きとして理解できる。政府と鉱山協同組合が拒絶したり妥協したりするなかで，最終的に重要であったのは大統領個人を通じた交渉であった。この事例から得られるいくつかの理論的含意は，ボリビアだけでなく「弱い国家，強い社会」を特徴とする他国の事例にも示唆を与えるものとなるだろう。

　調査にあたって，2009〜2014年の主要紙報道データを調べるだけでなく，元鉱業冶金大臣や各利益団体代表をはじめとするさまざまな関係者へのインタビューを行った。そうした関係者からは5つの法案原文をはじめとする内部文書も入手することができた。第3節の叙述は，こうした情報源から再構成された政策決定過程の内実である。

　以下では，第1節でボリビアの国家―社会関係に関する既存研究を概観し，歴史的に国家は政策決定について自律性をもたず，市民社会組織との調整・交渉を余儀なくされてきたという通説を確認する。そのうえで第2節では，モラレス政権下での政策決定過程についての理論枠組みを，鉱業政策の指針，

与党・議会・大統領の役割，そして制度外のアクター（市民社会組織）の位置づけをふまえて論じる。第3節では，新鉱業法の成立過程を詳細にたどる。最後に結論をまとめる。

第1節　ボリビアの国家―市民社会組織関係についての研究

　ボリビアの国家と市民社会組織の関係についての議論は，1952年に成立した革命政権を重要な転換点とした。この時期にボリビアでは，従来の寡頭鉱山主を中心とした統治体制が転覆され，資本家層が排除される形で，改革派の知識人と労働組合を中心とする革命政権が成立した。レネ・サバレタ（René Zavaleta）の『二重権力』（el poder dual）（Zavaleta 1987）は，この政権でみられた国営鉱山を自主経営する労働組合と国家との「共統治」（co-gobierno）をマルクス主義的な視点から論じた古典的な著作である。サバレタも論じたように革命直後を除いてそのような状況は続かなかったものの，国家と労働組合を中心とした利益媒介システムの共存というテーゼは，その後に労働・農民組合をはじめとする市民社会組織のリーダーが国家との関係を認識する際の言説上の参照点にもなってきた。

　1980年代に経済危機を迎えたボリビアは，1982年に民政移管，1985年に新自由主義経済改革という「二重の移行」を経験する。この時期に国営鉱山が解体され，鉱山労働組合は影響力を失うが，経済改革が目立った成果をみせないなかで，コカ栽培農民組合や都市の住民組織，次節で論じる鉱山協同組合といったさまざまな市民社会組織が形成されていった。労働組合の組織文化を継承しながら自活の必要性から生まれたそれらの組織は，1990年代の政治制度改革にも後押しされ，強力な反政府運動を展開した。いったんは20世紀後半の国家と労働組合・農民組合を主柱とした利益代表（媒介）システムが弱まったかに思われたが，2000年代初頭には多様な市民社会組織が，新自由主義経済政策を続ける国家に対して，強い連帯意識と動員力で対峙するよ

うになった。

　2000年代に入り，本章冒頭で述べたように多様な市民社会組織が政治動員を繰り広げ，統治能力の欠如が深刻な問題になると，国家―市民社会組織関係をより実証的に再モデル化しようとする動きが現れた。国連開発計画が率いた研究チームは，古典的なマルクス主義的国家論が言説と経験的事実をあまり区別しなかったのに対して，国家がどうあるべきかについての言説を，国家が何をやってきたかという実践と区別した。そして，税制，官僚制や教育機構の歴史的再解釈と独自のサーベイ調査を組み合わせて，『国家の状態』(El estado del Estado) という報告書をまとめた（PNUD 2007）。

　この報告書の内容は多岐にわたるが，国家の実践を考えるうえで，「穴の開いた国家」(estado con hueco) という表現が示唆的である（PNUD 2007, 34-37）。ボリビアの国家は，徴税や法の適用について，強い市民社会組織と交渉しなければならず，あるいは市民社会組織は国家との交渉を通じて資源分配や法的保護を得てきた。そのため，各市民社会組織の影響力とその歴史的蓄積に応じて，国家が強い存在感を有するところとほぼ不在のところとが「穴の開いた」状態をつくってきたというのである。その原因は，国家財政が鉱業をはじめとする一次産品輸出に依存したために当該部門の利害関係者の意向を無視できなかったこと，国民の大多数を占める先住民が公共サービスの受益者や納税者というよりも収奪の対象であったことにもある。2000年代初頭に限らず，政策実施の歴史的な様態が，各政策分野における強い市民社会組織との交渉であったことをこの報告書は明らかにした。

　本章が鉱業部門について確認するように，「穴の開いた国家」は同一の政策分野内でもみられた。その時々の必要性に応じて，国家は国営鉱山や民間企業について，詳細な法規定を設け，しばしば国家予算を投入した。しかしその一方で自活的な零細労働者を起源とする鉱山協同組合については，場当たり的な優遇措置が講じられただけであった（岡田 2013a; 2015）。

　こうした国家―市民社会組織関係についての通説は，モラレス政権下でも同様と考えられている。Mayorga（2011, 81）が指摘するように，同政権は多

様な市民社会組織とのあいだで「柔軟で不安定な連合」を形成しており，アドホックな調整によっている。ひとえにそれは，強力な市民社会組織の圧力に対して国家が「うまくやり抜くすべ」(modus vivendi) にほかならない (Gray Molina 2008)。

　まとめると，ボリビアの国家―市民社会組織関係についての研究では，国家が強力な市民社会組織と交渉して政策決定しているという理解が一貫して続いてきた。しかし，モラレス政権下での「うまくやり抜くすべ」が具体的にどのようなものかは解明されてこなかった。本章は，鉱業法の制定過程をみることで，この古典的な理解が近年も続いていることだけでなく，「うまくやり抜くすべ」の実践を明らかにする。

第2節　理論枠組み――ボリビア鉱業にみる国家と市民社会組織のあいだでの政策決定――

　モラレス政権下のボリビア鉱業で，政策決定はどのようになされてきたと考えられるのだろうか。2009年憲法で制定が求められた鉱業法は，なぜ予定を大幅に延期せざるを得なかったのか，そして結果として，どのようにして2014年5月に成立することになったか。本節は，第3節の過程叙述に先立って，本章の理論枠組みを明示する[2]。

1. ボリビア鉱業という政策分野

　ボリビア鉱業は総輸出額の約30％を占める歴史的な主要産業であり，全国レベルで組織化された利益団体を抱えてきた。そうした利益団体には，国営鉱山を中心とする鉱山労働組合，自発的な零細労働者からなる鉱山協同組合，民間鉱山企業という3つが存在する[3]（表2-1）。それぞれ，ボリビア鉱山労働組合連合（Federación Sindical de Trabajadores Mineros de Bolivia: FSTMB），ボリビア鉱山協同組合連合（Federación Nacional de Cooperativistas Mineras de Bo-

表2-1 主要アクターとその特徴

	経営	組織・頂上団体	経緯	鉱山・鉱区	構成員数(2010年)	ロイヤルティ納税額(2010年)
国営鉱山	ボリビア鉱山公社(COMIBOL)	ボリビア鉱山労働組合連合(FSTMB)	1952年に国有化, 1985年に民営化, 2006年〜再国営化へ	少数 (ワヌニ鉱山, コルキリ鉱山, ココ鉱山)	6,000人	728万米ドル
協同組合	家族, 共同体, あるいは企業による経営	ボリビア鉱山協同組合連合(FENCOMIN)	廃鉱での自主採掘, 不法占拠, コンセッションにより, おもに手作業での採掘を行う零細労働者 (一部拡大して企業化したものあり)	さまざまな規模で1600程度 (2014年推計) そのうち金鉱山が900程度	85,000人	2,978万米ドル
民間鉱山	中規模鉱山企業経営 (10万ドル以上の投資)	中規模鉱山協会(ANMM)	1985年以降, 外資誘致が試みられるも新規プロジェクトは少ない	サンクリストバル鉱山 (2007年〜) ほか少数	7,500人	8,366万米ドル
	小規模鉱山企業経営 (10万ドル未満の投資)	鉱業会議所(CANALMIN)		数千の登録があるが, 実際経営しているものはわずか		

(出所) 筆者作成。構成員数は鉱業冶金省の推計, ロイヤルティ額は鉱業冶金省の公式発表。協同組合の鉱山数はRichard Canaviri 氏提供。
(注) 中規模鉱山と小規模鉱山のちがいは, 1960年発令の大統領令第5674号に規定がある。ロイヤルティはおおむね生産額を反映するが, 密輸もあるため, 協同組合などの実際の生産額はより多いと推測される。

livia: FENCOMIN), 中規模鉱山協会 (Asociación Nacional de Mineros Medianos: ANMM) と鉱業会議所 (Cámara Nacional de Minería: CANALMIN) という頂上団体に組織化されてきた。

　国営鉱山とその労働組合は, 天然資源の国家管理という公的言説に合致しており, 新たな鉱山の国有化によって拡大を望む勢力である。前節でふれたように鉱山労働組合は, 20世紀の革命政権の成立に深くかかわり, それ以降自主的に鉱山を経営したが, 1986年の錫価格の下落でボリビア鉱山公社 (Corporación Minera de Bolivia: COMIBOL) が生産停止に追い込まれ, 1997年の鉱業法のもとで生産活動への直接関与が禁止されたことから, 2000年代後半

には構成員の数でも納税額でも限定的な存在となっていた。それだけでなく，ボリビア労働総連（Central Obrera Boliviana: COB）の執行部の地位も握ってきたFSTMBのトップは，政府との交渉やデモ行進の動員などで存在感を発揮してきたものの，鉱山労働をしなくても高給を受け取る組合貴族のような存在になっており，国営鉱山の人件費の高騰など高コスト体質が特徴的になっていた。

　民間企業が経営する鉱山は，少数の高額納税企業からなる中規模鉱山と，ほぼ個人所有だが数の多い小規模鉱山から構成されている。民間鉱山企業はモラレス政権に対する政治的交渉力は弱いが，ポトシ県のサンクリストバル鉱山を中心に多額の納税を行っている点が特徴的である。モラレス政権下の「国有化」言説を前にして接収や増税が危惧されるが，1997年の旧鉱業法のもとで模索された外資誘致があまり成果を上げなかったため，ほとんど国有化の対象となるものはなく，2007年11月の法改正で実効法人税率が大幅に引き上げられたため，すでに2009年の時点でさらなる「国有化」の中身は残っていなかった。むしろ，新鉱業法がないことで法制度が宙づりになり，そのことによる不確実性が問題とされた[4]。

　鉱山協同組合は，1986年のCOMIBOL生産停止以降に廃鉱にとどまって自活的に採掘を続けた零細労働者を中心とする。その多くは，国営鉱山を解雇された人々が自主的に組織化したボランタリィ・アソシエーションであり，街頭での政治行動にみられるように強い連帯意識を有してきた。また，過去に鉱山労働組合で腕を鳴らした指導者たちがかかわってきたため，道路封鎖やデモ行進のような労働組合の組織文化も持ち込まれてきた。その後，鉱山協同組合にはラパス県北部のアマゾン地帯で金鉱を行う小規模生産者が加わり，資源価格の低迷期に国家から税制などで優遇措置を受けて，勢力が拡大した。

　ボリビアの鉱山協同組合は，鉱山労働組合と並ぶ，鉱業部門の代表的な市民社会組織である。1952年の革命以降に資本家層が強い影響力をもたなかったボリビアで，鉱山協同組合は鉱山の自主経営に携わってきたが，営利を求

めることが可能になったのは鉱物資源価格が高騰してからで，基本的には自活のための零細労働者の連帯組織と考えられる。その背景には，1980年代後半に始まる新自由主義改革において，国家が公共サービスを提供せず，国営鉱山の解体によって雇用も閉ざされたなかで，元鉱山労働者や貧困層が生き残りの手段を模索したことがあった（詳細は，岡田 2013a; 2015参照）。

　その後2000年代に入って資源価格が高騰すると，鉱山協同組合は急速に拡大した。2010年にはFENCOMINの正式な構成員数だけで8万5000人程度と見込まれ，家族や関係者も含めると数倍に膨れ上がる規模であり，与党を支える巨大な政治基盤となってきた[5]。FENCOMINに組織化された鉱山協同組合は，与党にとっての大票田であるうえ，自らの利害に関係する事案では盛んに抗議デモや道路封鎖を動員しただけでなく，国会・地方議員や官庁に関係者を送り込み，強い影響力を示してきた（岡田 2015）。20世紀のボリビアでは軍を動員して市民社会組織を弾圧することもしばしばみられたが，2000年初頭を最後に，そのような可能性は事実上不可能となってきた。次節で詳細に論じるが，今日のボリビアでは，国家はFENCOMINのような強力な市民社会組織の圧力行動に対して，弾圧以外の方法で交渉・調整を行わなければならない。

　新鉱業法の主要な争点は，税制と契約方式の変更であった。各利益団体は，このふたつの争点について明確に対立する立場をとっていた（表2-2）。国営鉱山と労働組合は，政府の「国有化」言説に沿って，生産価値に対する国家のシェアを増やすべく増税を求め，全契約を改めて更新してCOMIBOLとのジョイントベンチャーもしくは操業権付与契約（contrato de asociación）しか認めないことを求めた。国家（政府）は基本的にこの立場を支持し，労働組合に近い立場の鉱業冶金大臣を中心に，積極的に推進しようとしてきた。それに対して，民間鉱山と協同組合は，現状維持か，可能であれば減税や投資促進，COMIBOLに干渉されない自律経営を求めた。とりわけFENCOMINは，強大な抵抗勢力であった。

　それ以外に，新契約の承認や管理を行う機関の新設，ロイヤルティの分配

表2-2　新鉱業法での主要争点と各アクターの立場

	国営鉱山	民間鉱山	協同組合
税制	増税	現状維持もしくは減税	既存の優遇税制の継続もしくは減税
契約方式	全契約をCOMIBOLとの契約に	現状維持もしくはCOMIBOLの干渉低下	現状維持もしくはCOMIBOLの干渉低下

（出所）　報道およびインタビューを基に筆者作成。

方法の変更，先住民への事前協議といった点も課題であった。ロイヤルティの分配については県・地方自治体，事前協議は先住民にかかわる争点であったが，しかしこれらの争点にかかわるアクターは，政策決定過程にほとんど実質的に参加しなかった。

このように，異なった立場の利益団体を抱える鉱業分野では，「国有化」を進めようとする国家に対して，鉱山協同組合が積極的に対抗姿勢を示すという構図がみられた。つぎに，モラレス政権下の国家と強力な鉱山協同組合をはじめとする市民社会組織の関係が織り成す政策決定過程について，理論的に考えてみたい。

2．表面的な与党一党優位体制

2006～2009年まで，行政府はモラレス率いる与党社会主義運動党（Movimiento al Socialismo: MAS）が支配したが，MASは立法府上院で過半数を占めることができなかった。それに対して2010年以降は，モラレス大統領が引き続き圧倒的得票率で再選されただけでなく，上下両院で3分の2以上の議席を占めるようになった（岡田 2013b）。MASが行政・立法府を支配したことは，2009年以前にみられたような政党間対立が起きにくく，議会で政策争点が顕在化しにくいことを意味する。このような一党優位体制は，一見すると立法府をただ行政府・与党・大統領が望む政策を追認するだけの存在にしてしまったようにもみえる。もしそうならば，政策決定の説明はきわめてシン

プルだっただろう。

　しかし，MAS は決して一枚岩ではなく，労働・農民組合，鉱山協同組合，各地方の住民組織などを支持母体とする議員から構成されている（Mayorga 2011; Zuazo 2008）。2010年以降，少数の事例を除いて激しい政策対立がみられなかったことは確かだが，これは資源好況に後押しされて分配志向の政策が主であったことにもよる。MAS の支持母体である多様な市民社会組織は，大統領選挙ではモラレス大統領を支持してきたが，それはあくまでも利益分配にアクセスする条件だったためであり，政策争点は政府上層部と各市民社会組織との調整によって処理されてきた。

　このような特徴は，各省大臣が果たす役割に影響する。2006年に発足した第一次政権では，経済財務省などの能力重視の運営が求められる省庁では知識人や NGO 出身者が大臣を務めたが，農村開発・土地省などの市民社会組織と関係が深い省庁では市民社会組織や組合のリーダーが登用されるといった棲み分けがみられた。つまり実効的な政策実施と，支持母体との利益調整という相異なった機能が，各省と大臣において期待されたのである。任命された大臣や副大臣は，毎年の業績について翌年１月下旬に評価され，継続任用か交代かが大統領・副大統領を中心とする政府上層部によって決められた。結果として，利益調整を担う大臣職は入れ替わりが激しかった。2006年以来，選挙で選ばれることになっているモラレス大統領とアルバロ・ガルシア・リネラ（Álvaro García Linera）副大統領のほかに継続任用されてきたのは，経済財務大臣と外務大臣のふたりのみであった。

　こうした2010年以降の政治システムの特徴は，次の２点にまとめられる。第１に，国家（政府，与党）は，とりわけ利益配分が絡む案件では，市民社会組織とのあいだで政策実施のために交渉する。市民社会組織の利益表出は，政府へのロビイングや抗議運動だけでなく，与党 MAS 議員，政府各省への任官といった形もとり，政府各省と与党各議員は個々に異なった利益に沿って行動することがあり得る。第２に，国家（政府，与党）は決して一枚岩ではないため，政府・与党内での任官や交渉において，大統領をはじめとする

政府上層部の意向が強く反映されることになる。ではこのような政治システムにおいて，制度外アクターはどのように振る舞ってきたのだろうか。

3．制度外アクターの位置づけ

ボリビアではフォーマルな制度の外で強力な市民社会組織が政策決定に関与することは頻繁にみられ，政府内アクターへのロビイングや，デモ行進や道路封鎖といった抗議運動の形態をとる。これは労働組合の長い歴史をもつボリビアでは伝統的な政治行動のレパートリーであって，2006～2010年には毎年200～800件の抗議運動があったとの報告がある（Fundación UNIR 2012）。しかし，個々の市民社会組織は，組織化と動員力の程度によって影響力が異なる。全国的に組織化されており，構成員の規模も大きい組織ほど，政策決定に対する強い影響力をもち，場合によっては政府の決定に対して実質的な拒否権を行使することもある。鉱業部門の例では，FENCOMINを頂上団体とし，10万人超の構成員を擁する鉱山協同組合が，きわめて強い影響力をもつ。

ある政策に対して強力な抗議運動による抵抗が予想される場合や，特定の市民社会組織に不利益を与える可能性がある場合，政府がアドホックに当該組織から合意を調達しようとするのは自然である。その場合，政策決定のアリーナが重要となり，場合によって非公式の接触，各省大臣との会合，あるいはアドホックな委員会の形態をとる。新鉱業法は，アドホックな委員会が設置された例である。

興味深いのは，市民社会組織がデモ行進や道路封鎖といった圧力行動を戦略的に用いるという点である。市民社会組織は，国会議員や政府官庁に関係者を送り込んだり，アドホックな政策決定アリーナに参加したりすると同時に，場合によっては制度外での圧力行動によって拒否権を行使できる可能性を残したまま，政府と交渉する。政府はそうした市民社会組織の戦術と動員能力を見通しながら，可能な妥協点と合意を探ることになる。

さて，前項で述べたように政府が一枚岩ではないのと同様に，政策への関与を求める市民社会組織が複数存在することもまったく不思議ではない。では政府と複数の制度外のアクターはどのように交渉を行うかを，これまでの議論をふまえて考えてみよう。

4．指針となる理論枠組み

つぎに示すのは，政府が強力な市民社会組織との交渉を余儀なくされる場合，どのように政策決定が行われるかを理解するための理論枠組みをまとめたものである。

まず，政府と市民社会組織は交渉のうえで政策を決定する。新鉱業法は，すでにみたように複数の利益団体の利害が絡み，そのなかには鉱山協同組合連合（FENCOMIN）のように強力な動員力をもつものが存在するため，交渉は不可避となる。

制度外の市民社会組織が重要である場合，どこで政策決定が実質的に行われるか，誰が実質的に政策決定に参加するのかが重要である。多くの国では国会や政府機関こそが政策アリーナであるが，今日のボリビアでは必ずしもそうではない。もし政策内容が国会や省庁のなかで決まるならば，そこに利益団体がすでに関係者を送り込んでいることだけを考えればよい。しかし，新鉱業法の場合のように，アドホックな政策決定アリーナが国会や政府の外に設立され，そこに具体的な政策内容についての決定が移されることがある場合，どう考えればよいのだろうか。

実質的に誰が政策決定に参加しているのかは重要な問いである。政策決定にどの市民社会組織が参加すべきかは自明でない。もし市民社会組織が強い影響力をもつならば，政府は政策決定を望ましい形で進めるために，利害関係および拒否権行使を予測して，どうしても調整が避けられないアクターによる参加だけを認めようとするだろう。他方で，市民社会組織はそうした政府の判断に身を委ねるだけでなく，政策決定アリーナへの参画と，望ましく

ないと考えるほかのアクターの排除を争うだろう[6]。

このように政策決定への参加が争われる場合，どのようにして政策決定が可能となるかを考えるうえで，大統領を中心とした政府上層部の意向が重要になってくる。これは，政策決定が憲法上は国会承認を受け，大統領によって公布されなければならないことにかんがみれば当然だろう。

けれども，大統領にとってどのアクターや政策内容を支持するかは自明ではない。選挙での勝利は決定的に重要だが，そのためには経済成果をはじめとする政策パフォーマンスも重視するし，さまざまな市民社会組織とのあいだでバランスをとる必要もある。たとえば，鉱業の場合，天然資源の国家管理という公的言説だけでなく，鉱業がもたらす納税額も重要であるし，鉱業開発を担う利益団体からの選挙での支持調達も考慮しなければならず，場合によっては環境保護や先住民の権利保護も視野に入れなければならないだろう。

他方で，市民社会組織もまた，望ましい政策を手中にするためには，大統領の意向を無視するわけにはいかない。もちろん，大統領が市民社会組織との調整に応じない場合や真っ向から対立する態度を示す場合，大統領を制度外の政治動員で追い出す選択肢もあり得る。ボリビアでは2003年と2005年にそれが実際に起きた。しかし，大統領と与党が上下両院で3分の2以上の議席を占めており，ある程度交渉が可能な場合には，大統領の地位を尊重したまま交渉することの方が，自らの利益を政策として実現したい市民社会組織にとってはるかに魅力的だろう。つまり，市民社会組織は，自らに有利な政策内容と，大統領からの支持調達とを天秤にかけるのである。

次節では，ボリビアの新鉱業法の成立過程をたどるが，(1)なぜ新鉱業法の制定が遅れたかを確認したうえで，どのように政策決定が可能となったのかを理解するために，(2)政策決定に参加するアクターは誰か，(3)どのように政策決定アリーナが形成されたか，(4)どのように市民社会組織が大統領からの支持調達を求めたか，といった点を中心に確認していく。

第3節　新鉱業法の成立過程

本節では，新憲法公布以降，法律が成立するまでを4つの期間に分けて叙述する（表2-3）。本節の内容は，ほぼすべての利害関係者に聞き取りを行い，それを報道資料とクロスチェックしたうえで記述したものである。複雑な内容であるため，政策決定をめぐるやりとりに集中し，各項の冒頭で要点をまとめることにする。

　要旨を先取りすると，再三にわたるFENCOMINの法案拒否（第1項），FENCOMINの主導による政策アリーナの設定と鉱業冶金省の排除（第2項），FENCOMINと鉱業冶金省の対立（第3項），FENCOMINと与党議員との対立と，大統領による最終交渉（第4項）といった過程をたどる。

1．モラレス政権成立（2006年）〜2010年

もともと，新鉱業法案の作成作業は，2006年のモラレス政権の発足と同時に始まっていた。2006年の「国家開発計画」のなかで鉱業を国家主導で進め

表2-3　新鉱業法の政策決定過程のあらすじ

項	期間	法案の変遷
4.1	モラレス政権成立（2006年）〜2010年12月	法案の第1案と第2案がFENCOMINの反対によって拒絶される
4.2	2011年1月〜2013年6月	FENCOMINが鉱業冶金省を排除し，自らのイニシアティブのもとで第3案を作成する
4.3	2013年7月〜2014年3月17日	鉱業冶金省が第3案を大きく修正して，第4案を作成する。この修正に抗議したFENCOMINに対して，大統領が仲裁を行い，第5案が作成される
4.4	2014年3月18日〜法律成立（2014年5月末）	第5案が国会で修正されると，FENCOMINが道路封鎖によって抵抗する。これを大統領が説得して，第6案が最終的に成立する

（出所）　筆者作成。

ることが謳われ，それを受けて鉱業冶金省によって法案がつくられた[7]。第1案はモラレス大統領の了解を得たうえで2007年に関係する利益団体に諮問されたが，FENCOMINはこの第1案を十分に読みもしないうちに拒絶した。このように第1案がすぐに廃棄されたことは，当初から鉱業部門の市民社会組織，とりわけFENCOMINが実質的な拒否権ともいえる強い影響力をもっていたことを示唆している。モラレス大統領はこれを聞くと，新憲法の制定後まで鉱業法案の作成を待つよう指示した[8]。新憲法制定という高次の政治課題に直面していたこともあり，政府はFENCOMINと対立することをあえて避けたのであった。

　2009年2月に公布された新憲法は，鉱物資源を含め天然資源一般をボリビア国民の所有物と定め，その管理を国家が行うものとした（第349条1項）。生産主体としては，国営鉱山企業，民間鉱山企業そして協同組合が認められたが（第369条1項），鉱業契約は国家と個人または法人とのあいだで結ばれるものとし（第370条1項），国家との鉱業契約によって与えられる鉱業権の内容は，法によって規定されるとした（第370条4項）。

　憲法が定めたのはそこまでで，詳しい内容は新鉱業法に委ねられた（岡田2015）。移行条項第8条1項は，行政府と立法府の選挙から1年以内に新しい法制度に移行しなければならないとした[9]。新憲法が定めた期限に向けて，まず法案作成のイニシアティブをとったのは，当然ながら鉱業冶金省であった。ルイス・アルベルト・エチャス（Luis Alberto Echazú）鉱業冶金大臣は，民間鉱山やFSTMBと会合し，協議を開始したが，2009年中は目立った進展はみられなかった。2010年1月，鉱山労働組合の闘士としての経歴をもつホセ・アントニオ・ピメンテル（José Antonio Pimentel）が鉱業冶金大臣に就任すると，エクトル・コルドバ（Héctor Cordova）生産開発副大臣やフレディ・ベルトラン（Freddy Beltrán）鉱山冶金局長といった鉱業冶金省の大臣直属の人々を中心に新鉱業法案の作成が進められた[10]。

　コルドバやベルトランらは，2010年6月7～10日の4日間，ラパス市南部のワハチジャ（Huajchilla）で新鉱業法案について意見聴取するための会合を

開いた。この会合には，主催者である鉱業冶金省のほか，COMIBOL，FSTMB，FENCOMIN，ANMM といった主要団体，ボリビア農民総連（Confederación Sindical Única de Trabajadores Campesinos de Bolivia: CSUTCB），コリャ・スーユのアイユ・マルカ全国組織（Consejo Nacional de Ayllus y Markas del Qullasuyu: CONAMAQ）といった先住民・農民組織，ポトシ，オルロ，サンタクルスの各県代表，ボリビア地質学協会などの多様な政府組織・市民社会組織が参加した（2010年6月8日付け La Prensa）。この会合は，新鉱業法について関係者へのヒアリングを目的としたものであったが，CSUTCB や CONAMAQ といった先住民・農民組織はあまり関心を示さず，2日目以降は参加しなかった[11]。この会合では，従来のコンセッションから契約方式への移行，鉱山が実際に採掘活動をしていない場合の接収，協同組合の既得権，鉱業契約を管轄する機関を新設すること等が話し合われた[12]（2010年6月8日付け La Prensa，および2010年6月12日付け La Patria）。この会合の結果をふまえてコルドバ副大臣やベルトラン局長らは鉱業法案（第2案）をつくり，2010年10月にピメンテル大臣に提出した。しかし，鉱業冶金省を中心につくられたこの法案は，再び利益団体の圧力によって葬り去られることになる。

　法案がなかなか国会に提出されなかったので，2010年11月下旬に差し掛かると，関係者のあいだで憲法が定めた期限である2010年12月6日に間に合わないのではという危惧がささやかれるようになった（2010年11月19日付け Página Siete，および2010年11月30日付け La Patria）。この頃，上院議員で FENCOMIN 代表でもあったアンドレス・ビルカ（Andrés Vilca）は，法案は国会で承認される前に FENCOMIN を含めた関係団体に諮るべきであり，関係団体の合意が必須であると主張していた（2010年11月23日付け La Patria）。どうやら FENCOMIN は直接大統領に接触し，鉱業冶金省が自らの意見を聞かないで法案をつくったと非難したようである[13]。大統領は FENCOMIN の意見を聞き入れ，関係団体に改めて諮ることを指示した。

　新憲法が規定した2010年12月6日に新鉱業法は成立しなかった。そのかわり，政府は大統領令第726号を発布し，鉱業コンセッションを「特別移行許

可」(Autorizaciones Transitorias Especiales) に変更させ，従来の権利関係を事実上継続させることで暫定的に対処した。

FENCOMIN の合意なくして，政策決定ができないことは明らかだった。年が明けた2011年1月，モラレス大統領は FENCOMIN の全国集会に出席し，新鉱業法案は協同組合の合意のもとで作成することを約束し，関係セクターの合意なしでは国会に提出しないと述べた。この集会で，FENCOMIN はピメンテル大臣の辞任を要求したが，大統領はこれを認めず，大臣を続投させた (2011年1月28日付け *Los Tiempos*, *La Patria*, および *El Diario*)。

2. 2011年～2013年7月

第2案を葬り去った FENCOMIN は，2011年に入ると法案の作成を自らが望むアリーナで行わせることに成功する。すなわち鉱業冶金省の排除である。FENCOMIN がこのような政策アリーナの操作を目論んだのは，国営鉱山の再興を求めるピメンテル大臣ら鉱業冶金省に対する不信感であった。この訴えを認める形で，大統領は鉱山協同組合，労働組合，民間鉱山企業の3つの生産団体だけからなるアドホックな委員会の設立を指示した。これら3つの生産団体は憲法で認められており，いわば最低限のアクターからなるアリーナであった。以下では，いかにこのアドホックな委員会が設立され，法案作成が進められたかをみる。

2011年3月1日，FENCOMIN の新代表に選ばれたアルビノ・ガルシア (Albino Garcia) はモラレス大統領と会合し，これまで協議してきた法案は関係する諸団体の合意を得たものではないと訴えて，ゼロから再スタートすることで合意した (2011年3月3日付け *Cambio*, および2011年3月16日付け *El Diario*)。FENCOMIN のオルロ県代表であったアグスティン・チョケ (Agustin Choque) は当時，次のように述べている。

> われわれは，いかなるときも協同組合や小規模鉱山，その他の鉱業ア

クターの意向に沿わない一方的な提案を許さない。もしそのような隠れた行動があった場合には，われわれは緊急集会を開き，街頭に繰り出し，道路封鎖を行うだろう（筆者訳。2011年3月17日付け *La Patria*）。

2011年3月中旬，フェリックス・ロハス（Felix Rojas）労働大臣のもとで，協同組合，民間鉱山，労働組合の3セクターの代表による鉱業法案の起草委員会が設立された（2011年4月11日付け *La Prensa*）。ロハス労働大臣は，鉱業は使用者と労働者との関係を規定するものであるため労働省の管轄にあたると説明したが，鉱業冶金省を外そうというFENCOMINの意図を受けたものであることは明白だった。このアドホックな起草委員会は，その後2013年7月まで断続的に会合を開き，のちに成立する法案の基本的な素案をつくった。

鉱業生産にかかわるおもな3つの利益団体のほかにも，新鉱業法に関心を抱く組織は存在した。オルロ県やポトシ県の県代表らは2011年4月12〜13日にタリハ（Tarija）市で開催された会合で，鉱業法案の起草作業への参加を求める決議をしていた（2011年4月12日付け *La Patria*）。また2011年11月11日にコチャバンバで開催されたシンポジウムに出席したCONAMAQら先住民組織は，新鉱業法案への起草作業を特定の組織とのみ行うのではなく，あらゆる社会組織との合意を図ることを要求した（2011年11月12日付け *Los Tiempos*）。しかし，県代表や先住民組織は起草作業にかかわることはなかった[14]。

2011年中に，起草作業はある程度の進展をみせた。5月30日の政府筋の情報では，約30％の進展がみられたが，契約方式，税制，事前協議といった重要条文については未着手であった（2011年5月30日付け *El Diario*）。4カ月後の9月29日のFENCOMIN筋の情報では，約75％の進展があるとの発言がみられた（2011年9月30日付け *La Patria*）。

鉱業冶金省は，手をこまねいてみていたわけではない。彼らは法案起草のイニシアティブは与えられていなかったが，さまざまな策を実行に移した。2011年9月中旬に政府は，非生産的なCOMIBOLを刷新するため，鉱業生産副大臣であったエクトル・コルドバをCOMIBOL総裁に，フレディ・ベ

ルトランを鉱業政策副大臣にした。これに対してCOMIBOLの労働者が抗議デモを繰り広げたが，コルドバはモラレス大統領ら政府上層部の意向であると強弁し，翌2012年に10％強の賃上げをするとの妥協案で抗議運動を撤収させた（2011年9月21日付け *Página Siete*，および2011年9月28日付け *La Razón*）。2011年4月にピメンテル大臣はいくつかの民間鉱山を国有化する意向だと発言し（これは実現せず），2012年6～10月には民間経営のコルキリ（Colquiri）鉱山を国有化した（岡田 2013a）。

　2012年も起草委員会での作業が進められたが，コルキリ鉱山をめぐってFSTMBとFENCOMINが衝突すると，しばらく会合が開かれないこともあった（岡田 2013a）。起草作業の歩みは遅く，2013年まで法案は完成しなかったが，水面下では重要な動きもあった。

　鉱業冶金省は，起草委員会に再び関与できるように画策した。2012年1月に政府は，FENCOMINに嫌われていたピメンテル鉱業冶金大臣に替えて，前ポトシ県知事で大学教授だったマリオ・ビレイラ（Mario Virreira）を任命した（2012年2月2日付け *La Patria*）。ビレイラは，大臣に就任した時，起草委員会にはさまざまな問題があることに気づいたという[15]。まず，起草委員会に参加するFENCOMINや民間鉱山団体は，鉱業冶金省によって起草作業がコントロールされることを嫌っていた。しばらくして鉱業冶金省は労働省から鉱業冶金省に管轄を取り戻すことには成功したが，すでに合意されていた点は既成事実として扱われた。また各利益団体はそれぞれの思惑に沿って行動しており，とくに労働組合と協同組合とのあいだに大きな対立があったが，モラレス大統領がFENCOMINの利益に資するように特別な配慮をしていることも感じたという。

　起草委員会のなかでの個々の議題の処理について，各セクターは投票での決定ではなく，意見の相違があるたびにそれぞれ個別に交渉していた[16]。また場合によっては，個別に大統領や副大統領と直接交渉した。ビレイラ大臣ら鉱業冶金省は，起草委員会の作業は法律の案をつくることだけで，法自体を決定するものではない，と委員会のメンバーに伝えた[17]。しかし，次項で

述べるように FENCOMIN らはこのように理解していなかった。FENCOMIN は起草委員会を，政策内容を実質的に決める場だと考えていたのである。

　2012年初頭の時点で，法案の進捗状況は75％ほどとされていたが，契約方式や税制といった激しい対立が予想される条文はまだふれられていなかった（2012年1月23日付け *Página Siete*，および2012年1月31日付け *Cambio*）。この頃には，法案起草作業は近く終わるとの認識が複数のアクターによって抱かれていたようで，「あと2カ月後には完成するはずだ」というような発言が聞かれた（2012年1月29日付け *Cambio*，2012年5月24日付け *El Diario*，および2012年8月4日付け *La Prensa*）。しかしそれでも，税制などの重要争点についての意見のちがいや，特定の鉱山プロジェクトをめぐる紛争が原因で起草作業はさらに遅れた。

　2013年までに，いくつか個別の点で合意がつくられた。まずそれまで COMIBOL が行っていた鉱業契約管理について，新しい管理機関が鉱業冶金省に設置されることが決まった[18]（2012年1月31日付け *Cambio*）。従来の鉱業コンセッションでは無期限とされていた契約期限について，新しい採掘契約は30年間と定められた。ロイヤルティの分配割合は，それまで鉱山所在地の県（85％）と地方自治体（15％）で分けていたが，県への分配割合が削られて国庫と近隣自治体にもそれぞれ5％を納入する案が出された（2012年3月1日付け *El Deber*）。FENCOMIN 代表は，それまで参加していた COMIBOL の執行部から脱退することになった。そのかわり，国営鉱区の一部が採掘可能として提供されることになった（2012年2月7日付け *La Razón*，および2012年8月4日付け *La Prensa*）。ANMM に所属する民間鉱山のうち，いくつかは新法制に先立って新契約方式に移行し[19]，最大のサンクリストバル鉱山は現行と同じ契約内容で継続することとされた（2011年5月13日付け *La Prensa* および，2012年8月31日付け *La Patria*）。ANMM は起草委員会で合意が達成された暁には，新鉱業法のもとで新税制に移行することを基本的には受け入れていたようである[20]（2011年4月22日付け *Página Siete*）。

　問題は，鉱山協同組合が新たな契約方式に移行するか，移行するとしたら

どのような手続きをとるか，そしてどの程度の税負担を受け入れるかに絞られていった。この最後の論点につき，2013年4月に選出されたFENCOMIN代表のアレハンドロ・サントス（Alejandro Santos）はモラレス大統領と直接会合して協議した（2013年5月30日付け *Cambio*）。そして2013年7月初旬，ついに起草委員会が作成した法案（第3案）が鉱業冶金大臣に提出された。

3．2013年7月～2014年3月17日

前項でみたように，FENCOMINの意向を受けて大統領の指示で設置された起草委員会は，鉱業冶金省の意向を排除する形で法律の内容をデザインし，2年4カ月かけて第3案となる法案を完成させた。すでに述べたように，この第3案の位置づけについて関係者の理解は異なっていた。鉱業冶金大臣は国会審議の前に同省がさらに修正をするのは当然だと考えていたのに対して，FENCOMINは鉱業冶金省どころか国会すらも法案にふれるべきではなく，無修正で公布すべきと要求したのである。

強力な市民社会組織と国家との関係を考えるうえで，ここからのストーリーは重要な意味をもつ。2013年12月までに，鉱業冶金省は第3案を大幅に修正した第4案をつくった。この事実を知ったFENCOMINは激怒し，第4案の内容をほとんど第3案に戻す形で第5案（利益相反しないところでは鉱業冶金省の修正も取り入れられた）をつくり，モラレス大統領に対して直ちに国会で承認させることを要求する。しかし今度は，国会でさらに修正が入れられる。これにもFENCOMINは激怒し，抗議デモを繰り広げるのである。最終的には，国会修正が加えられた第6案が成立することになる。最後の約11カ月間に起こったこのプロセスは，どのようにして国家が強力な市民社会組織（FENCOMIN）とのあいだで交渉をし，新鉱業法の成立が可能となったのかを克明に語るものである。以下，詳細にみてみよう。

2013年7月に一定の合意に至った第3案は，大統領に提出される前に労働組合，協同組合，民間鉱山のあいだで周知されることになった（2013年7月

2日付け *La Patria*)。しかし法案はこれら3者以外の目にもふれることとなったため，事態は混乱した。鉱業に関心を抱く各県代表は，鉱山操業について県の権限が弱められていることとロイヤルティ分配率が減少していることに気づき，緊急集会を開いた (2013年7月5日付け *La Patria*)。FENCOMINは売上額の1％だけを国庫に直接支払うことを決定したが，労働組合系のMAS党議員や先住民組織は，法案が協同組合を一方的に資する内容になっているとの批判を始めた (2013年6月25日，7月6日，7月22日，および7月25日付け *La Patria*)。

事態が混乱し始めたのをみて，ビレイラ鉱業冶金大臣は，法案はまだ暫定案であるため，さらに検討を続けなければならないとして，法案（第3案）の公開を禁止する旨を告知した[21]。鉱業冶金大臣が事態をコントロールしようとしていると感じて，FENCOMINとFSTMBはともに，合意された法案への変更を認めず，もし変更があれば抗議運動を動員すると牽制した (2013年7月18日付け *El Diario*，および *La Razón*)。

この時点で最大の問題は，鉱山協同組合が支払う税金の問題だったようである。売上額の1％のみを法人税として国庫に支払うという規定については，経済財務省をはじめとする反対があった[22]。FENCOMIN代表は8月19日と，8月29日にモラレス大統領と，9月2日にガルシア・リネラ副大統領と会合をもった (2013年8月20日，9月3日付け *Cambio*，および2013年8月30日付け *La Razón*)。いずれの会合においても，この問題は解決しなかった。9月16日にビレイラ鉱業冶金大臣は，税制が新鉱業法案から外され，将来改めて税法で規定することを提案した (2013年9月17日付け *La Razón*，および *Página Siete*)。ガルシア・リネラ副大統領もこの決定を支持することを明らかにした (2013年9月19日付け *Cambio*)。

FENCOMINは，法案の早期承認がなかなか実現しないので苛立っていた。10月9日，FENCOMINのアレハンドロ・サントス代表は新鉱業法の年内成立を強く求めるとともに，税制を含め，第3案から何も変えないことを求めた。その際，2013年7月につくられた第3案について，大統領とFENCO-

MINら関係団体とのあいだで合意があるとも主張した（2013年10月10日付け *Los Tiempos*）。大統領も FENCOMIN の態度に一定の理解を示していた。11月7日，モラレス大統領は公の式典にて，「鉱山協同組合は2005年（に初当選して）からの当然の同盟者」（aliados naturales）であるとし，「新鉱業法がいつまでたっても成立しないのは恥ずかしい」と述べた（2013年11月8日付け *Página Siete*）。しかし，年内に法案が国会に提出されることはなかった。それどころか，鉱業冶金省が作成した修正案（第4案）の様相が明らかになっていった。

　2013年12月，FENCOMIN 代表のアレハンドロ・サントスは記者会見を開き，鉱業冶金大臣の手で新鉱業法案に大きな修正が加えられていることを非難し，モラレス大統領に書簡にて緊急会合を求めていると述べた（2013年12月18日付け *Cambio*，および2013年12月19日付け *La Razón*）。FENCOMIN の元代表であるビルカ上院議員がやや脚色して語ったところによれば，法案の内容は95％変わっている，とのことだった（2013年12月25日付け La Patria）。翌日，ガルシア・リネラ副大統領は，法案について鉱業冶金省と FENCOMIN のあいだで意見のちがいがみられることについて，関係者の合意なく法律を成立させることはないと確約した（2013年12月19日付け *Página Siete*）。FENCOMIN と鉱業冶金省の対立は，大統領ほか政府上層部の意向に委ねられた。2014年1月8日にビレイラ鉱業冶金大臣は，ガルシア・リネラ副大統領と4時間以上にわたって協議した。そして1月11日にモラレス大統領，ガルシア・リネラ副大統領，ビレイラ鉱業冶金大臣らは，アレハンドロ・サントスほか FENCOMIN 代表と会合し，2013年7月の第3案に沿いながら4点の重要事項（採掘に先立つ先住民への事前協議，環境影響評価，COMIBOL と協同組合との関係，税制）について再協議を行うことを求めた（2014年1月14日付け *La Razón*）。モラレス大統領の心境は，1月17日に行われた FENCOMIN の定例集会に出席した際の以下の発言に表れている。

　　協同組合の同志（compañeros）に言ってきたことだが，8年間政権に

あって，いまだにネオリベラル期の法律のまま鉱業について語らなければならないというのは恥ずかしいことだ。良心（conciencia）と参加（participación），そしてとくに各県の協同組合にはわがまま（caprichos）ではなく理性（razones）に基づいて議論し，ボリビアの鉱業法について合意し，承認することを求める（筆者訳。2014年1月18日付け *Los Tiempos*）。

これと同時に，モラレス大統領は，鉱山協同組合が迅速に法人格を取得できるようにする大統領令の公布や新たな国有鉱区の提供などを約束した（2014年1月18日付け *Cambio*，および2014年1月25日付け *El Potosí*）。こうして1月17日，起草委員会のメンバーが再招集され，改めて協議が始められた（2014年1月17日付け *La Patria*）。

大統領の介入によって，第3案と第4案をふまえた第5案をつくることが可能となった。2月26日にモラレス大統領とFENCOMIN代表のサントスが会合した際，サントスは新しい法案（第5案）について，素晴らしい内容だと語っている（2014年2月27日付け *Cambio*）。3月17日に法案が提出されると，モラレス大統領はこれを修正なく国会に提出すると述べ，直ちに国会下院の鉱業委員会で検討が始まった（2014年3月18日付け *El Diario*，2014年3月19日付け *La Razón*，および2014年3月20日付け *Página Siete*）。

第5案が，第3案をベースとしてつくられたのか，それとも鉱業冶金省が修正した第4案をベースとしたのかはよくわからない。入手できたふたつの法案，すなわち2013年7月の第3案と国会下院で承認された第6案とを見比べると，国会審議の結果とは思えないほど，ほとんどの条文に手が入れられている。おそらく国会に提出されることになった第5案には，FENCOMINにとって重要でない箇所は鉱業冶金省の修正が入れられた部分もあるだろう。また最重要案件であった税制については，ビレイラ大臣の提案どおり，すべてが法案（第5案）から外されていた（2014年3月8日付け *Opinión*）。

4．2014年3月18日～法律成立（2014年5月末）

　上下両院で与党MAS党が3分の2超の議席を確保する状況では，国会審議を短期間で済ませて法律を成立させることも論理的には可能であったはずである．しかし，国会に提出された新鉱業法案（第4案）は，さらなる修正を余儀なくされることになる．法律制定に先立つ最後の2カ月余りは，モラレス大統領率いる与党MASが決して一枚岩ではなく，さまざまな利益とイデオロギーを抱く議員から構成されていることを再確認するとともに，制度外の圧力行動を動員できる市民社会組織がどのように妥協し，政策決定を受け入れるかを明らかにするものである．

　制度上，国会に送付された法案は，下院，上院の順で審議され，承認された暁には大統領によって公布される．新鉱業法案はまず，下院の鉱業委員会と多元的経済（Economia Plural）委員会に送られたが，ここで修正をこうむることになった[23]．大きな問題は，下院議長であったMAS党マルセロ・エリオ（Marcelo Elio）が，法案（第5案）の第132条と第151条に憲法違反の疑いがあると指摘したことに始まる（2014年3月29日付け *Los Tiempos*, *La Razón*, および *El Diario*）．第132条は，鉱山協同組合による契約など一部の新鉱業契約について今後も国会承認を必要としないとしたものであり，第151条は鉱山協同組合が民間企業と直接契約を結ぶことができるという内容であった．前者は協同組合の契約成立を容易にするものであり，後者は協同組合に資本を提供することで民間企業も国営企業の関与なしに操業契約を締結することを可能にするものだったため，鉱業の国家管理を定めた憲法に違反する疑いが出されたのである[24]．

　下院がこれらふたつの条文を修正する姿勢をみせると，FENCOMINのサントス代表は緊急事態を宣言し，抗議運動の動員を宣言した（2014年3月29日付け *Los Tiempos*, および *La Razón*）．サントスは，政府と合意が達成された法案に再度修正が試みられたことに憤慨し，「もし協同組合がエボ・モラレ

スを大統領にしたならば、彼を追い出すこともできる」と豪語した（2014年3月31日付け *La Razón*）。鉱山協同組合がコチャバンバ市から90キロのサヤリ（Sayari）で道路封鎖を動員すると、警察がこれを排除しようとして、ふたりの協同組合労働者が死亡する事態に至った。フアン・ラモン・キンタナ（Juan Ramón Quintana）大統領府大臣は、もし法案修正を認めないならば、いったん鉱業法の起草作業をゼロに戻して、ほかの市民社会組織も含めて再協議をしてはどうかと述べた（2014年4月1日付け *Los Tiempos*, *La Razón*, および *Cambio*）。4月2日にはFENCOMIN代表は政府と会合をするが、キンタナ大臣の発言が誠意を欠くと非難して協議はいったん決裂した（2014年4月2日付け *La Patria*）。

　緊張が高まるなか、4月3〜4日にかけてオルロ県庁でFENCOMINは政府と会合し、モラレス大統領と改めて会合することで合意し、道路封鎖は解除された（2014年4月5日付け *Cambio*, および *Página Siete*）。4月10日、ラパス市内の副大統領府にて、モラレス大統領とFENCOMINは会合し、問題の条文について政府とFENCOMINとで暫定委員会をつくって協議することで妥結した（2014年4月11日付け *La Razón*, および *El Diario*）。4月21日までに、FENCOMINは集中的に内務大臣と鉱業冶金大臣とのあいだで協議を行い、合意書を取り交わした。第132条については、90日間の期間内に国会審議で契約承認に至らなければ自動承認とすること、第151条については協同組合と民間企業との契約は結べないこととされた（2014年4月22日付け *Página Siete*, および *El Deber*）。このとき、大統領は、天然資源の国家管理という考えを譲ることはできず、多国籍企業に操業を許すような内容はどうしてもできないことをわかってほしい、とFENCOMIN代表に懇々と語ったという[25]。4月25日に大統領は記者会見を開き、問題のふたつの条文について合意に至ったと述べた（2014年4月26日付け *Cambio*）。

　この騒ぎのなか、憲法違反の条文を含む法案を国会に提出したことの責任をめぐって、ビレイラ鉱業冶金大臣とその部下に対する非難が起きた[26]。4月3日にビレイラ大臣の鉱業冶金省の部下3人が辞職し、4月7日には大臣

自らも辞任した（2014年4月3日付け *Los Tiempos*, *Página Siete*, および4月9日付け *La Razón*）。

　上院でも第132条に定められた90日後の自動承認の是非をめぐって争いが起きたが，あまり大きな紛争には至らなかった。2014年5月28日，新憲法施行から5年3カ月を経て，新鉱業法（第6案に相当）はついに制定・公布された。

　国会に提出された後の法案の修正は，FENCOMINの望まない形での妥結だった。FENCOMINのサントス代表は，成立した新鉱業法について，「半ば憤っている」（medio fregado）とし，協同組合のための闘争を続けると筆者に語った[27]。なぜ，FENCOMINは自らが望まないような法案修正を受け入れたのだろうか。まず，既存の契約は従来どおりとし，将来の契約にのみ新法制が適用されることを政府が認めたことで，既得権が保障されたことを指摘できる[28]。また，新鉱業法では税制が盛り込まれなかったため，政府との関係を悪化させることは将来の税制をめぐる交渉に禍根を残すとの判断もあったようである[29]。しかし他方で，サントス代表を始めFENCOMIN関係者はいずれも，政府と敵対的な関係をとることを否定し，緊張関係を保ちながらもモラレス大統領を支持し続けると明言した[30]。FENCOMINに長く寄り添ってきた人物は，このようなモラレス大統領に対する支持は，単に計算によるものではなく，信条的なものだと語った[31]。これらの意見からみえてくることは，FENCOMINは，自らの利益を100％追求することよりも大統領への支持を選んだということである。

おわりに

　本章の事例研究は，ヒューリスティックで応用可能なモデルというよりも，政策決定がどのように可能となったかを，紆余曲折を含めて，可能なかぎり詳細に報告したものである。詳細に政策決定過程を確認することは，国家と

市民社会組織がそれぞれどのように考え，振る舞ったか，その相互作用が何を結果として生み出したかを知るうえで，興味深い示唆を与えてくれる。

　FENCOMINという強力な市民社会組織は，初期の法案（第1案と第2案）を葬り去り，法案起草委員会という政策決定アリーナの設置を勝ち取り，鉱業冶金省を排除して法案づくりを進めた。いったん法案（第3案）が作成されるとその無修正承認を要求し，鉱業冶金省や国会議員が修正を求めた際は，道路封鎖等，街頭での圧力行動を動員して抵抗した。いかにFENCOMINが強力な影響力を縦横無尽に駆使して，政策決定を牛耳っていったかがわかるだろう。2010年12月に鉱業法が成立せず，その後3年強も遅れたのは，この市民社会組織の強力な影響力にあったといえる。その影響力の基礎は，10万人を超える構成員数と政府内部に入り込んだ関係者のネットワークにあるが，新鉱業法の交渉過程は，そうした影響力がいかに具体的に行使されるかを明らかにしている。また同時に，ボリビア鉱業の事例は，政策決定において国家が実質的な自律性をもたず，強力な市民社会組織との合意が不可欠であることを端的に示している。

　政策決定は，市民社会組織が指定したアドホックな政策アリーナで一つひとつの論点について合意をつくっていき，最終段階で国家がその特権を掘り崩そうとした際には，市民社会組織とモラレス大統領が直接交渉することによって可能となった。最終的にFENCOMINは自らが望まない修正を受け入れたが，その妥協の理由を当事者の視点で探っていくと，FENCOMIN上層部のなかでモラレス政権への支持が重要な意味をもっていたことがわかる。公式には法律をつくるのは国家であり，国家権力が大統領に集中している以上，自らの権利義務関係を法律によって確定させたい利益団体は，大統領とのあいだで妥協することを選んだ。自らの利益を100％追い求めることと大統領との政治的な同盟関係を比較考量したとき，最終的には後者を選び取ったのである。

　見方を変えれば，今日のボリビアの国家と市民社会組織の関係において際立つのは，大統領への権力集中であろう。それはまさに，政府の所管官庁や

議会，そして政党システムが二義的な意味しかもちようがないという事実を示している。これは，モラレス大統領の再選が幾度となく追求されてきたことの根底にある，権力集中システムの特徴を示唆するものでもある。

　以上の叙述では，FENCOMIN の行動に対する一般世論の影響はほとんど加味していないが，それには理由がある。まず起草委員会という特別に設置された政策アリーナで行われた法案起草作業について，ほとんどの市民やほかの市民社会組織がその内容について知ることは難しかった。2013年6月に主要都市部で実施された世論調査によれば，87％の回答者が新鉱業法の内容について知らないと答えた（2013年6月18日付け *Página Siete*）。2013年7月のビレイラ大臣のように，政府は法案の内容をメディアが公開することを禁じさえした。鉱業が輸出額の30％余りを占める重要産業であるにもかかわらず，法案が一般世論や選挙で選ばれた代表者とはかけ離れた政策決定アリーナで作成されたことは問題であるかもしれないが，それに対する世論や市民の影響は実際には限られていたというほかない。

　新鉱業法は，国家管理という言説がありながら，実際には鉱山協同組合の自律的操業を事実上容認するものになった。端的にいって，異なった理念と利害とが争った結果，政治的影響力によってつくられたものであった。本章の主たる分析対象ではないが，新鉱業法がボリビア鉱業の発展を可能とするような中長期的な制度基盤になったとは言い難い。

＜付記＞

　本章の執筆にあたって，インタビューに快く応じてくれただけでなく激励もしてくれた30人を超える関係者の方々，とりわけ貴重な資料とコメントを寄せてくれたリチャード・カナビリ氏に感謝したい。また，アジア経済研究所共同研究委員各位のほか，宮地隆廣氏（東京外国語大学）に貴重なコメントを頂いた。本研究は，科学研究費補助金（研究課題番号：13J02254，および16K21086）ならびに村田学術振興財団の研究成果の一部である。

第2章　ボリビアにおける国家と強力な市民社会組織の関係　107

〔注〕
(1) 輸出総額（米ドル換算）に占める鉱物資源と天然ガスの割合は，2001年にはそれぞれ25％と21％であった。その後資源価格が高騰し，2005年には18％と48％，2010年には34％と42％になった。いずれも経済財務省および国家統計局のデータより。
(2) ここでの理論枠組みはフォーマルなものではなく，複雑な政治過程を読み解くうえでの指針といったものである。
(3) 詳細は，岡田（2013a; 2015）を参照されたい。
(4) ANMMの会長や民間識者は，新法制定による増税や契約方式の変化も懸念してきたが，法制度の先行きが不透明であることの方が繰り返し指摘されてきた。たとえば2014年1月21日付け *Página Siete* 紙に，サンクリストバル鉱山社長による同趣旨の発言が記載されている。
(5) 鉱山協同組合の組織論，すなわち構成員が多様かつ巨大であり，零細労働者からなるにもかかわらず，どのように全国レベルで組織化されているのかは興味深い点だが，ここでは労働組合の伝統が色濃いために早くから全国規模での組織化が進んできたことを指摘するにとどめ，詳細は別の機会に譲りたい。
(6) 近年のエクアドルで，アドホックにつくられた制憲議会が与党に都合良い形で通常立法の政策決定アリーナにもなったこと（上谷 2009など参照）を思い起こせば，アリーナの操作は広くみられる現象であると考えられる。
(7) 第1案は，鉱山協同組合出身のワルテル・ビジャロエル（Wálter Villarroel）鉱業冶金大臣によって当初つくられたが，2006年10月にワヌニ鉱山で死者の出る紛争が起きたために同大臣が辞任したことも頓挫した理由のひとつである（2015年2月24日，ラパス市内カフェにて，筆者によるギジェルモ・コルテス（Guillermo Cortez）元鉱業冶金省副大臣へのインタビュー）。
(8) 2015年2月24日，筆者によるギジェルモ・コルテス元鉱業冶金省副大臣へのインタビュー。
(9) 同移行条項は，鉱山協同組合などのもつ既得権の尊重（1項，4項），鉱業コンセッションの廃止（2項，3項）も明記していた。
(10) ボリビア鉱業は20世紀の革命や国営鉱山の経営といった長い政治的伝統があるため，労働組合関係者や小規模鉱山経営者のあいだで鉱業部門に造詣の深い人物が多くおり，彼らの多くは年配で技術的知識と政治的知識を兼ね備えている。コルドバやベルトランもそうした人物で，少なくとも当初はピメンテル大臣に近い立場であったと思われる。
(11) 2015年2月26日，ラパス市内カフェにて，筆者によるエクトル・コルドバ元鉱業生産副大臣・元COMIBOL総裁へのインタビュー。
(12) エクトル・コルドバ氏より入手した当時の会合資料をみると，ANMMや

FENCOMIN は新たな契約方式や税制についての希望を表明しており，最終的に採用されることになる内容もこの時点ですでに議論されていたことがわかる。合意をどうつくるかという点を除いて，各アクターの選好は早い時点ですでに明らかとなっていたようである。

(13) 2015年2月26日，筆者によるエクトル・コルドバ元鉱業生産副大臣・元COMIBOL 総裁へのインタビュー。

(14) 2013年7月に合意された法案に対する署名をみると，起草委員会に正式に参加したのは民間鉱山，協同組合，FSTMB，COMIBOL，鉱業冶金省のみであったことがわかる。

(15) 以下，本段落の内容は，2015年3月13日，ポトシ市内先方自宅にて，筆者によるマリオ・ビレイラ元鉱業冶金大臣へのインタビューによる。

(16) 2015年3月9日，ラパス市内 FSTMB 事務所にて，筆者によるフランシスコ・モンタニョ（Francisco Montaño），FSTMB 委員長（secretario general）へのインタビュー。

(17) 2015年3月13日，筆者によるマリオ・ビレイラ元鉱業冶金大臣へのインタビュー。

(18) 2013年7月の法案（第3案）では，Autoridad General Jurisdiccional Administrativa Minera（AGJAM）と呼ばれていたが，成立した法律では Autoridad Jurisdiccional Administrativa Minera（AJAM）と呼ばれることになった。

(19) 新鉱業法の成立に先立つ2013年7月2日，法第386号によってスイス系 Glencore 社のポルコ（Porco），ボリバル（Bolívar）鉱山は新たに15年期限の新契約に移行した（2013年7月2日付け *La Razón*，2013年7月3日付け *Cambio*，および2013年7月4日付け *Página Siete*）。この移行に向けた交渉は，数年前からすでに始まっていた。

(20) いくつかの民間鉱山ははっきりと増税に反対する旨を報道に語っていたが，すでに高税率の制度が施行されており，最終的に現状とほぼ変わらない税率で妥結した。それに対して協同組合ははるかに優遇された税制（低減されたロイヤルティ率，法人税はほとんど納税しておらず，付加価値税は免税）を有していたため，その処遇が問題となった。

(21) 2013年3月17日，ラパス市内 *La Razón* 紙本社にて，筆者によるヒメナ・パレデス（Jimena Paredes），および *La Razón* 紙記者へのインタビュー。鉱業法案（第3案）の中身を報道した記者を刑事告訴するとの脅しもあった。

(22) 2015年2月26日，筆者によるエクトル・コルドバ元鉱業生産副大臣・元COMIBOL 総裁へのインタビュー。ちなみに民間鉱山などは法人税だけで純利益の37.5％を支払い，それ以外にも付加価値税，海外送金税などを負担している。経済財務省だけが反対だったのではなく，あまりに低い税率では一般市民の理解が得られなかっただろうとの解釈もある（2015年2月26日，ラパ

ス市内先方事務所にて，筆者によるカルロス・アルセ（Carlos Arce）民間シンクタンク Centro de Estudios y Documentación Latinoamericanos 研究員へのインタビュー）。

(23) 小さな修正としては，ロイヤルティの配分率が減らされることに不満をもっていたポトシ県で市民組織が抗議運動を始めていたことから，ポトシ県出身の MAS 議員が参加していた多元的経済委員会で，ロイヤルティ額を現状維持とする修正を行ったことが挙げられる（2014年3月24日，および26日付け *Página Siete*）。3月27日にモラレス大統領はポトシ県代表と会合し，この修正は下院本会議でも受け入れられることとなった（2014年3月28日付け *La Razón*, *Cambio*, および El Potosí）。市民社会組織（この場合はポトシ県の市民団体）が圧力行動を動員できるときに，大統領の判断によって法案が修正される例である。

(24) 協同組合にしてみれば，操業契約の締結について国家の関与を可能なかぎり排除し，民間投資を導入することで生産性を向上させたいという思惑があった。2015年12月28日，ラパス市内先方事務所にて，筆者によるフリアン・チノ（Julián Chino）・ラパス北部金鉱協同組合（Federación de Cooperativas Mineras Auríferas de Norte de La Paz: FECOMAN）代表へのインタビュー。

(25) 2015年12月21日，ラパス市内議員会館にて，筆者によるミゲル・マヌエル・コニャハ（Miguel Manuel Coñaja）上院議員（鉱山協同組合出身）へのインタビュー。

(26) ビレイラ大臣についての評価は関係者のあいだで分かれているが，各法案の起草と修正の過程をみるかぎり，彼が第132条と第151条の件に積極的に関与したとは考え難い。筆者は，ビレイラ大臣とその部下の辞任は，2013年7月以降に FENCOMIN らの意向に沿わない修正を行ったことへの制裁と考えている。

(27) 2015年3月10日，ラパス市内 FENCOMIN 事務所にて，筆者によるアレハンドロ・サントス FENCOMIN 代表（当時）へのインタビュー。

(28) 2015年12月21日，筆者によるミゲル・マヌエル・コニャハ上院議員へのインタビュー。

(29) 2015年12月28日，筆者によるフリアン・チノ FECOMAN 代表へのインタビュー。

(30) 2015年3月10日，筆者によるアレハンドロ・サントス FENCOMIN 代表（当時）へのインタビュー。ならびに，2015年12月28日，筆者によるフリアン・チノ FECOMAN 代表へのインタビュー。

(31) 2015年3月9日，ラパス市内 FENCOMIN 事務所にて，筆者によるフレディ・オンティベロス（Freddy Ontiveros）FENCOMIN 顧問へのインタビュー。

〔参考文献〕

<日本語文献>
上谷直克 2009.「『委任型民主主義』が深化するエクアドル・第2次コレア政権」『ラテンアメリカ・レポート』26 (2) 11月 3-14.
岡田勇 2013a.「モラレス政権下におけるボリビア鉱業のアクターと政策過程」『イベロアメリカ研究』35 (1) 7月 23-42.
――― 2013b.「ボリビアの政策過程の不確実性」『ラテンアメリカ・レポート』30 (1) 6月 32-42.
――― 2015.「ボリビア鉱業部門にみる国家と市民社会の関係」宇佐見耕一・馬場香織編『ラテンアメリカの国家と市民社会研究の課題と展望』アジア経済研究所 50-64.

<外国語文献>
Fundación UNIR 2012. *Perfiles de la conflictividad social en Bolivia, 2009-2011*. La Paz: Fundación UNIR.
Gray Molina, George 2008. "State-Society Relations in Bolivia." In *Unresolved Tensions*, edited by John Crabtree and Laurence Whitehead. Pittsburgh: University of Pittsburgh Press, 109-124.
Mayorga, Fernando 2011. *Dilemas: Ensayos sobre democracia intercultural y Estado Plurinacional*. La Paz: CESU-UMSS; Plural.
Ministerio de Planificación del Desarrollo 2007. *Plan Nacional de Desarrollo: Bolivia Digna, Soberana, Productiva y Democrática para Vivir Bien, 2006-2011*. La Paz: Ministerio de Planificación del Desarrollo.
PNUD 2007. *El estado del Estado en Bolivia*. La Paz: PNUD.
Zavaleta Mercado, René 1987. *El poder dual*. 3ra edición. Cochabamba: Los Amigos del Libro.
Zuazo, Moira 2008. *¿Cómo Nació el MAS?* La Paz: FES-ILDIS.

<新聞>
Cambio
El Deber
El Diario
El Potosí
La Patria

La Prensa
La Razón
Los Tiempos
Página Siete

第3章

ポスト新自由主義期ペルーの労働組合と国家
―― 20世紀の状況との比較 ――

村 上 勇 介

はじめに

　本章の目的は，ポスト新自由主義と呼べる段階に入った今世紀のペルーにおいて，労働組合によるストや抗議行動がより活発化している状況を分析し，その意義と今後の展望について考察することである。今世紀に入ってからのペルーの労働組合は，20世紀の労働組合とは異なった性格を有しているのか。それは，何らかの新たな国家社会関係が構築される兆しととらえてよいのか。
　本章でみるように，労働省の統計によれば，ストの発生件数も動員数も今世紀に入って数が微増している（第1節第3項の図3-2参照）。確かに，1970年代後半，1968～1980年にかけて成立した軍事政権の末期に民政移管を要求する運動が盛り上がった頃と比べれば低迷が続いている。だが，1990年代半ばから終わりにかけての底からは脱し，1990年前後のレベルに戻っている[1]。
　数が限られているペルーの労働組合に関する先行研究[2]は，1980年の民政移管以降，労働組合が政治や社会に対する影響力を失った現象の分析に集中している。影響力喪失の表れとして示されるのが，前出のストと動員数である。そうした先行研究が衰退の根本原因として一致して指摘するのは，インフォーマルセクターで働く非正規雇用ならびに一定水準の賃金を得ていないか一定時間未満しか働かない不完全就業（subempleo）の増大という構造的

要因である (Balbi y Gamero 1990; Ballón 1986a; Ballón 1986b; Cameron 1994; Mejía 1998; Parodi 1985; Parodi 1988; Portocarrero y Tapia 1992; Stokes 1995; Vildoso 1992)。

　ペルーは2002年から10年ほどのあいだ，世界的な資本主義経済の拡大に伴う一次産品輸出ブームに沸いた（第3節第1項参照）。好調な経済のもとで，インフォーマルセクターで働く人々の割合は大きく変化しなかったものの，失業や不完全就業が一定のレベルで改善した（第2節第1項の表3-2参照）。そこで，構造的な背景に一定の向上があったことから労働組合がより活性化したと考えることができる。だが，冒頭のリサーチクエスチョンには，そうした構造的要因から回答を導き出すことはできない。

　先行研究には，構造的要因とともに，労働組合や労働者といったアクター（行為主体）に着目した幾つかの研究が存在する。その知見のひとつは，労働組合の関心が，労働者一般や貧困層など同様の社会経済状況にある人々との水平的な連携を模索することではなく，個々の労働組合の利害に限定されていたことを指摘している（Mejía 1998; Vildoso 1992）。また労働者に着目した別の研究によれば，労働者は，労働組合や左派の思想に共鳴して労働組合に参加しているのではなく，賃上げなど個々の労働環境の向上にその関心をおいていた。その達成が見込まれないと主観的に判断すると所属組合を容易に変えていた（Parodi 1986）。そうした労働組合や労働者がもつ関心の狭い射程に変化が生じているのか，検証する必要がある[3]。

　さらに，先行研究が示すアクター（労働組合や労働者）の射程に加え，ふたつの観点から今世紀の労働組合について検証する必要があると筆者は考える。そのひとつめは，政党と労働組合との関係である。ペルーでは，「弱い国家と社会」という状況のなかで，労働組合やその連合組織が特定の左派系の政党と密接な関係をもって，正確には政党に従属する形で誕生し，展開してきた（村上 2004）。そうした関係は変化しているのかについて探求しなければならない[4]。

　もうひとつの観点は，ポスト新自由主義という今世紀の時代状況の影響である。ラテンアメリカは，1970年代末までに，それまで約半世紀にわたり追

求してきた国家主導型発展モデルの破綻が明らかとなり，1980年前後から市場経済原理を徹底させる新自由主義（ネオリベラリズム）路線に舵を切る。だが新自由主義路線は，ラテンアメリカが歴史的に抱えてきた格差構造や貧困問題を悪化させ，1990年代終わりには同路線への批判や見直しを求める声が広がった。今世紀に入ると，新自由主義路線を支持する右派勢力ですら，前述の社会経済面での課題を無視することはできなくなる。そして，新自由主義路線を批判する左派勢力が政権を握る例が増えていった（遅野井・宇佐見 2008）。1990年代のような新自由主義全盛の時代は過ぎた，という意味で，現在のラテンアメリカはポスト新自由主義の段階にある（村上 2013; 2015a）。ペルーでも，今世紀に中道左派や左派の政党が政権についており，そうした状況の変化が労働組合の活性化に関係あるのかを分析する必要がある。

　以下では，労働組合の現状分析と今後の展望という課題に取り組むための前出の観点のうち，労働組合と政党の関係ならびに労働組合の射程の問題を確認するために，まず，20世紀のペルーにおける労働組合のあり方を概観する。国家主導型発展モデル期と，同モデルが破綻し新自由主義路線がとられた1990年代に分けて分析する。つづいて，その作業で確認された分析視角から，今世紀の労働組合と国家の関係について考察する。

第1節　国家主導型発展モデル期の労働組合

1．ペルーの「弱い国家」と「弱い社会」

　労働組合に焦点を合わせる前に，20世紀のペルーにおける国家と社会の基本的な性格を整理し，労働組合がおかれた政治社会について考えておく。20世紀のペルーは「弱い国家」と「弱い社会」に特徴づけられる。

　ここでいう国家や社会の強弱とは，ミグダルの国家社会関係アプローチ（Migdal 1988; 2001）に基づいている。同アプローチは，国家と社会が相互に

作用する過程の重要性を強調する。ただ，国家と社会の強弱を測る一般的な基準を設けることは難しい問題である。比較のためのデータが揃わない場合も多い。本章では，20世紀のラテンアメリカのなかでペルーを位置づけるため，歴史的経路をふまえた判定基準を設定することにする（岡田 2010）。具体的には，19世紀後半以降に形成された寡頭支配国家を脱し「国民国家」建設が目標とされたのがラテンアメリカの20世紀（1930年前後以降）であったことから，寡頭支配期の状態からの変化の程度で判断する。

　ひとつには，寡頭支配に対し，その政治から排除されていた中間層や下層の人々が政治参加を求める動きが起き，強まった。こうした動きはポピュリズム（populismo）と呼ばれる。そこで，中間層や下層の人々を基盤とするポピュリズム勢力が寡頭支配勢力を抑えることに成功した時点を目安とすることができる。これは，社会から国家へのベクトルなので，社会の強弱の基準である。つまり，早い時期に寡頭支配を抑えることができれば社会が強く，逆に寡頭支配が根強く存続する場合は社会が弱いと考えることができる。

　他方，「国民国家」が追求したのは，国家主導による工業化や国民生活の向上などであった。そこで，工業化や生活水準の程度を別の基準とすることができる。これは，能力から国家の強さをみている。

　以上の基準から，具体的にラテンアメリカ諸国を分類したのが表3-1と図3-1である。表3-1は，ポピュリズム勢力が政権を握った年の早さから，社会の強弱を3段階に分けている[5]。早いグループを「強」,遅いグループを「弱」とし，そのあいだを「中」としている。他方，図3-1は，1970年時点での国内総生産に占める製造業の割合と生活水準指数から三つに分類している[6]。いずれの基準も高い水準にあるグループを「強」,いずれかの指標が高いグループを「中」,いずれも低いグループを「弱」としている。ペルーは，国家，社会ともに弱い範疇に属している。

　ほかのラテンアメリカ諸国と同様，ペルーも19世紀後半から20世紀初頭にかけての一次産品輸出による繁栄を契機とした政治経済社会変動を背景に，寡頭支配が1930年代以降，動揺する[7]。だが，寡頭支配勢力が追い詰められ

表3-1 社会の強さ

強度	国名	年
強	ウルグアイ	1903
	メキシコ	1920
	ブラジル	1930
	チリ	1932
中	グアテマラ	1945
	アルゼンチン	1946
	コスタリカ	1949
	ボリビア	1952
	エクアドル	1952
	コロンビア	1958
	キューバ	1959
	ベネズエラ	1959
弱	パナマ	1968
	ペルー	1968
	ホンジュラス	1972
	ドミニカ共和国	1978
	ニカラグア	1979
	エルサルバドル	1984
	ハイチ	1993
	パラグアイ	1993

（出所）　筆者作成。

ることはなかった。寡頭支配が払拭されるのは，1968年に成立する改革主義的軍事政権になってからである。ポピュリズム勢力を代表する政治家が公正な選挙で大統領についた例もあった（1945年と1963年）が，寡頭支配層の支持を受けたクーデタにより任期を全うできなかった。

　寡頭支配が存続した原因としては，19世紀後半からの一次産品輸出の繁栄も，また1930年代以降の近代化の過程も，コスタ（海岸地域），とりわけその北部から首都リマのある中部に集中して展開したことがある[8]。ほかの地域，とくに1960年代まで人口の過半数以上を擁していたシエラ（アンデス高地）に対しては，影響が限定的か，その浸透は遅々としていた。寡頭支配層は，徐々に勢力を低下させつつも，大土地所有者を中心にそれぞれの勢力地

図3-1 国家の強さ

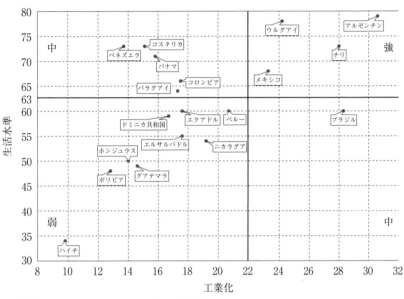

（出所）　Thorp（1998, 162; 361）を基に筆者作成。

でいまだ強い支配力を有していた。

　そうした状況のなかで展開した政党政治において，政党は，政治的有力者（カウディジョ）を頂点としてクライエンテリズムに基づいて形成され，有権者の過半数が集中するコスタ[9]の中部から北部を中心に活動し，全国レベルの組織的基盤を構築しなかった。今日まで，ペルーには全国政党が現れたことはない。選挙で浮動票の支持から過半数の得票を記録することも例外的に起こるものの，それが次の選挙まで維持されることはなく，ほとんどの場合，20〜30％の得票率を記録するのがせいぜいである[10]。政治が小党分裂化する一方，政党間では個別利害に基づく相互対立が常態化した。以上の傾向は，寡頭支配勢力を代表する保守系のみならず，中間層や下層の人々を代表する政党勢力にも共通していた。

　対立を基調に小党分裂化を繰り返す上述の政治は，政治空間の「私物化」

を招き，ひいては，政治闘争の「戦利品」として国家の「私物化」にも帰結した。実施される政策は，主要政党間の幅広い合意ないし了解に基づいた「国家政策」ではなく，与党，最終的にはその最高指導者である大統領「個人の政策」に堕し，その内容や射程は，各大統領の個別的な関心や利害の範囲に限定された。そうしたなかで，国家の存在が全国津々浦々にまで行きわたることはなかった。

　以上のような「弱い国家」に対し，社会も，植民地以来のさまざまな亀裂が走り，求心力がない。政治，経済，社会，文化，民族，地域などの面において，ペルーには亀裂が存在し，植民地以降の歴史展開のなかで，それらの亀裂が深まるともに複雑に重層化した。その状況は，亀裂を超えて相互に行き来する「橋」が構築されない「群島」（archipiélago）に比される（Cotler 1978）。そうした「群島」の一部分しか代表しない政党が政治の舞台に現れるだけであることはすでに指摘したが，社会組織や社会運動も同様で，水平的に広がる基盤や有機的関係が構築されない状況が続いてきた。

2．労働組合の誕生と初期の展開

　他のラテンアメリカ諸国と同様，ペルーにおいても，世界的な資本主義経済の拡大に伴って発展した一次産品輸出経済の時代，寡頭支配期（1895～1930年）に近代的な労働組合が誕生した。それは，同期に引き起こされた経済社会変動を背景にしていた。この時期の経済発展は，労働者や中間層，都市貧困層を増加させた。そうした人々は，あらゆる面で特権的地位を占めていた少数の白人系エリートに対し，その社会経済的状況の改善や地位の向上を組織的に要求するようになった。労働組合は，そうした動きの主要な軸のひとつだった。ヨーロッパからの労働運動などに関する多様な思想の影響が及んできていたことが，そうした動きを後押しした。

　ペルーで最初の近代的な労働組合が誕生したのは1904年とされる。同年にリマで結成されたパン製造労働者連合（Federación de Obreros Panaderos）が，

資本主義体制に反対する姿勢を明確にし、それまで属していた、相互扶助的な労働組合連合組織から離脱したのである（Sulmont 1975, 78）[11]。その後、同様の志向をもつ労働組合が結成されるが、当初は、寡頭勢力の政治家と個々に結び付いて、その要求を実現しようとした[12]。

　労働組合が寡頭支配との対立を先鋭化させるのは1930年代からである。それには、ふたりの左派思想家・政治家が重要な役割を果たした。ラテンアメリカのなかで独創的と評される共産主義者のカルロス・マリアテギ（Carlos Mariátegui）と、独自の反帝国主義ナショナリズムで知られるビクトル・ラウル・アヤ・デラトレ（Victor Raúl Haya de la Torre）である。両者には革命勢力の基盤をめぐり考えの相違があった。マリアテギは、労働者とともに、あるいはそれ以上に農民を重視したのに対し、アヤ・デラトレは、労働者と中間層のあいだの共闘を主張した。

　マリアテギは、1928年にペルー社会党（Partido Socialista del Perú）、翌年には労働組合の連合組織、ペルー労働総同盟（Confederación General de Trabajadores del Perú: CGTP）を結成した。1930年にマリアテギが早世すると、ペルー社会党はペルー共産党（Partido Comunista Peruano）へと名前を変えた。同党は、1964年に毛沢東派が分派した際、ペルー共産党統一派（Partido Comunista Peruano-Unidad）と名乗った[13]。

　他方、アヤ・デラトレは、亡命先のメキシコで1924年にアメリカ革命人民連合（Alianza Popular Revolucionaria Americana: APRA）を結成し、1930年にペルーでアプラ党（Partido Aprista Peruano）を立ち上げた。のちの1944年、アプラ党系の労働組合を束ねるペルー労働連合（Confederación de Trabajadores del Perú: CTP）を創設する。

　1960年代末まで、より多数の労働運動を傘下に従えたのはアプラ党の影響下にあったCTPであった。ペルーの近代化の軸となったコスタ中部・北部の労働者（農場労働者、工場・港湾労働者など）と中間層を基盤に据え、アプラ党は寡頭支配と対立した。

　他方、マリアテギ亡き後のペルー共産党は、アンデス高地を中心とする農

村での浸透を図ったものの，中心となる指導者が早世したことに加え，いまだ強力な政治力を有していた大土地所有者の支配を前に，またそうした支配のもとで多数の農民が政治的に覚醒していなかったことから，支持を拡大できなかった[14]。それでも，1950年代に入り，コスタにおいて一定の経済発展がみられる一方，コスタの寡頭支配層がシエラを切り捨て，コスタを優遇する政策を採用した（Cotler 1978, 286-287）ことから，大土地所有者などシエラの寡頭支配層の力の低下が加速し，農民による抗議活動も活発化し始めた。

　上述のように，労働組合の動き，とくにCTPを介したアプラ党主導による労働組合の活動が活発化したものの，1960年代までは，寡頭支配を覆せなかった。1950年代に寡頭支配層が分裂するまでは，軍の支持を背景に，寡頭支配が強固であったし，1950年代に分裂した後でも，それに対抗する勢力（アプラ党とペルー共産党）が小党分裂化し相互に協力することがなく，寡頭支配を圧倒できなかったのである。

3．アプラ党の路線転換と改革主義的軍事政権の成立

　強固な寡頭支配層に対し，少数勢力ながら最大の反寡頭支配勢力となったアプラ党のアヤ・デラトレは，しだいに，その急進性を緩める現実路線に傾斜し，経済社会改革に一定の理解を示した寡頭勢力の一部と協調する方針を打ち出す。「共棲」（convivencia）と呼ばれたその路線は，アプラ党からの急進派の離脱を誘発し，同時に中間層支持者のあいだに失望と幻滅を生んだ。現実路線に転換したアプラ党への反発と1959年のキューバ革命の影響によって，1950年代から1960年代に都市中間層を基盤とする中道右派政党や，アプラ党でもまた既存の共産党（ペルー共産党統一派）でもない「新左翼」（Izquierda Nueva）と呼ばれた左派政党が生まれた。そして，「新左翼」系の労働運動も起きた。そうした状況のもとで，1960年代終わりからは，アプラ党系のCTPに代わり，ペルー共産党統一派系のCGTPが最大の連合組織となった。

　さまざまな変化が起きていたとはいえ，政治は引き続き小党分裂化状態で

相互に対立するだけの政党からなっていた。アクターの数は増えても，同じ指向をもつ政党のあいだで，協調関係は構築されなかった。そうした政治が招いた混乱のなかで1968年にクーデタが発生し，改革主義的軍事政権が誕生する。

フアン・ベラスコ（Juan Velasco）が主導した改革主義的軍事政権は，農地改革，基幹産業の国有化による国家主導型発展の推進，貧困層の地位向上や社会参加の促進などの国家社会改革を断行した。それらは，自由かつ公正な選挙によって1940年代以降に成立した，限られた数の文民政権が果たせなかったものある。

労働分野でも，ベラスコ政権は，さまざまな改革を導入した。それらは三つの柱に集約される。第1は労働者保護に関するもので，解雇条件を厳格化し，安定的な雇用を保障した。使用者による一方的な不当解雇を全面的に禁止した新法は，事実上，使用者側による解雇を不可能とした「絶対的な雇用安定性」を労働者に認めた内容であった。第2の柱は，労働者による社会参加の促進で，労働者が自主的に管理する企業体として「労働共同体」を，そして労働者が経営に参加する「産業共同体」を設置した。第3の柱は，労働者の組織化で，官製のペルー革命労働者連合（Central de Trabajadores de la Revolución Peruana）を設立した。他方，CGTPについては，それを従えるペルー共産党統一派が軍事政権を容認したことから，ベラスコ政権は活動を認めた。

だが，ベラスコの社会参加促進政策は矛盾を内包していた。参加は，軍事政権を批判せず，また軍事政権が設定した範囲を逸脱しないかぎりで認められていた一方，参加の促進は，自由への覚醒と自覚を参加者に惹起し，軍事政権の権威主義的な支配に対する批判の種を撒いたからである。

他方，勢力を拡大する「新左翼」系の左派政党のもとに，軍事政権を容認するCGTPとは距離をおく労働組合も現れた。1970年代初めの世界的な経済危機もあり，ベラスコ政権がしだいに行き詰まりをみせていた1972年，CGTPから教員の一部が離脱し，教員組合（Sindicato Único de Trabajadores de

図3-2 スト発生件数と動員数

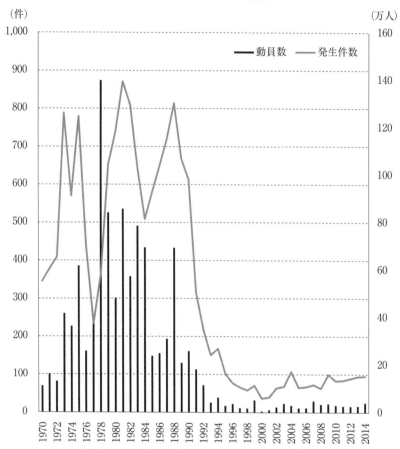

（出所）　MTPE（2015, 39）を基に筆者作成。

la Educación del Perú: SUTEP）を設立した。この組合は，1969年に結成された毛沢東派の一勢力，ペルー共産党赤い祖国派（Partido Comunista del Perú-Patria Roja）の強い影響下にあった。そして，軍事政権には批判的な姿勢を示した[15]。教員組合は，のちに，ペルーにおける組合のなかで強い政治力を有する組合のひとつになり，1980年の民政移管後に左派が結集して統一左翼（Izquierda Unida）という連合を結成した際にCGTPとのよりを戻す。いずれにせよ，

労働組合が, 小党分裂化する左派の一小政党に従属して誕生し, 展開するパターンが, 改めて観察された。

経済面で行き詰まったベラスコ政権は, 1975年のクーデタで退陣し, 軍内保守派のフランシスコ・モラレス (Francisco Morales) を中心とする軍事政権が成立した。1980年の民政移管までの同政権は市場経済路線をとった。軍事政権の方向転換に対し, CGTPをはじめとする労働組合は批判を強めた。1978年5月, ならびに1979年の1月と6月の3回にわたりCGTPが中心となりゼネストが実施された。とくに, 最初のゼネストは, 幅広い市民の参加を得ることに成功し, 軍事政権が民政移管を決定する「最後の一押し」となった。この頃が, 労働組合の政治力が最も強かった時期であった (図3-2)。

民政移管の過程で招集された制憲議会で作成された1979年憲法には, 軍事政権が実施した「絶対的な雇用の安定性」や労働者の企業参加などが基本的権利として盛り込まれた。

第2節 労働組合の影響力の低下と1990年代の新自由主義改革

1. 経済社会構造の変動と1980年代の混乱

労働組合の力が政治の場では高まった1970年代には, 労働組合の力を削ぐ構造的な変化が起きていた。非正規雇用の増加である。この時期から, 一定基準以上の賃金を得ていないか一定基準以下の時間しか働かない不完全就業者や, インフォーマルセクターで働く労働者が増加した[16]。

非正規雇用の増加は, 農村から都市へ, とくに首都リマを含むコスタの主要都市へという人口と労働力の移動の結果である。そうした向都移動は, 19世紀後半からの一次産品輸出経済の発展期に始まり, 1950年代から加速する。国家主導型発展モデルにそった政策が推進され, 中長期にわたらないものの, 一定の期間経済発展が起きた (1948年から1956年までのマヌエル・オドリア

[Manuel Odría]政権期)。また，前述のように，この頃，コスタの寡頭支配層は，シエラを切り捨て，コスタを優先する政策をとったことから，シエラが発展する機会をいっそう狭めたためでもあった。コスタの人口は年々増加し，1960年代末にはシエラの人口を上回り，1980年代に全体の過半数を超える。

だがコスタの都市は，十分な正規雇用を提供できなかった。ペルーの経済発展政策，とくに輸入代替工業化政策が十分な成果を上げなかったのである。それは，対立を基調とし小党分裂化する不安定な政治のもとで政策が一貫せず中長期的な経済発展を実現できなかったことに由来する。すでにみたように，1970年代までのペルーの工業化は低いレベルにとどまった（Thorp 1998）。

1980年に民政移管した後も，ペルーは，すでに破綻していた国家主導型発展モデルから脱却できず，経済社会状況は悪化した。民政移管により成立した，中道右派の人民行動党（Partido Acción Popular）のフェルナンド・ベラウンデ（Fernando Belaúnde）政権（1980〜1985年）は，自由主義経済路線を志向したが徹底せず実効性に欠けた。次のアプラ党のアラン・ガルシア（Alan García）政権（1985〜1990年）は，国際金融機関の示す新自由主義的な処方箋に反対し，国家主導型モデルにしがみついた。その結果，インフレが超高率化する一方，国内で資金が枯渇し，停滞した経済は物不足を引き起こした。

以上のような状況は，雇用面にも負の影響を与えた。不完全雇用が増加し，インフォーマルセクターで働く人々の割合も過半数に迫った（表3-2）。また，1980年代末の時点で，労働組合の組織率は15％程度であったとされる。「絶対的な雇用安定性」の法的な保護のもとにある労働者が，少数の「特権的な」存在になっていたのである。

さらに，労働組合以外の，悪化する経済社会状況に対処することを目的とした組織的活動が活発化し，社会における労働組合の重要性や存在が低下した。「新しい社会運動」と呼ばれるそうした運動の代表例には，貧困層集住地域の住民組織や，共同して調理し食事を安価で提供する「人民食堂」などの貧困層の女性による組織的活動，1980年代に活動を開始し活発化した反政府武装組織に対する農民自警団がある。

表3-2 リマにおける就業状況

(%)

年	失業	不完全就業	就業	インフォーマルセクター
1970	7.0	37.0	56.0	−
1971	8.5	23.8	67.2	−
1972	7.6	18.6	73.8	−
1973	6.4	17.0	76.5	−
1974	6.5	19.9	73.6	−
1975	7.5	17.6	74.9	35.6
1976	6.9	24.4	66.1	40.6
1977	8.4	24.3	64.5	41.6
1978	8.0	38.8	53.2	40.8
1979	6.5	33.0	60.5	38.8
1980	7.1	26.0	66.9	36.7
1981	6.8	26.8	66.4	35.2
1982	6.6	28.0	65.0	25.6
1983	9.0	33.3	57.7	36.2
1984	8.9	36.8	54.3	41.0
1985	10.1	42.5	47.4	43.9
1986	5.3	42.6	52.1	44.6
1987	4.8	34.9	60.3	43.0
1988	7.1	37.0	55.9	−
1989	7.9	73.5	18.6	42.2
1990	8.3	73.1	18.6	50.8
1991	5.9	78.5	15.6	51.1
1992	9.4	75.9	14.7	61.5
1993	9.9	77.4	12.7	53.4
1994	8.8	74.3	16.9	52.9
1995	7.6	42.4	50.0	54.0
1996	7.0	42.7	50.3	−
1997	7.7	41.8	50.5	−
1998	7.8	44.3	47.9	−
1999	8.0	43.5	48.5	−
2000	7.4	49.7	49.7	62.6
2001	9.0	42.2	48.9	−
2002	10.0	42.5	47.6	−
2003	10.5	43.2	46.3	−
2004	10.5	42.8	46.7	62.3
2005	11.4	40.9	47.7	−
2006	8.8	41.2	50.0	−
2007	7.2	38.9	53.9	58.9
2008	6.4	33.4	60.2	55.8
2009	6.3	33.9	59.8	59.8
2010	4.1	37.4	58.5	−
2011	4.0	34.2	61.8	75.3
2012	3.7	30.2	66.1	74.3

(出所) Balbi y Gamero (1990), Webb y Fernández (1992; 1996; 2002; 2004-2010; 2014; 2015) を基に筆者作成。
(注) 就業に関するデータは，計算方式が1996年に変更されたため，1994年までと1995年以降は単純な比較はできない。また1995年以降は，各年の第3四半期の数字である。
　　インフォーマルセクターについても，1995年までと1996年以降では計算方法が異なっているほか，2009年までのリマ首都圏の数値で2011年以降は全国レベルの数値である。

労働組合を従える左派系の諸政党は，1980年代もその党派性を打破できなかった。共産党の統一派や赤い祖国派などは，他の「新左翼」系小政党とともに，1980年に連合組織，統一左翼を結成した。これは，アルフォンソ・バランテス（Alfonso Barrantes）の指導力のもとで初めて実現した。だが，各有力者が率いる小政党の寄り合い所帯であり続けた。考え方のちがいに個々の利害関係が重なり，連合内では不協和音が絶えなかった。統一左翼は，1990年選挙の準備過程でふたつに分裂し，その後，さらに細かく分派してゆく。そうした1980年代から1990年代の左派勢力の動向のなかで，労働組合も，それぞれの系列のもとにとどまり，幅広い水平的な協調関係は構築されなかった。

　むしろ，労働組合の関心は，労働者一般や貧困層などとの水平的な連携の構築ではなく，個々の組織利害に向いていた（Mejía 1998; Parodi 1986; Vildoso 1992）。そうした傾向は，労働運動に限らず，住民運動，貧困層の女性による組織的活動，農民自警団など，同時代のさまざまな社会運動で観察された現象であった（Pásara 1991）[17]。

　前述の状況のなかで，労働組合は1980年代に政治力を発揮できなかった。とくに，ガルシア政権期には，統一左翼から立候補して当選した労働組合出身の国会議員がいた。そのうちのひとりは，CGTPの書記長バレンティン・パチョ（Valentín Pacho）だった。だが，労働組合が切望していた，労働に関する憲法の一般規定を具体的な細則にする労働基本法を審議し，制定する主導権を発揮しなかった。次の1990年選挙では，パチョを含むCGTP幹部で国会議員に立候補した者から当選者は出なかった（Balbi y Gamero 1990, 87-91）。

　より詳しくみると，CGTPが結束力と影響力を発揮できなかったのは，統一左翼内の小政党間の対立を反映し，CGTPのなかでも派閥抗争が強まったことがある。CGTPの主流派は，つねに，ペルー共産党統一派の出身者や建設労働者連合（Federación de Trabajadores en Construcción Civil del Perú）など同派系列の労働組合の指導者（パチョなど）で，CGTPのなかでは穏健な立場

にある。これに対し，非主流派は「新左翼」系の複数の小政党につながる労働組合によって形成され，より急進的であった[18]。いずれも，ある特定の左派政党が特定の労働組合を従える構図に変化はなかった（Gil 2014, 117-119; Colter 2015; Gonzalez 2015; Grompone 2015）。

2．フジモリ政権による新自由主義改革の推進

　国家主導型発展モデルが完全に行き詰まった1990年，アルベルト・フジモリ（Alberto Fujimori）政権が発足した。フジモリは政権発足直後から，新自由主義経済政策を実行した。それは，国内の政治的混乱から発動した1992年の憲法停止措置とそれに続く約8カ月の独裁的支配のもとで徹底された。一連の政策により，超高率インフレは終息し，外資が流入し，経済の後退は底を打ち，回復基調となった。
　フジモリ政権の新自由主義改革は，労働関係にも及んだ。小出しに幾つもの法律が公布されたが，改革の中心はふたつの点にあった（Gonzales 2015; Toyama 2015）[19]。
　第1は，ベラスコ政権以来の「絶対的な雇用安定性」の緩和である。使用者側の裁量を大きくし，解雇条件を緩和するとともに，派遣労働や有期雇用の枠を拡大した。解雇にあたって，使用者は退職金の支払い義務は負うものの，解雇理由の明示義務はなくなった。第2は，「その民主化をめざした」とフジモリ政権が主張していた労働組合をめぐる改革である。一企業一組合の原則を破棄し，ひとつの企業内で複数の労働組合が存在することを認めるとともに，産業別の団体交渉権は認めず，企業単位での交渉を規定した。また，ストの実施には組合員の投票による同意が必要となり，スト中の賃金を使用者は支払う義務を負わなくなったほか，労働争議へ介入する国家機能を縮小した。こうした改革の基本方針は，1992年に起草され翌年公布された現行憲法にとり入れられた[20]。
　そうしたフジモリ政権による新自由主義的な労働改革は，ラテンアメリカ

では例外的に進展した事例だった。ラテンアメリカでの新自由主義改革は，財政，金融，市場に関しては進んだが，労働分野はほとんどの国で未着手か，わずかな程度にとどまった。顕著な労働改革が実施されたのは，すでに1970年代から新自由主義改革が始まっていたチリと1990年代のペルーだけであった (Burki y Perry 1998, 46-47)。

フジモリ政権の新自由主義路線は，当初，超高率インフレを鎮め社会を安定させたことを好感し，多くのペルー人の支持を得た[21]。だが，1990年代の半ばには，人々の関心は，安定から，格差や貧困，低賃金，失業や不安定な雇用などのミクロ面での課題に移っていた。そうした課題に対しては，国家の役割と機能を縮小する新自由主義路線は，産業振興などについて多くの政策や措置をとることができなかった。経済は回復基調にあったとはいえ，雇用，インフォーマルセクターといった指標は，新自由主義路線の採択後も，改善する兆しはなかった（表3-2）。2000年にフジモリは，側近の汚職が発覚したことを受けて，辞任に追い込まれた（村上 2004）。

第3節　ポスト新自由主義期の労働組合

これまでの分析から，今世紀の労働組合を考える視角として冒頭で示した，ポスト新自由主義状況，労働組合と左派系政党の関係，労働組合の射程の3点のうち，2点めと3点めについて分析視角としての有効性を確認した。同時に，2点めの労働組合と左派系政党との関係について，より具体的に考慮すべき点が明らかとなった。それは，左派系政党に従属する労働組合という関係に加え，労働組合連合組織のあり方に左派勢力の派閥抗争の構図が色濃く反映するという点である。

以下では，前述の三つの観点から今世紀の労働組合について分析する。

1. 新自由主義経済路線継続のもとでの国家と労働組合

　今世紀にラテンアメリカは新自由主義路線の見直しや批判が主流となるポスト新自由主義の段階に入った。ペルーでも，2000年のフジモリ政権崩壊後に実施された3回の選挙で，中道のアレハンドロ・トレド（Alejandro Toledo）政権（2001〜2006年）を経て，中道左派のガルシア政権（2006〜2011年，第二期），左派のオジャンタ・ウマラ（Ollanta Humala）政権（2011〜2016年）と，新自由主義に批判的な勢力から大統領が当選した。

　だが，そのいずれの政権も新自由主義路線を踏襲した。フジモリ政権期から実施されてきた貧困対策や社会政策を継続する一方，マクロ経済の安定を維持する政策を堅持し，2002〜2013年までの好調な一次産品輸出に支えられ，ラテンアメリカのなかでも高い水準の成長を記録した。ただ，産業育成など経済発展に向けた政策は議論もされず，経済運営は「自動操縦」（piloto automático）の状態にあると形容される（清水 2008; 村上 2015b; Gonzales 2015; Guerra 2015）。

　左派系の政権も結局は新自由主義路線を継続することになったのは，第1節で指摘した，小党分裂化の歴史的宿痾が続いていることが原因である。今世紀に成立したいずれの政権も，議会では少数与党（全議席の3分の1程度）で，一政党としては，過半数を窺うこともできない。他方，新自由主義路線によって，ペルー国内では「勝者」と「敗者」が生まれた。少数派の前者は，金融・サービス分野を中心とする大企業・外国企業，とくに首都リマなどコスタの中部から北部にかけての地域で活動する企業であった。そうした経済界の新自由主義路線の受益者は，経済財政省など経済関係官庁のテクノクラートとともに，新自由主義路線の変更を試みる勢力に対する拒否権グループを形成している。今世紀にペルーで誕生した左派政権は，そうした拒否権グループによる圧力に抗しきれなかったのみならず，社会政策の財源となる税収を向上させるためとの理由から経済成長を優先させる新自由主義勢

力の方針を受け入れた（村上 2015b; Cotler 2015; Gonzales 2015; Grompone 2015; Tanaka 2015）。

　一般的には新自由主義路線継続のもとで，労働組合に一定の理解を示す姿勢をみせたのがトレド政権であった（Gonzalez 2015; Toyama 2015; Sosa 2015）。これは，大統領となったトレドが，1990年代のフジモリ政権による権威主義的な政治に反対する指導者として台頭し，反フジモリ派を結集して政権についたことと関係している。トレドは，フジモリ政権による「不正を正すこと」を基本方針に据えるが，そのひとつの課題が労働関係であった。具体的には，トレド政権は，労働側からの諸要求のうち，フジモリ政権が国家規模縮小のために実施した国家公務員削減によって失職した元公務員の職場復帰問題を解決することを決定した。そして，対象者の登録が開始され，2002年12月ならびに2003年の３月と12月に登録者名簿が政府によって正式に承認された。これにより，約２万8000人がいずれかの国家機関に職場復帰した[22]。ただ，これは，労働組合幹部にいわせれば，「多くのことを約束しておきながら，何もしなかった大統領が（労働側に――引用者）みせたゼスチャー」でしかなかった（Huamán 2015）[23]。

　だが，時の大統領の思いつきのゼスチャーだったにせよ，政権発足直後から労働組合に一定の理解を示す姿勢を示したことは，ペルー社会に存在していた労働組合に対する否定的な一般認識を変える契機となった。それまでは，労働運動が急進性，過激性といった点からとらえられ，1980年代に活発化した反政府武装集団と同一視される傾向があった。それが，トレド政権の前半期を境に，自らの権利の尊重を要求する正統な社会アクターのひとつとして改めて認知されるようになった。1980年代から1990年代にかけて極度に悪化した労働組合のイメージが，一定の改善をみせたのである（Toyama 2015; Sosa 2015）。

　そうした状況のなかで，労働組合からの積極的な働きかけもあり（Huamán 2015），2002年７月に憲法裁判所（Tribunal Constitucional）が労働側にとって画期的な判決を下した。この裁判では，電話会社（Telefónica del Perú）を

2000年に解雇された労働者が，フジモリ政権期になされた新自由主義的な労働改革によって行われるようになった解雇は憲法に規定された労働権を侵害するとして職場復帰を求めた。憲法裁判所は労働側の訴えを認め，電話会社に元労働者の職場復帰を命じた（TC 2002）。この判決は，実質的には，労働者の解雇に関して1990年代の新自由主義改革前の「絶対的な雇用安定性」に戻す内容であった（Toyama 2015）。世界経済フォーラムがまとめるグローバル競争力報告の近年の雇用解雇慣習インデックスによれば，ラテンアメリカでペルーは雇用解雇の法的な規制が厳格で柔軟ではないグループに入っている[24]。

そうしたことから，ポスト新自由主義期のペルーにおいて，労働面の脱新自由主義的な改革は，「立法府や行政ではなく，司法，とくに憲法裁判所によってなされた」（Toyama 2015）と指摘できる。立法府は，1980年の民政移管以降，国家の重要な課題についての立法の主導権を発揮したことはなく，すべてが行政府からの法案の提案を受けて審議することが常態化してきた（村上 2004）。今世紀に入っても，政党が小党分裂化する一方，協力関係を相互に構築できない政党政治の伝統的なあり方が続いており，立法府の活動が停滞してきた。そして，労働関係立法についても進展がみられない。労働側がつねに不満を表明しているように，労働側の「悲願である，労働関係の憲法規定を具体的に定めた労働基本法の制定をめぐる議会審議は，政権が交代するたびに，委員会の法案審議段階で立ち消えとなる」のである（Huamán 2015）。

また行政府も，継続的に労働側と協議をする機関を活用していない。労働省に，労使と第三者（専門家やNGOなど）がメンバーとなっている協議機関，労働・雇用促進国家協議会（Consejo Nacional de Trabajo y Promoción del Empleo——以下では労働協議会と略）が設置されている。これは，労働関係の諸課題について労使間の協議による合意形成を目的として設置された国家機関である[25]。毎年，何度か会合が重ねられてはいるが，「労使がそれぞれの原則的な立場を表明する場となっているだけで，正直申し上げて，時間の浪費であ

る」(Toyama 2015),「政府は労働側の意見を真剣に聞いてくれない」(Huamán 2015) という惨状にある。

　今世紀に政府は，雇用促進を目的として少なくとも八つの法律を成立させた（零細企業法，サービス部門に関する法律，労働分野における社会保障関連法など）が，そのいずれも，労働協議会とは関係なく法案を作成した（Toyama 2015）。また，労働側の基本的な要求のひとつである最低賃金の引上げも，労働協議会の審議とは無関係に実施されてきた。ポスト新自由主義期のペルーでは，これまで9回，最低賃金が引き上げられた[26]が，そのどれも，国民からの支持を取り戻すための一手段として，時の大統領が自らの判断で適切と考えた時期に上げ幅を含め決定したのであった（Gonzales 2015; Toyama 2015）。

　こうして，国家，とくに行政府や立法府は，労働組合の要求や主張を受け入れるどころか，耳を傾けることもほとんどない状態が続いている。また現在までのところ，労働組合が国家（行政府）にその要求や主張を受け入れさせた実績は皆無に近い。

2．労働組合の活発化と旧態依然の政党・労働組合関係

　元公務員の職場復帰問題とそれへのトレド政権の対応は，他方で，労働組合の活動を活発化させるという「予期せぬ効果」を生んだ（Gonzalez 2015）。CGTPがこの問題に関心を向け，職場復帰を求める人々の組織化に着手したのである。その責任は，マヌエル・コルテス（Manuel Cortez）という人物に託された。コルテスは，1970年代から製鉄公社で労働組合活動に従事してきたベテラン指導者で，1985～1990年には，統一左翼の下院議員を務めたこともある。コルテスは，職場復帰を求める元公務員の組織化の一方，自らの判断で新自由主義改革以降，成長した経済のもとで拡大したサービス部門で働く若い世代の労働者の組織化にも着手した。1990年代以降に流入した外資により展開したスーパーマーケットや百貨店のチェーン，警備会社などで労働

組合を結成した。職場復帰を求める元公務員とともに，そうした新たな労働組合による労働争議の発生は，建設労働者連合，教員組合など，1980年代から1990年代の労働組合にとって厳しい環境を生きのびてきた既存の労働組合の活動も活性化させた（Gonzalez 2015; Sosa 2015; 匿名希望 2015a）。今世紀にペルーで労働関係の紛争が増加した背景には，そうした労働組合をめぐる新たな動きがあった。

しかし，今世紀に入ってからの労働運動をめぐる状況の変化は，20世紀に観察された弱い労働組合のあり方を克服する方向に向かっていることを示すものではない。それは，まず，労働組合と政党とのあいだの関係が変わっておらず，前者の刷新にもつながっていないことである。元公務員の職場復帰問題の責任者となったコルテスは，鉱山製鉄労働者連合（Federación Nacional de Trabajadores Mineros y Metalúrgicos del Perú）の出身で，同連盟は統一マリアテギスタ党（Partido Unificado Mariateguista）という「新左翼」系の政党の影響下にあり，CGTPでは非主流派である。そうしたコルテスに白羽の矢が立ったのは，主流派の幹部が，元公務員の組織化の潜在性を過小評価し，重要視しなかったことが背景にある（Gonzalez 2015; 匿名希望 2015a）。また，コルテスによる組織化が予想外の波及効果をもたらしても，CGTPの幹部を占める主流派は，元公務員の問題として扱うだけで労働者全体の利害に位置づけることはしなかったほか，新たに発生した力学を利用してCGTP全体の活性化や刷新に道筋をつけることもなかった。そして，2014年にコルテスが死去すると，CGTPと新たな組織との関係も途絶えた（Gonzalez 2015; 匿名希望 2015a）。

ペルー共産党統一派の指導者やその系列の労働組合の幹部がCGTPの中枢を握り続け，裾野を拡大しようとしないCGTPの体質は変化していないのである。労働組合の勢力を結集する動きもない。

3．労働組合活動の射程の狭さと世代間の隔絶

　そうしたCGTPの幹部には，1970年代から指導的な立場にあった人々が居座り続けている[27]。この状態は，前出の党派的な偏狭さとともに，世代間の隔絶という問題を引き起こしている。それを典型的に示したのが，2014年末から2015年初めにかけて大きな政治問題となった若年労働基本法である（Gonzalez 2015; Toyama 2015; Sosa 2015）[28]。

　同法は，18歳から24歳の若者を対象に，その雇用機会の拡大を目的としたが，有期雇用が原則で，任意退職金制度，賞与，家族手当，企業利益の分配への参加，有給休暇などの点で，一般の労働関係と比較すると，労働者の権利が制限されていた。端的にいえば，行政府から提起された法案を議会が可決して成立させた若年労働基本法は，「フジモリ政権崩壊以来，初めて可決された，雇用の安定性を緩和する措置」であった（Toyama 2015）。

　そのため，2014年12月半ばに大統領が同法を公布してから，それに反対する若年層の労働者による1万人弱規模のデモが翌年の1月までのあいだに5回にわたり組織される事態となった[29]。そうした反対の声に押され，最終的には同月終わりに議会が若年労働基本法を廃止した。ウマラ大統領も，最終的には同法の廃止に同意した。任期の後半に大統領支持率が不支持率の半分以下に低迷し，政権の権威が失墜している状況では，反対デモの圧力を受ける同法を守り切れなかったのである。

　反対デモを組織した若年労働者の指導者は，若年労働基本法が議会で承認される前に，CGTPをはじめとする労働組合組織幹部にその懸念を伝え，反対に向けた動きに協力するよう求めたものの，明確な回答が得られなかった[30]。そこで，ソーシャルネットワークを通じて，左派系の諸政党や労働組合の青年部門，学生組織，社会活動を目的とするNGOなど，若年労働基本法の影響を受ける若者が活動主体となっている諸組織に対し，若年労働基本法への反対とデモへの協力を呼びかけた。そのような形でデモは組織された。

反対デモに協力したアクターは，ソーシャルネットワークや大学でのつながりに基づく若者による各種団体，左派政党の青年部門，学生連合組織，労働組合の青年部門，地区運動（Las Zonas）と呼ばれた組織体の五つであった。最後の地区運動は，アプラ党に入党したものの旧態依然の幹部支配に幻滅し離脱した若者達が始めた運動で，左派政党と労働組合の青年部門を除くほかのふたつのアクターとともに，若年労働基本法に反対するデモの組織化の中枢となった。つまり，CGTP をはじめとする労働組合は，同法の反対運動には加わったものの，その推進に中心的な役割を果たすことはなかったのである。

　労働組合が若い世代の労働者との関係で直面している課題は，1980年の民政移管以降に直面した問題と同じである。それは，インフォーマルセクターで働き，自らの直接的な個別利害にのみ関心を向ける労働者との関係をどう構築するか，という課題である。問題をいっそう困難にしているのは，現代の若者の非組織的な傾向である。単に，1980年代のようにイデオロギーや政治的立場に関心がないだけではない。自らの直接的な利害に関係するかぎりにおいては，組織的な行動に加わるが，それ以外は関わりをもたないのである。事実，若年労働基本法という「緊急かつ明白な脅威」がなくなってからは，反対運動を推進した勢力が結集する動きは一切観察されていない（Gonzalez 2015; Sosa 2015）。その指導的立場にあった者も，法律が廃止されてからは，2016年の大統領・国会議員選挙に向けての動きを含め，デモを成功させたネットワークを活用して新たな課題や展開に取り組むことはしていないことを認めている（匿名希望 2015b; 匿名希望 2015c; 匿名希望 2015d）[31]。

　インフォーマルセクターの労働者や若者の側に組織化には積極的でない姿勢があるにせよ，労働組合の側から同様の労働問題を抱えているそうした労働者と連携関係を構築し，深めようとする動きがまったくみられない状況にあることにも変化は起きなかった。労働組合活動の射程の狭さという20世紀に観察された課題が，世代間の隔絶という新たな要素が加味されて今世紀にも存在し続けている。

おわりに

　本章は，ポスト新自由主義期と呼べる今世紀のペルーにおける労働組合の状況およびそれの国家との関係を分析した。その作業の前段階として，20世紀における労働組合の展開と国家との関係について概観した。

　先行研究が提示する分析の観点としては労働組合による活動の射程の問題があった。本章は，それに左派系政党と労働組合の関係，ポスト新自由主義の状況という2点を加えることを提起し，20世紀の労働組合のあり方を整理する作業を通じて，ポスト新自由主義状況を除くふたつの観点を分析視角として確認した。整理の作業から，左派系政党と労働組合との関係については，左派勢力内の派閥抗争についても考慮すべきことが判明した。

　三つの観点から分析した今世紀の労働組合の状況は，第1に，ポスト新自由主義という位相は労働組合が一定の活性化を示す機会を提供した。新自由主義路線が継続されたことから左派政権の誕生は労働組合の動向には関係しなかった。影響を与えたのは，フジモリ政権崩壊後に実施された選挙で勝利した中道のトレド政権で，フジモリ政権による諸政策の見直しの一環として，1990年代に解雇された元公務員の職場復帰問題を解決しようとしたことが発端となった。この問題に政府が取り組むなかで，社会一般にあった労働組合に対する否定的なイメージが消えた。そして，解雇に関し，新自由主義改革の前にあった「雇用の絶対的安定性」に実質的に戻る判断を司法が示す事例が観察された。

　だが，そうしたことは，労働組合をめぐる政治力学に変化が生じ始めたことを意味しなかった。それは，第2および第3の観点から指摘できる。第2点めの労働組合と左派系政党との関係については，20世紀を通じて観察された，特定の労働組合や連合組織が左派小政党のひとつに従属してきた状況に変化は起きなかった。元公務員の職場復帰問題をめぐる組織化は，ペルー共産党統一派が主流派を形成するCGTPのコルテスというひとりの指導者が

主導した。ただ，その指導者はCGTP内の非主流派で，CGTP幹部の主流派は職場復帰問題を組織全体にかかわる課題としては扱わなかった。労働組合の内部はもとより，労働組合と左派政党とのあいだの関係に変化が起きることもなかった。

さらに，前の観点と関連し，第3点の労働組合による活動の射程に関しても，従来の状況が大きく変わる方向に第一歩を踏み出すことはなかった。垂直的な政党とのつながりに縛られる一方，自らの利害に関心を向けるのみで，他の労働組合や同様の社会経済的課題に直面する他の社会運動組織との有機的な協力関係を幅広く構築する姿勢も有していない。

また，労働組合幹部の刷新が起こらずその高齢化が進み，世代間の隔絶が発生していることも本章の分析から明らかになった。2014年終わりから2015年初めにかけて起きた若年労働基本法に反対するストをめぐる過程で，労働組合の射程の狭さとともに世代間の隔絶が露呈した。ストは，同法を廃止に追い込んだが，それが何らかの新たな過程や展開あるいは刷新の発端とはならなかった。支持が低迷するウマラ政権下で起きた偶発事にすぎなかった。それは，今世紀に入りペルーで多発している多くの他の社会紛争と同様，一過性で，他の紛争からは孤立した，個別の出来事でしかなかったのである（村上 2015b）。

労働組合に焦点を合わせた本章の分析は，今後，ペルーの国家社会関係が20世紀のあり方とは異なったものとなる可能性が低いことを示している。

〔注〕
(1) 長期ストも再び観察されるようになった。たとえば，国立系医療部門が2014年5〜10月までストを行ったが，同部門の長期ストは1991年以来のことである。なお，労働（組合）関係の基礎統計は，労働省が発表しているが，歴史的に切れ目なく揃っているのは，ここで示したスト数と動員数のみである。労働組合数を含めそれ以外については，統計が存在しない時期がある。とくに，社会が混乱を極めた1980年代から1990年代初めを中心に，欠落している。
(2) 労働組合に関する先行研究が少ないのは，その衰退と並行して，本章第2

節第1項で述べる「新しい社会運動」が活発化し，研究者の関心がそうした運動に集中したためである。先行研究のほとんどは1980年代に公にされており，1990年代には数が減り，今世紀に入ってからは本格的に取り組んだ研究がほぼ皆無である。

(3) 今世紀の労働組合を対象とした唯一の先行研究である Manky（2014）も，アクターに注目する視点から，労働組合が正規労働者の要求にのみ関心を寄せている点を限界として結論づけている。本章は，そうした点を視角のひとつとして分析を進めるものである。

(4) 政党と労働組合の関係については，1980年代に左派政党勢力が労働組合によって刷新されなかったという研究が最近発表された（Gil 2014）。ただ，この研究は政党が主体であり，また，労働運動から左派政党（労働者党）が誕生した1980年代のブラジルとの比較から分析しており，本章の視点とは異なる。

(5) 寡頭支配勢力とポピュリズム勢力のあいだの激しい暴力対立の後，後者の優位のもとで政治が長期（30年以上）にわたり安定した国（コスタリカ，コロンビア，メキシコ，ベネズエラ）では，その動乱が収まった後に実施された選挙で選ばれ任期を全うした最初の大統領の任期開始年を示している。選挙で大統領に当選し任期を全うできたポピュリスト政治家がいる場合（ウルグアイ，エクアドル，グアテマラ，チリ）は，その最初の大統領の任期の開始年である。また，寡頭支配勢力との対立を制したポピュリズム勢力が中期（10年以上30年未満）にわたる統治を行った場合（アルゼンチン，ブラジル，ボリビア）はその開始の年，革命に帰結した場合（キューバ，ニカラグア）はその発生年を拾っている。寡頭支配を支持する独裁政権や軍事政権が長期に続いた場合（ドミニカ共和国，エルサルバドル，ハイチ，パラグアイ）は，それから民政移管した年である。前述のいずれでもない場合（ペルー，パナマ，ホンジュラス）は，農地改革や国有化などを実施した改革主義的な軍事政権が成立した年を示している。

(6) 生活水準指標は，1人当たりの国内総生産，平均寿命，成人識字率の三つの要素から算出されている。工業化，生活水準のいずれも数字は，1969年，1970年，1971年の数値の平均である（Thorp 1998, 162, 357-361）。工業化の境界線は，ラテンアメリカ諸国のなかでは比較的早い時期から工業化が進んだアルゼンチン，ブラジル，チリ，メキシコ，ウルグアイの5カ国（Thorp 1998, 162）とそれ以外の諸国との間にひいている。他方，生活水準指標の境界線は，外れ値のハイチを除いた19カ国の平均値にひいている。

(7) 以下のペルーの国家と社会については，主として，Bourrcaud（1989），Cotler（1978），Palmer（1980），大串（1993），遅野井（1995），村上（2004）に依拠している。

(8) ペルーは，大きく，コスタ（costa——海岸地域），シエラ（sierra——アンデス高地），セルバ（selva——アマゾン地域）の三つの地域に分けられる。コスタは太平洋岸の高度800〜1000メートルまでの地域で，国土の11％を占める。シエラはコスタの東側，アンデス山脈の東斜面の標高1000メートルまでの地域に広がり，国土の32％に当たる。セルバはシエラの東側で，国土の58％の広さをもつ。

(9) 1980年以前は，非識字者に参政権が認められておらず，先住民系や混血が多いシエラに人口の半数以上が集中していた1960年代まででも，有権者は，近代化が進んだコスタに半数以上が居住していた。向都移動（本章第2節参照）により1970年代以降は人口の過半数以上がコスタに集中したことから，識字力の制限がなくなった1980年代以降でも，コスタに過半数以上の有権者が集中する状況が続いている（村上 2004）。

(10) この傾向は，1980年の民政移管前と後で変わっていない。民政移管前の大統領選挙で，自由かつ公平な競争的選挙が実施された限られた事例では，過半数を獲得した当選者はない（当時は相対多数で当選した）。民政移管後は9回の大統領選挙が決選投票制のもとで実施されている（1980, 1985, 1990, 1995, 2000, 2001, 2006, 2011, 2016年）が，第一次投票で当選者が決まったことは2回（1985年と1995年）しかない。

(11) 初期の労働運動については，Portocarrero (1987) も参照。

(12) 本項の労働組合の展開については，注(7)の文献のほか，Collier and Collier (1991), Gil y Grompone (2014), Roxborough (1998), Sulmont (1975), Yepez y Bernedo (1983) に依っている。

(13) 1963年の中ソ対立を契機に，ペルーでも両派の対立が深まり，翌1964年に毛沢東派が分派し，ペルー共産党赤旗派（Partido Comunista del Perú-Bandera Roja）を名乗った。ただ，毛沢東派も一枚岩ではなかった。1969年にはペルー共産党赤い祖国派（Partido Comunista del Perú-Patria Roja）が，1970年にはペルー共産党輝く道派（Partido Comunista del Perú-Sendero Luminoso）が分派した。他方，元祖のペルー共産党統一派からは，毛沢東派のみならず，キューバ革命の影響を受けアプラ党でもペルー共産党でもない「新左翼」として数多くの政党が誕生した。いずれも，ひとりの有力者が中心となっていた点でほかの政党と共通していた。なお，同じ共産党でも，毛沢東派は Partido Comunista del Perú と表記するのに対し，旧ソ連派は Partido Comunista Peruano という名称を使う。

(14) ただし，開発が進んだ鉱山の労働者のあいだには浸透した。

(15) アプラ党でも元祖の共産党（ペルー共産党統一派）でもない「新左翼」系の労働組合については，Portocarrero y Tapia (1992), Vildoso (1992) なども参照。

⒃　本項はおもに，Ballón（1986a; 1986b），Balbi y Gamero（1990），Cameron（1994），Gil（2014），Roberts（1998），Portocarrero y Tapia（1992），Stokes（1995），Vildoso（1992），遅野井（1995），村上（2004）に依拠している。
⒄　1980年代のペルーは，反政府武装集団によるテロという問題にも直面した。反政府武装集団は，1980年に武装闘争を開始した毛沢東主義派のセンデロルミノソ（ペルー共産党輝く道派）と，キューバ型の革命を標榜し，1984年から武装闘争に入ったトゥパクアマル革命運動（Movimiento Revolucionario Túpac Amaru）のふたつである。労働運動を含む社会運動一般について，反政府武装集団の活動が活発化したことを，組織衰退の原因に挙げる研究者がいる。だがそれは決定的ではなかった。ここで指摘したように，同じ制約要因のもとで，組織の増殖が観察された例と衰退した例が存在したからである（村上 2004）。
⒅　統一左翼のなかでは，新左翼系の政党が急進的で，CGTPなどペルー共産党統一派は穏健派，そして，バランテスなどが中道左派に近い穏健派となっていた。
⒆　フジモリ政権期の労働関係をめぐる新自由主義改革については，Balbi（1997），Manky（2011），Verdera（2000），Vidal, Cuadros y Sánchez（2012），小倉（2005）なども参照。
⒇　フジモリ政権による一連の改革は大統領令によって実施された。それまででも，労働組合は1961年，団体交渉は1971年，ストは1917年にそれぞれ発令された大統領令によって法的枠組みが与えられていた。労働に関する基本法を制定することは，長年にわたり，ペルーの労働組合関係者の悲願となっており，その状況は今日まで続いている（Huamán 2015; Toyama 2015）。
㉑　同時に，反政府武装集団の首脳部を逮捕し，その活動を封じ込めることに成功したこともフジモリへの支持を高めた。
㉒　その後，ガルシア政権期の2009年8月に第四次の名簿が承認され，現在までのところ，約3万5000人が戻った。しかし，フジモリ政権期には，正当な理由に基づかない解雇の場合がある一方，政令で規定された奨励金を受け取って勧奨退職した場合も存在する。職場復帰に向けた登録に際しては，正当な理由もなく解雇されたか否かについて一定の手続きに基づいた調査が実施されたわけではないことには注意を要する（Toyama 2015）。
㉓　また，トレド政権では，労働省による労働基準監督がより厳密に行われるという改善もみられた（Toyama 2015）。これも，労働側からすれば「生ぬるいレベル」でしかないとの評価（Huamán 2015）だが，トレド政権によるフジモリ政権期の見直しの現れであった。
㉔　ペルーの最近5年間の世界ランキング（順位が低いほど法的規制が厳しい）とラテンアメリカでの順位（厳しい順）は次のとおり。2014年，130位／3

位，2013年，129位／4位，2012年，107位／10位，2011年，102位／11位，2010年，92位／11位（WEF 2010, 423; 2011, 447; 2012, 470; 2013, 490; 2014, 486）。憲法裁判所の判決については，労働法の専門家のなかには同意しない意見が根強く存在する（Toyama 2015）。また，こうした判決が出た背景のひとつには，当時の憲法裁判所の5人の裁判官のうち，長官を含む3人の裁判官が，フジモリ政権後半に起きた政争に絡んで罷免され，崩壊したフジモリ政権を引き継いだ暫定政権によって復職を果たした経験をもつ者であったことを指摘できる。

(25) 前身は，1990年4月（第一期ガルシア政権時）に設置された労働・社会協調国家協議会（Consejo Nacional de Trabajo y Concertación Social）で，トレド政権期の2002年に現在の名称と組織に改編された（Balbín 2009, 24-25）。

(26) 今世紀に入ってから引き上げられた最低賃金（1カ月）は，2000年3月に410ソル（119ドル），2003年9月に460ソル（132ドル），2006年1月に500ソル（147ドル），2007年10月に530ソル（175ドル），2008年1月に550ソル（186ドル），2010年12月に580ソル（206ドル），2011年2月に600ソル（217ドル），2011年8月に675ソル（246ドル），2012年6月に750ソル（285ドル），2016年5月850ソル（265ドル，現行）である（カッコ内のドル換算表示は，引き上げがあった月の平均為替率で計算したもの）。

(27) これも，労働組合だけの問題ではなく，主要な政党でも，右，左を問わず，1970年代から1980年代に幹部となった人物が各党の中枢に居座り続けている。1990年代以降に出現した政党も，同様の問題を抱えており，政党と並行した問題である（村上 2004; 2015b）。

(28) 同法の正式名称は，若年の労働市場ならびに社会的保護への参入を推進する法（Ley que Promueve el Acceso de Jóvenes al Mercado Laboral y a la Protección Social）であるが，若年労働基本法（Ley de Régimen Laboral Juvenil）と通称され，法の対象となった若い世代は，若者法（Ley "Pulpín"）と揶揄して呼んだ。pulpínという単語は，もともと子ども向け飲料の商標だったものが，「未熟な（者）」を意味する俗語となったものである。

(29) ペルーでは，1万人前後のデモは「大規模」の範疇に属する。

(30) 若年労働基本法に反対する若者による動きについての以下の記述は，インタビュー（Gonzalez 2015; Sosa 2015; 匿名希望 2015b; 匿名希望 2015c; 匿名希望 2015d）に基づいている。また，Dinegro（2015），Fernández（2015）も参照。

(31) 若年労働基本法に反対するストを主導した勢力のうち，左派政党系の一部のグループは，のちに同法を代替する法案を作成した（Gonzalez 2015; Sosa 2015）。しかし，これは，反対ストに参加した勢力全体の提案ではなかった。

〔参考文献〕

＜日本語文献＞
大串和雄 1993.『軍と革命――ペルー軍事政権の研究――』東京大学出版会.
岡田勇 2010.「先住民政治と民主主義――ペルーとボリビアにおける先住民運動――」博士論文 筑波大学.
小倉英敬 2005.「新自由主義的な労働改革がもたらすもの――ペルー・フジモリ政権の経験――」内橋克人・佐野誠編『ラテン・アメリカは警告する――「構造改革」日本の未来――』新評論 149-166.
遅野井茂雄 1995.『現代ペルーとフジモリ政権』アジア経済研究所.
遅野井茂雄・宇佐見耕一編 2008.『21世紀ラテンアメリカの左派政権――虚像と実像――』アジア経済研究所.
清水達也 2008.「成長を最優先するペルー・ガルシア政権」遅野井茂雄・宇佐見耕一編『21世紀ラテンアメリカの左派政権――虚像と実像――』アジア経済研究所 239-271.
村上勇介 2004.『フジモリ時代のペルー――救世主を求める人々，制度化しない政治――』平凡社.
―――― 2013.「ネオリベラリズムと政党――ラテンアメリカの政治変動――」村上勇介・仙石学編『ネオリベラリズムの実践現場――中東欧・ロシアとラテンアメリカ――』京都大学学術出版会 199-231.
―――― 2015a.「ネオリベラリズム後のラテンアメリカ」村上勇介編『21世紀ラテンアメリカの挑戦――ネオリベラリズムによる亀裂を超えて――』京都大学学術出版会 1-20.
―――― 2015b.「ポストネオリベラリズム期ペルーの社会紛争と政治の小党分裂化」村上勇介編『21世紀ラテンアメリカの挑戦――ネオリベラリズムによる亀裂を超えて――』京都大学学術出版会 69-97.

＜スペイン語文献＞
Balbi, Carmen Rosa, y Julio Gamero 1990. "Los trabajadores en los 80: entre la formalidad y la informalidad." In *Movimientos sociales: elementos para una relectura*, edited by Carmen Rosa Balbi et al. Lima: Centro de Estudios y Promoción del Desarrollo (DESCO), 55-109.
Balbín Torres, Edgardo 2009. *Las organizaciones sindicales en el Perú y el Consejo Nacional de Trabajo y Promoción del Empleo (2001-2008)*. Lima: Oficina Internacional del Trabajo.

Ballón, Eduardo, ed. 1986a. *Movimientos sociales y crisis: el caso peruano.* Lima: DESCO.

——— 1986b. *Movimientos sociales y democracia: la fundación de un nuevo orden.* Lima: DESCO.

Bourrcaud, François 1989. *Poder y sociedad en el Perú.* (Ideología y política 6). Lima: Instituto de Estudios Peruanos (IEP) e Instituto Francés de Estudios Andinos.

Burki, Shahid, y Guillermo E. Perry 1998. *La larga marcha: una agenda de reformas para la próxima década en América Latina y el Caribe.* Washington, D.C.: Banco Mundial.

Cotler, Julio 1978. *Clases, estado y nación en el Perú.* (Perú problema 17). Lima: IEP.

Dinegro Martinez, Alejandra 2015. *Pulpines y el trabajo digno: crónica de una lucha victoriosa.* Lima: n.d.

Fernández Maldonado, Enrique 2015. *La rebelión de los pulpines: jóvenes, trabajo y política.* Lima: Otra Mirada.

Gil Piedra, Rodrigo 2014. "Adaptarse es sobrevivir: elementos para entender la caída de la Izquierda Unida peruana en clave comparada." *Revista ciencia política y gobierno* 1(2): 103-127.

Gil Piedra, Rodrigo, y Alvarado Grompone Velásquez 2014. "Sindicalismo y política en el Perú: una breve aproximación en perspectiva comparada." (Documento de Trabajo No.21) Lima: Asociación Civil Politai.

Manky Bonilla, Walter Omar 2011. "El día después del tsunami: notas para comprender a los sindicatos obreros peruanos en las últimas décadas del siglo XX." *Debates en sociología* (36): 107-134.

——— 2014. "Democracia, crecimiento económico y sindicalismo en el Perú del siglo XXI: continuidades y rupturas." *Revista latino-americana de estudos do trabalho* 19(31): 195-228.

Mejía, Carlos 1998. "Trabajadores, sindicatos y nuevas redes de articulación social (Documento de trabajo 88)." Lima: IEP.

MTPE (Ministerio de Trabajo y Promoción del Empleo) 2015. *Anuario estadístico sectorial del MTPE 2014.* Lima: MTPE.

Parodi, Jorge 1985. "La desmovilización del sindicalismo industrial peruano en el segundo Belaundismo." (Documento de trabajo Serie Sociología Política 1) Lima: IEP.

——— 1986. *"Ser obrero es algo relativo....": obreros, clasismo y política.* (Urbanización, Migraciones y Cambios en la Sociedad Peruana 7) Lima: IEP.

——— 1988. "Los sindicatos en la democracia vacía." In *Democracia, sociedad y gobierno en el Perú,* edited by Luis Pásara y Jorge Parodi. Lima: Centro de Estudios de Democracia y Sociedad, 79-124.

Pásara, Luis et al. 1991. *La otra cara de la luna: nuevos actores sociales en el Perú.* Lima:

Centro de Estudios de Democracia y Sociedad.
Portocarrero Maish, Gonzalo, y Rafael Tapia Rojas 1992. *Trabajadores, sindicalismo y política en el Perú de hoy.* Lima: Asociación Laboral para el Desarrollo.
Portocarrero, Julio 1987. *Sindicalismo peruano: primera etapa 1911-1930.* Lima: Editorial Gráfica Labor S.A.
Sulmont, Denis 1975. *El movimiento obrero en el Perú: 1900-1956.* Lima: Pontificie Universidad Católica del Perú.
TC (Tribunal Constitucional) 2002. "EXP. N.° 1124-2001-AA/TC". http://www.tc.gob.pe/jurisprudencia/2002/01124-2001-AA.html（2015年12月1日アクセス）.
Vidal, Álvaro, Fernando Cuadros, y Christian Sánchez 2012. *Flexibilización laboral en el Perú y reformas de la protección social asociadas: un balance tras 20 años.* Santiago de Chile: Comisión Económica para América Latina y el Caribe.
Vildoso Chirinos, Carmen 1992. *Sindicalismo clasista: certezas e incertidumbres.* Lima: Edaprospo.
Verdera, Francisco 2000. "Cambio en el modelo de las relaciones laborales en el Perú 1970-1996 (JCAS Occasional Paper 5)." The Japan Center for Area Studies, National Museum of Ethnology.
Webb, Richard, y Graciela Fernández Baca, ed. 1992, 1996, 2002, 2004-2010, 2014, 2015 [each year] *Perú en números* [each year] Lima: Instituto Cuánto.
Yepez del Castillo, Isabel, y Jorge Bernedo Alvarado 1983. *La sindicalización en el Perú.* Lima: Fundación Friedrich Ebert y Pontificia Universidad Católica del Perú.

＜英語文献＞
Balbi, Carmen Rosa 1997. "Politics and Trade Unions in Peru." In *The Peruvian Labyrinth: Polity, Society, Economy*, edited by Maxwell A. Cameron and Philip Mauceri. University Park: The Pennsylvania State University, 134-151.
Cameron, Maxwell 1994. *Democracy and Authoritarianism in Peru: Political Coalitions and Social Change.* New York: St. Martin's Press.
Collier, Ruth, and David Collier 1991. *Shaping the Political Arena: Critical Junctures, the Labor Movement, and Regime Dynamics in Latin America.* Princeton: Princeton University Press.
Migdal, Joel S. 1988. *Strong Societies and Weak States: State-Society Relations and State Capabilities in the Third World.* Princeton: Princeton University Press.
―――― 2001. *State in Society: Studying How States and Societies Transform and Constitute One Another.* Cambridge: Cambridge University Press.
Palmer, David Scott 1980. *Peru: The Authoritarian Tradition.* New York: Praeger.
Roberts, Kenneth 1998. *Deepening Democracy? The Modern Left and Social Movements*

in Chile and Peru. Stanford: Stanford University Press.
Roxborough, Ian 1998 "Urban Labour Movements in Latin America since 1930." In *Latin America: Politics and Society since 1930*, edited by Leslie Bethell. Cambridge: Cambridge University Press, 219-290.
Stokes, Susan 1995. *Cultures in Conflict: Social Movements and the State in Peru*. Berkeley: University of California Press.
Thorp, Rosemary 1998. *Progress, Poverty and Exclusion: An Economic History of Latin America in the Twentieth Century*. Washington, D.C.: Inter-American Development Bank.
WEF (World Economic Forum) 2010-2014 [each year] *Global Competitive Report* [each year] Geneve: WEF.

＜インタビュー＞
匿名希望　2015a.「2015年12月3日，筆者によるペルー労働総同盟（CGTP）中堅幹部（匿名希望）へのインタビュー」
───── 2015b.「2015年12月8日，筆者による若年層の労働指導者（ペルー共産党紅旗派系，匿名希望）へのインタビュー」
───── 2015c.「2015年12月10日，筆者による若年層の労働指導者（地区運動指導者，匿名希望）へのインタビュー」
───── 2015d.「2015年12月2日，筆者による学生運動指導者（匿名希望）へのインタビュー」
Cotler, Julio 2015.「2015年12月9日，筆者によるペルー問題研究所主任研究員・社会学者 Julio Cotler へのインタビュー」
Gonzales, Efraín 2015.「2015年12月2日，筆者によるペルーカトリカ大学経済学部教授・経済学者 Efraín Gonzales へのインタビュー」
Gonzalez, Raúl 2015.「2015年11月30日，筆者による開発促進研究センター元研究員・社会学者 Raúl Gonzalez へのインタビュー」
Grompone, Romeo 2015.「2015年12月7日，筆者によるペルー問題研究所主任研究員・社会学者 Romeo Grompone へのインタビュー」
Guerra, Hugo 2015.「2015年12月8日，筆者による保守系全国紙『エルコメルシオ』論説委員 Hugo Guerra へのインタビュー」
Huamán, Mario 2015.「2015年12月4日，筆者によるペルー労働総同盟書記長 Mario Huamán へのインタビュー
Sosa, Paolo 2015.「2015年12月14日，筆者によるペルー問題研究所研究助手・社会学者 Paolo Sosa へのインタビュー」
Tanaka, Martín 2015.「2015年12月1日，筆者によるペルーカトリカ大学社会科学部教授・政治学者 Martín Tanaka へのインタビュー」

Toyama, Jorge 2015.「2015年11月27日,筆者によるペルーカトリカ大学法学部教授・労働法弁護士 Jorge Toyama へのインタビュー」

第Ⅱ部
民主主義と市民社会組織

第4章

ベネズエラにおける参加民主主義
――チャベス政権下におけるその制度化と変質――

坂 口　安 紀

　　はじめに

　ベネズエラでは1980年代以降，二大政党制の機能低下や経済危機など政治経済が行き詰まるなか，多くの市民社会組織がボトムアップで生まれ，活発に活動するようになった。既存の政治体制に不信感を募らせた市民社会組織は1990年代を通してさまざまな政治制度改革を提案し，政治リーダーや世論に訴え続けた。既存の政治制度が機能不全に陥る一方で市民社会の政治参加にも十分に道が開けず政治的閉塞感が高まっていたなか，1998年に大統領選挙が実施され，「国民が主人公の参加民主主義」(democracia participativa y protagónica) を掲げ，その実現のために新憲法制定を公約にして立候補したのが，ウーゴ・チャベス（Hugo Chávez Frías）であった。大統領選挙に勝利したチャベスは就任早々新憲法制定の準備を始め，市民社会組織からの意見も多数反映させた新憲法を1999年末に誕生させた。新憲法では，初めて市民社会組織の政治参加が憲法上に規定されるとともに，市民や市民社会組織が政治的意思決定に直接かかわるさまざまな制度が構築された。

　このようにチャベス政権の誕生によって，ボトムアップで醸成されてきた市民社会の政治参加が初めて制度的基盤をもつことになった。しかし一方で

チャベス大統領は，政治領域のみならず市民社会領域においても政府介入を強めていった。政治参加のための資格登録や資金配分の権限を政府が握ることで，政府を支持する市民社会組織に対して恩顧主義的関係を築く一方，反政府派の市民社会組織を政治参加や資金配分から排除していった。自らに権力を集中させ，議会，司法などすべての国家権力に対して絶対的影響力を行使するとともに，政治的多元主義を認めず反チャベス派政治勢力や市民，メディアを抑圧し，人権を侵害するなど権威主義的傾向を強めた。それは新憲法により制度化された市民社会の政治参加の実態を大きく変質させていった。

本章の目的は，チャベス政権下においてベネズエラにおける国家と市民社会組織の関係がどのように変化したのかを考察することである。そしてその変化を規定する要因として，チャベス政権が参加民主主義概念を政権後半期に大きく転換させ，実質的に権威主義的傾向を強めたことを指摘し，それが国家と市民社会組織の関係にどのようなインパクトを与えているのかを考察する。ラテンアメリカに関しては，序章で述べられているとおり，市民社会による政治参加制度は代表制民主主義を補完し，民主主義の質を向上させるという議論が多い。一方，それが必ずしも民主主義を深めることに寄与しないとする懐疑的な研究もある（Cornwall and Schattan Coelho 2007）。また市民社会による政治参加に関する肯定的な議論においては，民主主義の制度や価値観が定着していることがその前提とされている。それに対して序章では先行研究で残された課題として，民主主義が退行している状況下での参加制度の検討を挙げている。本章で取り上げるベネズエラの事例は，民主主義が退行するなかで参加制度の機能や位置づけがどのように変質しているのかという点を示すことになる。

ベネズエラの参加民主主義は1980年代後半頃からその実践がみられたが，なかでも重要なのがボトムアップで設立された近隣組合（organización de vecinos）などのコミュニティ組織であった。その流れを受けてチャベス政権はコミュニティレベルでの住民の政治参加を参加民主主義の中核に据え，その実践の場として地域住民委員会（consejo comunal）やコミューン（comuna）

を制度化した。そのため本章では，多様な市民社会組織のなかでも，チャベス政権がもっとも重視したそれらのコミュニティ組織に注目して議論を進める。

　本章の構成は以下のとおりである。第1節では，本論に入る前に，市民社会の政治参加と民主主義の関係性に関する議論を整理する。第2節では，チャベス政権誕生以前の1980年代末から1990年代にかけて，ボトムアップで展開した参加民主主義の経験について概説する。第3節では，コミュニティベースの参加民主主義の制度化とその実践が，チャベス政権下での民主主義概念の変質と権威主義化によってどのように変容していったかについて議論する。

第1節　市民社会と民主主義概念の整理

　欧米先進国および日本において，近代民主主義とは選挙を通じて主権を行使する代表制民主主義が前提とされている。しかし欧米においても1970年代頃から社会が多様化するなかで少数派の意見や政治社会的差異を十分に反映できていないといった批判が高まり，新たな政治参加のかたちを模索する動きが生まれた。一方，1980年代に権威主義体制から民主化したラテンアメリカ諸国においては，選挙の実施とそれによる政権交代という代表制民主主義の原則を満たしながらも，民主的とはいえない政治社会的状況が広く観察され，「民主主義の質」を問う議論やハイブリッド体制論，競争的権威主義論などが生まれた（Collier and Levitsky 1997; Levitsky and Way 2002; Levine y Molina 2007）。それらでは，選挙の実施のみが民主主義の深化を担保しないという認識が共有されている。レビンとモリナは，民主主義の質を高めるためには，選挙に加えて公開市民フォーラムやさまざまな局面における市民社会の政治参加が重要であると述べる（Levine y Molina 2007, 26）。

　このように，民主主義の深化のためには，選挙を超えて新たに市民の政治

参加, 包摂といった要素が必要との議論が広まった (Cornwall and Schattan Coelho 2007, x-xviii)。一方, 南欧, インド, ブラジルなどの参加民主主義について分析するアブリッツァーらは, 植民地支配から独立, あるいは権威主義体制から民主化した国々では, 新しいアクターの包摂, 社会文化的アイデンティティと民主主義概念の再定義が起こり, そのなかで多様な参加民主主義の模索が行われたと述べる (Avritzer and de Sousa Santos 2003, 12)。これらの結果, 20世紀末には, 先進国, 途上国双方において, 選挙以外の場で市民が政治参加するさまざまな制度構築が試みられてきた。ラテンアメリカではブラジルのポルト・アレグレ市で始まった参加型予算, 国家レベルでの政策議論に市民社会組織の代表が参加する各種審議会などが有名である。同様の取組みはラテンアメリカ各国でもみられ, 参加民主主義の概念や実践に関する研究も多く発表されている (Avritzer 2002; 2009; Cornwall and Schattan Coelho 2007; López Maya 2007a; 2007b; Goldfrank 2007)。

とはいえ, 参加民主主義にも有権者のかかわり方や権限の範囲などによりさまざまな形態や概念があり, 一般化された明確な定義はない。コーンウォールとコエリョは, 市民社会の統治へのかかわり方として, おもに以下三つを挙げる (Cornwall and Schattan Coelho 2007)。ひとつは自律的で国家に対する対抗勢力としての市民社会である。政権交代をめざす反政府的行動に加え, 政府に対して効率性, 透明性, 公平性を求めるなどアカウンタビリティを高める活動も含まれる。ふたつめと三つめは, 国家に対抗するのではなく協働するかかわり方である。ひとつは市民が政治的意思決定に直接参画する「協働統治」(co-governance), もうひとつは, 意思決定への調節的参加ではなく, 市民による公的議論の質と世論形成を重視するハーバマスの流れをくむ「熟議民主主義」(deliberative democracy) である。これにはブラジルの保健審議会や, オランダなどヨーロッパで広まったコンセンサス会議などが挙げられる (篠原 2004, 169-174; Held 2006, 231-255)。ふたつめと三つめのちがいは, 前者では市民社会が政治的意思決定に直接参加するのに対して, 後者では, それとも市民社会は議論 (熟議) を通じた世論やコンセンサス形成に

参加し,それを反映して議会が意思決定をするという点である。

第2節　ベネズエラにおける参加民主主義の萌芽

　本節では,チャベス政権誕生以前のベネズエラにおいて,参加民主主義の概念と実践がどのように生まれてきたのかについて簡潔に述べておきたい。というのも,チャベスは,チャベス政権誕生以前の政治体制下における政治的閉塞感とそれに対する国民の強い批判を背景に,市民がより多様なかたちで政治参加する「国民が主人公の参加民主主義」をスローガンに掲げて大統領選に勝利し,政権についたからである。

1. プントフィホ体制の崩壊

　1980年代末までの約30年間,ベネズエラでは二大政党制とコーポラティズム体制が絡み合った強固な統治システムが維持されていた。1958年に長期軍政から民政移管した際に,民主体制の安定維持のために政党間および政労使間で結ばれた密約が基盤となってつくられたこの体制は,プントフィホ体制 (Punto Fijo) と呼ばれる。二大政党に加えて,市民社会側からはベネズエラ労働総同盟 (Confederación de Trabajadores de Venezuela: CTV) と経団連 (Fedecámaras) というふたつの強力な利益代表団体が,政治的意思決定および石油収入の分配へのアクセスを排他的に支配していた[1]。

　この体制は高度に組織化され強固であったがゆえに政治的安定をもたらす一方,都市化,工業化,都市貧困層やインフォーマル部門の拡大といった社会変化に対して柔軟に対応できなかった。社会セクターにおいて政治へのアクセスを有していたのは上記ふたつのコーポラティズム組織に限定され,拡大を続ける都市貧困層やインフォーマル労働者は,自らの利害や政治意思を伝える政治的チャンネルをもたなかった。

一方大統領による州知事任命制に象徴されるように，政治体制は中央集権的で地方の利害が政策に反映されず，中央を向いた地方行政官による行政サービスは非効率で劣悪であった。これは1980年代に対外債務や国際石油価格の下落で財政赤字が拡大して以降，より顕著となった。その結果1980年代後半には地方分権化を求める動きが高まり，後述する大統領委員会（COPRE）での議論を経て1989年に州知事，市長などの住民による直接選挙というかたちで地方分権化が実現した。そして住民により近い地方政府に各種行政権限と予算が委譲されるなか，地方における市民社会の政治参加の試みが生まれていったのである（Salamanca 2004, 99）。

2．参加民主主義の萌芽

　市民社会の政治参加は，1980年代末より国政および地方レベルの双方で生まれた。国政レベルでは政治的閉塞感を打破するために国家改革大統領委員会（Comisión Presidencial para la Reforma del Estado: COPRE, 1984〜1989年）に，市民社会組織，アカデミズム，カトリック教会，経済界，地方代表など多様なセクターが参加し，政治制度改革の広範な議論を行った。その成果として地方分権化が始まったのは上述のとおりである。また，透明でより民意を反映した政治の実現をめざすアドボカシー型NGOの活動が活発化し，法改正に結実する例もあった。たとえば，NGO「私たちは選びたい」（Queremos Elegir）は他の市民社会組織と連携してすべての国会審議を傍聴し，選挙制度改革を求める8万6000人の署名を集めて国会議員に圧力をかけ，1997年に選挙法改正を実現させた（Gómez Calcaño 2009, 34-40）。

　地方レベルでは，経済危機による生活困窮や社会サービスの縮小を自助努力により補完すべくさまざまな住民組織が立ち上がった。貧困地区では，水道や共用通路の整備，学校建設などを住民組織が外部NGOの支援を受けるなどして自助する動きが生まれた。一方中間層以上の居住地域では，コミュニティの防犯や公園整備などを行う近隣組合が活発化した。これらを背景に，

社会運動と連携してきた左派の急進正義党（La Causa Radical）選出の市長らが、市の予算作成に住民やコミュニティ組織の参加を呼びかける試みを始めた。初めての事例は、ボリバル州カロニ市のスコット市政（Clemente Scott）下の参加型予算の試みである（García Guadilla y González 2000）。その経験は、1992年にカラカス首都区リベルタドール市長に就任した同党のイストゥーリス（Aristóbulo Istúriz）に引き継がれた。イストゥーリス市長のもと首都の貧困地区を中心に参加型予算および水道作業部会（Mesa Técnica de Agua）が広がった（López Maya 2007a, 448）。水道作業部会とは、水道敷設やその維持管理、サービス向上について、水道公社や所轄の役人とともに住民が議論に参加するものである。「作業部会」はその後、都市貧困層の住宅不足やスラム地域の土地整備などについて住民が議論し解決策を模索する都市部土地作業部会、電力サービス作業部会など、さまざまな問題の解決枠組みとして広がった。イストゥーリス市政のもと住民参加の仕組みを試行した急進正義党メンバーの多くは、のちに閣僚や上級官僚としてチャベス政権に参画し、参加民主主義のアイデアやノウハウを政権に持ち込んだ（López Maya 2007a）。

第3節　チャベス政権下のコミュニティベースの参加民主主義の実態とその変質

　前節でみたように、1980年代後半〜1990年代にベネズエラでは市民社会によるボトムアップの政治参加の試みが広がるとともに、地方政府においてそれを政策や予算作成に反映させる取組みも生まれた。本節ではチャベス政権下での参加民主主義の実態とその変質についてみていくが、なかでも近隣組合や地域住民委員会（後述）などのコミュニティ組織に焦点を当てる。そして、チャベス政権期後半において参加民主主義の概念が変質するとともに、政権が権威主義化したことでそれらのコミュニティ組織と国家の関係がどのように変化したのかについて考察を進める。

1．市民社会の政治参加と民主主義

　近年ラテンアメリカ政治に関して，民主主義のあり方を国家・市民社会関係に注目して分析する研究が出ている（序章を参照）。フリードマンとホックステトラーは，国家と市民社会のどちらが政治アクターとして支配的であるかという点と，市民社会の政治参加がどれほど制度化されているかという点によって「民主主義の質」が規定され，それによって代表制民主主義の四つの類型（表4-1）が説明できるとする（Friedman and Hochstetler 2002）。

　国家・市民社会関係において国家の影響力が相対的に小さく，また市民社会の政治参加が制度化されていない場合，代表制民主主義は異なる政治利害間の単なる衝突，または恩恵と引き換えに政治リーダーを支持する恩顧主義に陥る（敵対的民主主義［adversarial democracy］）。同様に市民社会の政治参加が制度化されていない状況でも，国家が社会に対して支配的である場合，それは「委任型民主主義」（delegative democracy）となる。すなわち大統領が社会の諸セクターの利害を代表する利害グループや政党，そして議会さえも無視して一方的に統治する状態である。一方，市民社会組織の政治参加が高度に制度化され，また国家が社会に対して支配的である場合，国家は市民社会組織を抱きこもうとする，あるいは自律的な市民社会組織を排除しようとする。これが国家コーポラティズムに顕著にみられる「包摂民主主義」（coop-

表4-1　代表制民主主義の類型

		市民社会の政治参加の組織化の程度	
		低	高
支配的アクター	社会	敵対的 (adversarial) 民主主義 （多元主義）	熟議 (deliberative) 民主主義 （社会コーポラティズム）
	国家	委任型 (delegative) 民主主義 （ポピュリズム）	包摂 (cooptive) 民主主義 （国家コーポラティズム）

（出所）　Friedman and Hochstetler (2002, 22, Table1).

tive democracy）である。最後に，社会が国家に対して影響力をもち，その政治参加が制度化されている代表制民主主義は，「熟議民主主義」(deliberative democracy）と呼ばれる。市民社会が政治的議論を深める参加制度が構築され，そこで形成された世論を反映したかたちで国民の代表者として選出された大統領や議会が意思決定をする。以下では，これら四つの代表制民主主義の類型を念頭に，ベネズエラの国家と市民社会組織の関係の変容について議論を進める。

　この点についてブリセニョは，チャベス政権下において参加民主主義概念が変容し，それが市民社会組織の政治参加に影響を与えたと論じる（ブリセニョ 2016）。ブリセニョによると，チャベス政権では市民による政治参加の理念と実践は，代表制民主主義から直接民主主義（国民投票や不信任投票の導入），参加民主主義（選挙や投票のみならず，さまざまな政治的意思決定に主権者たる国民が参加する）へと広がったが，その後さらに変質し，2007年以降「大衆民主主義」(democracia popular)[2]の理念が導入され，第6の国家権力[3]として「大衆権力」(poder popular，後述）が設立された。大衆民主主義は国民が「自主管理」によって意思決定するモデルであり，少数の代表者に国家権力の行使を委任するのではなく，国民がコミュニティ組織において自ら行使する。すなわち大衆民主主義では主権者と統治者は分離せず，代表者を選ばないため，大衆民主主義は理念上代表制民主主義とは共存できない。これは，直接民主主義や参加民主主義が代表制民主主義と共存しそれを補完するのとは大きく異なる。また，大衆民主主義では理念上住民がコミュニティ組織を通して自らを統治するため，国家と社会の区別もなくなる。

　大衆民主主義モデルは2007年の憲法改正案で初めて提示された。同改憲案は国民投票で否決されたため憲法上は規定されていないが，後述するようにチャベス大統領の強い政治意思により，国民投票で否決された内容が2010年に大衆権力に関する複数の法律によって制度化された。一方コミューンは全国でもまだ少数しか設立されておらず，それを超えたより広域あるいは国レベルでの組織は存在せず，大衆民主主義は理念にとどまる。とはいえ，チャ

ベス政権前期に誕生した地域住民委員会がチャベス政権後期には政権によって一方的に大衆民主主義モデルの担い手として位置づけられたため，理念の転換はその後の参加のあり方に大きなインパクトを与えた。以下では，その変容について，順を追って考察を進める。

2．チャベス政権前期――参加民主主義の制度化――

(1) 1999年憲法

　チャベス大統領は，「国民が主人公の参加民主主義」を実現するため公約として新憲法制定を掲げ，就任早々取り組んだ。新憲法制定にあたっては，市民社会組織から制憲議会に対して624の提案が出され，その半数以上が新憲法に盛り込まれた（Ellner 2008, 51）。その結果1999年憲法では市民社会の責任と権利は拡大され，国家とともに国家の安全に関する責任を負う公的権力への参加主体として規定されるに至った。第326条は，「独立，民主主義，公正，平和，自由，裁判，結束，環境保全，人権尊重の原則を守り，国全体の持続可能で生産的な開発の上に国家の安全を守るのは，<u>国家と市民社会のあいだの共通の責任</u>である。<u>国家と市民社会は</u>，経済領域，社会領域，政治領域，文化領域，地理領域，環境領域および軍事領域において，<u>責任を共有する</u>」（下線は筆者）と規定する。この考えに基づき，新憲法では国政，地方行政双方において市民社会組織の参加が制度化された。国政レベルでは，国家選挙管理委員会（Consejo Nacional Electoral: CNE）のメンバー5人のうち3人は市民社会組織から選出されること（第296条），最高裁および市民権力（オンブズマン，検察庁，会計検査院からなる）メンバーの選出において設置される候補者評価委員会は多様な社会セクターの代表から構成されること（第270条，第279条），国会が地方行政にかかる法律を立案するにあたっては，州議会とともに市民社会にも助言を求めること（第206条），などが規定された。

　一方市行政においては，政策の決定・実行・監査・評価に参加することを明記した第168条を受け，第182条では公共政策市評議会（Consejo Local de

Planificación Pública: CLPP）を設立し，市長，市議会議員，地区評議会委員とともに，近隣組合やその他の市民社会組織の代表が参加すると規定された。さらには第184条では，州・市政府が，保健医療，教育，住宅，スポーツ，文化，インフラ整備などの公共サービスの権限をコミュニティや近隣組合などに委譲していくことが規定された。これらは，1990年代に急進正義党市政のもとで生まれた参加型予算や水道作業部会などの経験が反映されたものであり，1999年憲法は，1990年代に積み重ねられた参加民主主義の議論と実践を憲法上で規定し，制度化するものであったといえる。

(2) 公共政策市評議会（CLPP）を核とした参加民主主義の仕組み

2002年には，憲法でのCLPPに関する条項を受けて，公共政策市評議会法（CLPP法）が制定され，CLPPを核としたローカルレベルでの参加民主主義の制度が設置された。CLPPは市長が委員長を務め，市議会議員，地区評議会委員（consejo parroquial）など行政組織メンバーととともに，地域の近隣組合やコミュニティ組織，NGO，先住民コミュニティなどの代表が参加し，市内のインフラ整備や社会開発，文化活動など，住民の要望によって作成されたプロジェクト案について審議，選択，決定する。またそれら市内の市民社会組織は，CLPPを通じて自らの開発プロジェクトを提案する。それがCLPPの議論で採択されれば，市から予算が配賦される。つまりCLPPは，市政府とともに市民社会組織の代表が，市開発計画（Plan Municipal de Desarrollo）の立案，決定に参加することが，憲法と法律によって保障された初めての制度であるとともに，各コミュニティやNGOが自らのプロジェクトを策定し，市からの予算によってそれを実現することも可能にする仕組みである。CLPPは市の管轄であり，その運営をサポートする事務局（sala técnica）が市政府の下に設置された[4]。この制度に参加する市民社会組織（のちに地域住民委員会も）は，市のCLPPに登録し，市から予算が配賦される。とはいえ，現実にはCLPPの設置が進み機能している市は限定的で，近隣組合やコミュニティ組織の活動が活発な市や，参加型予算の取組みに積極的な市

長がいる市において先行していた。

2002年CLPP法では，近隣組合をはじめコミュニティ内に自発的に組織化された多様な市民社会組織の参加が想定されていた。それに対してつぎに述べる地域住民委員会は，CLPPとは異なり憲法上は規定されておらず，法的根拠となる法律も2002年時点ではまだ存在していなかった。

3．チャベス政権後期――参加民主主義制度の変質――

当初CLPPを核として憲法および法律で制度化された参加民主主義制度は，その後度重なる関連法の改正によって大きく変質した。その方向性が初めて示されたのが2006年制定の地域住民委員会法および2007年にチャベス大統領が提案した憲法改正案である。改憲案では初めて国是として社会主義を掲げるとともに，政治参加する市民を「大衆権力」として国家権力のひとつに位置づけた。同改憲案は国民投票によって否決されたが，チャベス大統領は，チャベス派が過半数を支配する国会および大統領に一時的に立法権が付与される大統領授権法（Ley Habilitante）を使って，国民投票で否決された改憲案の内容を，2010年以降法律レベルで次々と実現させていった。

(1) CLPPから地域住民委員会へ

その第一歩が，2006年の地域住民委員会の法制化である。地域住民委員会はCLPPとは異なり憲法上の規定がないものの，2002年のCLPP法で言及されて以降，法的根拠が存在しないままチャベス大統領の呼びかけに呼応して多くが設立された。2006年の地域住民委員会法は，それを後追いするかたちで法制化されたものである。2006年の地域住民委員会法制定までに1008の地域住民委員会が登録され，2006年以降2014年までに4万以上が登録されている（坂口 2016, 巻末資料 10）。

地域住民委員会は，社会的・文化的・経済的・歴史的要素を考慮して住民総会が決めた地理的範囲において，都市部では150～400世帯，農村部では20

世帯以上，先住民コミュニティでは10世帯以上を基準に形成される。同委員会の設立をめざす住民は，まず住民リスト（censo）を作成し，それをもとに住民総会を開催し，地域住民委員会の設立承認と，「書記」（vocero）と呼ばれる執行委員を選出しなければならない。設立が承認されるとCLPPに登録し，参加資格を得る。地域住民委員会は，コミュニティ内の問題について住民同士で話し合って解決するとともに，近隣組合と同様にインフラ整備や社会文化活動など住民のニーズをくみ上げ，プロジェクトを作成し，CLPPに提案する。CLPPの議論でプロジェクト提案が採択されれば資金が拠出されてプロジェクト実施となる。また近隣組合など市内のコミュニティ組織同様，地域住民委員会もCLPPに対してメンバーを送ることができる。すなわち，自らのプロジェクトを作成，提案するのみならず，その代表がCLPPに参加し，市の開発予算の策定に関する議論と決定に加わることができる。

　2006年までは地域住民委員会は，近隣組合など他の多様な市民社会組織と同じく，CLPP法が規定する参加型予算に参加するコミュニティ組織のひとつという位置づけであった。しかしチャベス大統領は2006年頃からCLPPと地域住民委員会を軸とした参加民主主義のあり方の変更を模索し始め，CLPPを軸にコミュニティ内の多様かつ自律的な市民社会組織が参加するとデザインされていた参加民主主義の内容を大きく変質させた。その一歩が2006年の地域住民委員会法そのものであった。

(2) 市から中央へ

　2006年地域住民委員会法は，参加民主主義の管轄を，市から中央政府へと移転した。地域住民委員会は市のCLPPではなく，大統領直轄の大衆権力大統領委員会（Comisión Presidencial del Poder Popular）の管轄としたのである。同大統領委員会は州，市レベルにも下部委員会をおくヒエラルキー構造になっており，制度的にはその市レベルの大統領委員会（Comisión Local Presidencial del Poder Popular: CLPPP）が地域住民委員会を管轄すると規定されている。同委員会はのちに大衆権力参加省として改編された。また地域住民委員会の

登録などの事務の諸手続きは，同大統領委員会（大衆権力参加省）傘下の機関 Fundacomún（のちに Fundacomunal に改名）が担う。

地域住民委員会への資金も，CLPP を通して市から拠出される分が縮小され，その代わりに中央政府から直接配分される分が増えた。それは財務省が管轄する地域住民委員会国家基金（Fondo Nacional de los Consejos Comunales: FNCC）を通し，州，市政府を介さず地域住民委員会に直接配分される。FNCC の理事（長）は閣議において大統領によって任命される。このように地域住民委員会は，その法的根拠（登録）と資金の両面で，大統領に直結する組織の管轄となった。一方で，それまで参加民主主義のおもな舞台であった市に設置された CLPP がその役割を縮小させた。

(3) 地域住民委員会以外の市民社会組織の排除

第3に，以前は多様な市民社会組織に開かれていた政治参加が地域住民委員会に限定されるようになり，近隣組合をはじめそれ以外の多様な市民社会組織が参加民主主義の枠組みから排除されるようになった。水道作業部会や都市部土地作業部会など，1990年代より貧困地区で広がった住民組織も，地域住民委員会内部に分科会が設定され，それに吸収されることとなった。また，従来多様なコミュニティ組織の代表が参加して市のコミュニティ開発予算を決定していた CLPP は形骸化し，中央政府傘下の Fundacomunal の地方支部が地域住民委員会への予算配分を決定し，入金するようになっていった。またコミュニティの政治参加は，地域住民委員会内部およびその代表が参加するコミューンにおいて行われるとされた。

一般の市民社会組織は，同一地域において複数の組織が活動することが可能である。しかし地域住民委員会については，特定地域にひとつしか設立することが法律上認められていない。そのため，あるグループが地域住民委員会を設立すると，それとは異なる政治志向や目的をもつ住民グループが同コミュニティ内に別の地域住民委員会をつくることはできない。CLPP のもと多様な市民社会組織が参加する制度と異なり，地域住民委員会のみに政治参

加が限られ，しかもそれが地域にひとつしか設立が認められていないことで，唯一の「参加権」をめぐる「陣取り」(ocupar el espacio)[5]が起こる。すなわち他のグループが自らのコミュニティを支配しないため，また自らの政治参加の権利を守るために地域住民委員会を設立しようという動機が生まれるのである。

(4) イデオロギー化

　2007年以降チャベス政権は，政治参加を社会主義建設のため，かつそれに限定することを明確に打ち出した。2007年にチャベス大統領および議会が提案した憲法改正案は国民投票によって否決されたが，その内容についてチャベス政権はその後複数の法律によって着々と制度化を進めた。なかでも重要なのが，国是として社会主義国家の建設を打ち立てたことと，それを実現するためのコミューン国家ビジョン，およびそれを推進するための六つめの国家権力としての大衆権力の設置である。

　大衆権力は，ローカルレベルの単位組織であるコミューンにおける大衆の自主管理によって実践される。コミューンは複数の地域住民委員会の代表が集まって形成される。またコミューンの代表がさらに集まってコミューン市（Ciudad Comunal），コミューン連邦（Federación Comunal），コミューン国家（Estado Comunal）と上位組織を形成する。そして地域住民委員会，コミューンをはじめとするこれらの制度は社会主義を建設するための組織であることが，2009年改正の地域住民委員会組織法および大衆権力に関する2010年成立の諸法に明記された。これにより，社会主義に賛同しない市民や市民社会組織は地域住民委員会を設立できないことになる。地域住民委員会を設立できないと，それ以外の形態の組織（たとえば近隣組合）では参加および予算配賦から排除されるが，社会主義を受け入れない住民やコミュニティはそもそも地域住民委員会をつくることができないため，参加や予算配賦から完全に排除される。

　このようなチャベス政権のコミューン国家ビジョンは，1871年パリにおい

て労働者階級が政府を打倒し自主管理組織をつくったパリ・コミューンに関するマルクスの考察の影響を受けたものであると思われる。マルクスによると[6]，コミューンは街区の代表（労働者）から形成され，ルールの決定と執行の両方を行う自主管理組織である。それを発展させれば街区のコミューンはより大きい単位に代表を出し（市，地方など），それらがさらに国レベルの代表を出すという，ピラミッド構造をつくることが可能である。そこでは統治者と非統治者の区別はなくなり，市民（労働者）が統治するため，「市民による政治参加」はアプリオリのものとなる。

代表制民主主義を補完し，それを深めることが期待されてボトムアップで広がったベネズエラの参加民主主義制度は，チャベス政権後期には明らかにマルクスのモデルをなぞる社会主義国家実現のための組織へと変質し，市民社会の多元主義的政治参加は否定された。

4．コミュニティ組織への参加の実態

(1) 各種調査より

つぎに，大学やNGOの調査データをもとにコミュニティ組織，とくに地域住民委員会への住民の参加状況を確認しておこう。セントロ・グミジャとカトリカ・アンドレス・ベジョ大学の調査によると，約9割の回答者が自身が居住するコミュニティになんらかの市民参加組織が存在すると答えている（表4-2）。なかでも地域住民委員会や近隣組合については，6〜7割の住民が自分のコミュニティに存在すると答えており，これらふたつの組織がベネズエラ人の居住空間における市民社会組織としてはかなりプレゼンスが高いものであることが確認できる。

地域住民委員会はチャベス大統領が2002年頃から設立を呼びかけたため，チャベス派住民が多い貧困地区において数多く誕生した。法制化される前の4年間にすでに全国で約1000の地域住民委員会が設立されていたが，2006年の地域住民委員会法の成立以降その数は飛躍的に増え，2006〜2014年には全

表4-2　居住コミュニティに存在する組織

市民参加組織	88%	地域住民委員会	68.0%
		近隣組合	57.0%
		市民総会	21.0%
		作業部会（mesa técnica）	17.1%
宗教組織	65%	カトリック	57.0%
		プロテスタント	48.0%
社会・コミュニティ	65%	コミュニティ教育	53.0%
		スポーツ	32.0%
		子ども関連活動	28.4%
経済		協同組合	32.0%

（出所）　España y Ponce（2008, 215 Cuadro 7）より抜粋。

国で4万以上の地域住民委員会が登録され，2016年1月には，コミューン・社会運動大衆権力省のトレド副大臣（Alexis Toledo）が4万6000の地域住民委員会が存在すると発表している。なおトレド副大臣は，コミューンについては931存在すると発表している（*Correo del Orinoco*, 22 de enero, 2016）。とはいえ，ベネズエラ中央大学開発研究所（UCV-CENDES）が2011年に実施した調査では，地域住民委員会の多くが解散，消滅または機能を停止していることが示されている（ブリセニョ 2016）。筆者のインタビューにおいても，いったん登録された地域住民委員会が解散や機能停止，または再登録していないことが指摘されていた（注5参照）。これらから，実際に活動している地域住民委員会の数は，政府発表の数字よりも少ないことが推測される。

つぎに地域住民委員会の活動への参加状況についてみてみよう。LAPOPによると，地域住民委員会に「月1回以上参加した人」の割合は2007年の27.8％から2012年には19.0％に低下，一方「年に1，2回参加する」「1回も参加しない」と回答した人は，それぞれ同時期に7.7％から10.2％，64.6％から70.8％に拡大している（ブリセニョ 2016）。先述のUCV-CENDESの調査でも，地域住民委員会の91％が，「住民の参加が大幅に低下した」と回答しており，その理由として，「時間がない（29％）」に続き，「地域住民委員会の

表4-3 地域住民委員会が実施しているプロジェクト
(％)

住宅の建設・改修	27
道路舗装・改修	13
スポーツグラウンドの整備	7
河川修理・管理	7
街灯整備・電力敷設	5
上水道整備・配水車	5
政府の食料支援プロジェクト（Mercal Pdval）	4
不明	37

(出所) Machado (2009a, 25).
(注) 「あなたのコミュニティで地域住民委員会が実施している
プロジェクトは何か」という質問への回答。

政治化」「住民の消極性」（いずれも25％）が挙げられている（ブリセニョ 2016）。地域住民委員会への参加は，その後チャベス大統領の死去と後継マドゥロ政権への支持率低下によって，さらに縮小していることが推測される。

地域住民委員会の主たる活動は，コミュニティ内のインフラ整備である（表4-3）。地域住民委員会の大半は，都市計画街区の外の空き地や山肌に広がる「バリオ」や「ランチョ」と呼ばれる貧困地区に存在する。バリオやランチョはもともと上下水道や電力，街路などの生活インフラがない地域に無計画に簡易住宅がつくられ集積したものである。またカラカス盆地周辺のバリオは急勾配の山肌に集積しており，大雨が降ると土石流で流されることもある。そのためこれらの地域の地域住民委員会では，生活インフラ・環境の整備が最重要課題となっており，それを実行するための資金獲得源として地域住民委員会が利用されている。

(2) コミュニティ組織と政治

チャベス政権下の参加民主主義は，1999年憲法および2002年CLPP法で制度化された時点では，イデオロギー条項もなく，政治的スタンスに関係なく参加できる制度であった。しかし，チャベス大統領が地域住民委員会の設立を強力に呼びかけたこと，またCLPPに代わって地域住民委員会が参加民主

主義の中心に据えられ，2006年地域住民委員会法でそれが大統領直轄の委員会の管轄に移されたことで，地域住民委員会は政治色の強い組織へと変質していった。そして2007年の憲法改正案で地域住民委員会をはじめとする参加制度が社会主義をめざすものであるとの理念が提示されて以降（同案が国民投票で否決されたにもかかわらず），チャベス政権は地域住民委員会をあからさまに政権維持または社会主義国家建設のためのツールとして位置づけるようになった。そしてそれは，2010年の大衆権力にかかる諸法の成立でより顕著になった。

地域住民委員会の登録や活動資金の分配が，大統領直属の組織の管轄となっているため，資金獲得のために地域住民委員会が政府に取り込まれる（"secuestrado"）余地は大きい。一方政府側にも，チャベス政権下では毎年のように数多くの選挙や国民投票が実施されてきたため，地域住民委員会を地域での集票活動に利用する動機が強く存在する。たとえば，2009年チャベス大統領提案の憲法修正案（大統領をはじめとする公職ポスト選挙における再選回数制限撤廃を提案）の是非を問う国民投票に向けての政府の決起集会の場で，地域住民委員会を管轄する参加・社会保護大衆権力省のファリアス大臣（Erika Farías）は，「今後地域住民委員会は『賛成』委員会の役割を担います（筆者注：政府の憲法修正提案に「賛成」）。これは権力組織です。(中略) 賛成委員会はパトロールを行い，チャベス支持者でありながら投票しない者がないよう監視するのです。全員を動員し，組織しなければなりません」と宣言している（Machado 2009b）。

与党ベネズエラ統合社会主義党（Partido Socialista Unido de Venezuela: PSUV）の地方支部は地域住民委員会にも深くかかわっている。インフラ整備の資金を獲得すべく地域住民委員会の設立にあたり必要な住民総会の招集，書類の準備，申請手続きなどのノウハウをもたない住民も少なくない。そこにファシリテーターとして与党の地方支部メンバーがかかわってくる。カラカス・エルアティージョ市内の貧困地区Aにある地域住民委員会の代表は，与党のファシリテーターが委員会設立の手続きをサポートしてくれ，すぐに

Fundacomunal に登録できたと語った。委員会設立後はコミュニティ開発資金が入金され，それを使ってコミュニティ内の共通階段（急な斜面に位置するため）の整備や住宅改修を行ったとのことである。また月に数回与党の地区会合に出席するようになった[7]。

　ベネズエラ中央大学開発研究所（UCV-CENDES）の「ベネズエラの民主主義の質と参加」に関する調査では，地域住民委員会の約9割が与党ベネズエラ統合社会主義党（PSUV）と接触しており，うち49％は「与党と頻繁に接触する」と答えていることからも，同委員会が政治色の強い組織であることがわかる（ブリセニョ 2016）。与党が地域住民委員会に深くかかわっていることは，地域住民委員会の登録や資金配分などを行う役所 Fundacomunal の窓口（"taqulla única" と呼ばれる）が，PSUV 支部の建物のなかや隣にあることからも示唆される（注(5)を参照）。

　与党と地域住民委員会のあいだの関係性は，市民が政党活動に参加する頻度と地域住民委員会に参加する頻度のあいだに明確な相関性がみられることからも示唆される（表4-4）。政党活動に月1回以上参加する住民の73.6％は地域住民委員会活動にも同じ頻度で参加しているが，政党活動に一度も参加したことがない人の75.4％は地域住民委員会の活動にも参加経験がない。またこの表からは，地域住民委員会に月に1回以上参加する人は全体の2割に満たず，8割の人は地域住民委員会の活動にはほとんど参加していないことも示されている。これらから，地域住民委員会の活動メンバーが政党活動（与党 PSUV と考えられる）と密接な関係があることが推測され，それは上述の地域住民委員会リーダーの発言からもうかがえる。

　地域住民委員会や参加民主主義制度全体のイデオロギー化や政治化，与党 PSUV との密接な関係は，一方では社会主義を是としない反チャベス派市民による政治参加の場を奪うことになっている。チャベス政権期の前半では CLPP を軸とした参加民主主義の重要アクターとしてとらえられていた近隣組合や多様なコミュニティ組織は，憲法が定める政治参加の権利を奪われている。

表4-4 政党参加率と地域住民委員会参加率 2012年

(％)

	地域住民委員会参加頻度			
	月1回以上	年1, 2回	一度もない	
回答者全員	19.0	10.2	70.7	100.0
政党活動参加頻度				
月1回以上	73.6	5.7	20.7	100.0
年1, 2回	28.6	35.7	35.7	100.0
一度もない	15.1	9.5	75.4	100.0

(出所) ブリセニョ (2016, 88) より。
(注) 各数字は、政党参加頻度の各グループ（行）それぞれにおける、地域住民委員会の参加頻度（列）ごとの割合であるため、横の合計が100％となる。一方これは、地域住民委員会の参加頻度別グループ（列）それぞれにおける政党参加頻度（行）ごとの割合を示すものではない。

　反チャベス派が大半の中間層以上の居住区域でも、地域住民委員会設立の動きがないわけではない。カラカスでも、反チャベス派が市長を務めるバルータ市、チャカオ市、スクレ市、エルアティージョ市においては、従来から存在する自立的な近隣組合が母体となって地域住民委員会の設立・登録をめざす動きがある。しかし2008年頃からFundacomunalによる政治・イデオロギー的理由による差別的扱いが強まり、地域住民委員会の登録が事実上できない状況になっている。なかにはCLPP中心だった時期には登録が認められていた反チャベス派住民による地域住民委員会が、2年ごとの委員会執行部選挙のたび、あるいは法改正に適応させるために求められる再登録や登録更新の際にそれが認められないケースもある。また2008年頃からは、地域住民委員会を登録するための設立趣意書や綱領もFundacomunalが用意したフォーマットを使うことが義務づけられており、そこに「社会主義建設をめざす」という文言が入っていることも、反チャベス派の地域住民委員会を排除する材料となっている[8]。

　これらの状況から、コミュニティ内の住民総会では設立が承認されているにもかかわらず、当局側からの登録許可が下りないために公的には存在しないことになっている反チャベス派の地域住民委員会が全国に存在する。彼ら

は政治的差別に抗議の声を上げており,「排除された地域住民委員会全国前線」(Frente Nacional de Consejos Comunales Excluidos)を立ち上げ[9],メディアやネットを使って抗議の声を発信するグループや,裁判所に対して訴訟を起こしたグループもある[10]。

結論

　本章では,ベネズエラにおける市民社会組織による政治参加とチャベス政権下におけるその変容について論じてきた。プントフィホ体制下の政治的閉塞感や排除,地方分権化,経済危機による社会サービスの質量ともの低下などを背景に,1980年代末〜1990年代にかけてベネズエラでは政治的閉塞感の打破と民主主義の深化,不足する社会サービスを補完する目的でボトムアップの市民社会組織による政治参加の要求が高まり,さまざまな試みが広がった。チャベス政権は市民社会からのそれらの要求を反映させ,1999年憲法や2002年CLPP法において参加民主主義の制度化を進めた。しかし政権期後半においては,参加民主主義の概念と制度を変質させ,中央政府直轄で,イデオロギー的,政治的に限定された排他的な制度へと転換させていった。これをまとめたのが図4-1である。市民の政治参加は社会主義的組織とされた地域住民委員会やコミューンを基礎としたコミューン国家ビジョンが打ち出され,それ以外の政治参加は排除される。その意味で多様な市民社会組織の政治参加が可能であった以前の参加民主主義制度からは大きな転換であった。
　コミューン国家ビジョンは,地域住民委員会やコミューンにおける自主管理と社会主義国家建設をめざしている。自主管理,すなわち主権者自らが統治するためブリセニョがいうように主権者と統治者が一致し,代表制民主主義とは共存しない。新たに打ち出された大衆民主主義概念は,その意味でも代表制民主主義と共存・補完関係にある参加民主主義とは異質なものである。
　つぎに,フリードマンとホックステトラー (Friedman and Hochstetler 2002)

第4章 ベネズエラにおける参加民主主義　173

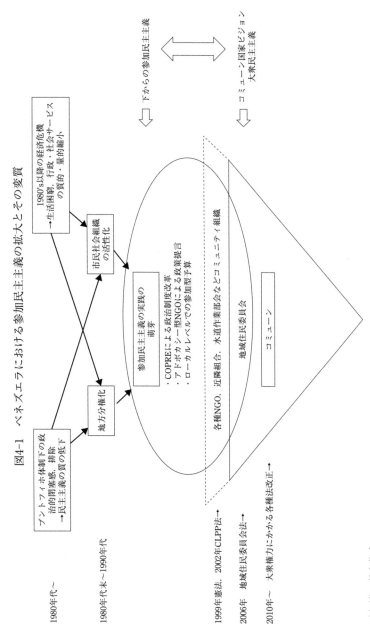

図4-1　ベネズエラにおける参加民主主義の拡大とその変質

(出所) 筆者作成。

の代表制民主主義の類型化（表4-1）に戻って，ベネズエラの参加民主主義の変容を考えてみよう。プントフィホ体制期は，支配的な国家のもと高度に組織化された国家コーポラティズム体制，すなわち包摂民主主義であった。しかし1990年代には有権者による政治不信，二度の軍事クーデター未遂事件など国家の統治能力が低下し，二大政党制とともにコーポラティズム体制も崩壊した。一方新たな政治参加の制度化もされておらず，敵対的民主主義の状況にあったといえる。チャベス政権が誕生すると，参加民主主義の制度化を推進する憲法が制定され，そのもとで市民社会は熟議民主主義への移行を期待したが，チャベス政権は社会に対して国家支配を強めていった。チャベス政権下で参加制度は構築されたものの，登録や予算において政府の強いコントロール下にある。また，チャベス大統領を支持し与党と密接な関係にある地域住民委員会は，コミュニティ開発資金を中央政府から直接受ける一方で選挙や国民投票時に与党の動員ツールとなっている。その意味では実態としては，再び新たな包摂民主主義の方向に移行したとも考えられよう。

　とはいえチャベス政権の性格を民主主義との関連で定義づけるのは単純ではない。第1に，政権運営や社会統治において権威主義化を強めながらも，多くの選挙や国民投票を実施し，それに政権の正統性を依拠しているためである。いわゆるハイブリッド体制であるが，そのなかでも選挙の実施と権威主義的性格のどちらを重視するかによって，フリードマンとホックステトラーのいう包摂民主主義，あるいはレビツキーとウェイ（Levitsky and Way 2002）のいう競争的権威主義のいずれの定義づけも可能であろう。

　第2に，チャベス政権の民主主義の理念と実践が乖離しているためである。上述したように，2007年以降チャベス政権は，理念上は参加民主主義から転換して代表制民主主義とは共存し得ない大衆民主主義を掲げていた。しかし現実にはチャベス政権によって代表制民主主義は否定されないどころか，チャベス大統領は自身の正当性を選挙による国民の支持に拠っていたのである。

　理念と実践の乖離は，憲法と実態の乖離にもあらわれている。2007年にチャベス政権が提案した憲法改正案が国民投票で否決されたため，現行憲法は

チャベス政権初年（1999年）に制定された憲法である。同憲法は，市民社会の政治参加の拡大と制度化を規定しながら代表制民主主義の原則を明確に打ち出しており，表4-1に従えば，理念上は熟議民主主義を志向していると考えられる。しかしチャベス大統領は，社会主義化や大衆民主主義という新しい理念へと転換するために，その憲法をさらに変更しようとして，失敗した。その後チャベス大統領は社会主義化と大衆民主主義の導入を法律レベルで推進しようとしたため，憲法と新たに導入された制度のあいだの乖離が著しい。チャベス政権期後半に政府によって実質上国是とされた社会主義，その最重要の担い手として位置づけられた地域住民委員会やコミューンは，いずれも憲法上の規定がまったく存在しないのである。

　第3に，ローカルレベルでの実践において，参加に包摂されたチャベス派コミュニティと排除された反チャベス派コミュニティの実態が正反対であるため，国内においてチャベス政権に対する民主主義観点からの評価が真っ向から対立してきた。反チャベス派コミュニティが政治参加から完全に排除されてきたことについては上述してきたが，一方で貧困地区に広がる地域住民委員会に関しては，配賦された予算でコミュニティ内のインフラ整備や社会サービスが改善し，貧困住民の生活水準改善に寄与してきたなど肯定的に評価する声ももちろんある。また地域住民委員会レベルにおいて，コミュニティ住民が組織化や住民ニーズの把握，問題解決，コミュニティ内の議論やコンセンサス形成，プロジェクトの作成や実施といった経験を積むことがエンパワメントとなり，コミュニティ内の社会開発資本の醸成につながるとして，民主主義を強化すると評価する研究もある（野口 2014）。

　コミューン国家ビジョンのもとでの大衆民主主義理念は，マルクスがパリ・コミューンの経験をもとに考察したビジョンと似ており，チャベス大統領がそれをモデルに社会主義国家の建設を構想していたと考えるのは，さほど的外れではないであろう。チャベス政権の大衆民主主義と，政治的多様性および市民による自由な政治参加の拡大を求める反政府派市民社会の参加民主主義（熟議民主主義）の理念対立は，20世紀の東側の人民民主主義と西側

の自由民主主義のあいだの古い対立の構図が，世紀を越えてベネズエラ国内にふたたび立ち現れたようにもうつる。

〔注〕
(1) これらふたつの利益団体は，経済政策を審議する歴代の大統領諮問委員会，中央銀行，国営企業にも組織ポストが割り振られており，経済政策にかかる意思決定へのアクセスが制度化されていた（Crisp 2000; Monaldi et al. 2006）。
(2) "democracia popular", "poder popular" をキューバ，中国，ソ連では「人民民主主義」「人民権力」と訳すが，本章では意図的にそれと区別するために「大衆民主主義」「大衆権力」と訳す。それは，一党独裁体制の有無，またそれらの国の「人民民主主義」の実践が現実には全体主義であるのに対してベネズエラの実態はそうではないなど，重要なちがいがあるためである。
(3) 1999年憲法が定める国家権力は，立法権，行政権，司法権に加え，選挙権力（国家選挙管理委員会），市民権力（検察庁，会計検査院，市民オンブズマンからなる）の五つ。
(4) 以下 CLPP や地域住民委員会，近隣組合に関する情報は，諸文献のほかカラカス首都圏内バルータ市の CLPP 事務局，スクレ市の CLPP メンバー，スクレ市職員，カラカス首都圏庁のコミュニティ組織担当官，バルータ市，スクレ市，チャカオ市内の地域住民委員会，地域住民委員会の設立準備をしているグループ，近隣組合，コミュニティ組織のそれぞれメンバーへの筆者インタビューより（2011年5〜6月，2013年6月，カラカス，政治的理由により匿名インタビュー）。
(5) カラカス首都圏内バルータ市内の，ある中間層コミュニティの近隣組合のリーダーの言葉。彼女はカラカス首都圏の反チャベス派コミュニティ組織とも連携し，反チャベス派コミュニティにおける地域住民委員会の設立運動をしている（2011年6月，カラカス，筆者インタビュー）。
(6) Held（2006, 114-115）による Marx の"Civil War"に関する解説。
(7) カラカス首都圏内エルアティージョ市内の貧困地区にある地域住民委員会代表への筆者インタビューより（2011年6月，カラカス）。
(8) 筆者がインタビューした反チャベス派コミュニティリーダーらは，独自に作成した設立趣意書や綱領，そして Fundacomunal のフォーマットから「社会主義建設」という文言を削除したものなどを数年にわたり頻繁に Fundacomunal に提出してきたが，登録が認められなかった。登録が認められない理由として，「担当者が不在」「テクニカルな問題（社会主義建設という文言を削除するなどフォーマットが修正されている）」などといわれることが多いが，なかには「大統領の指示により認められない」と明示的にいわれたケースもあ

る。またチャベス政権下では，2004年の大統領不信任投票の実施を求める署名リストが国家選挙管理委員会からチャベス派国会議員によって持ち出されインターネットで流布された（「タスコン・リスト」［Lista Tascón］と呼ばれる）。同リストは，チャベス大統領に対する不信任投票を求める署名をした市民を特定し，政治・経済・社会的に差別する道具に使われていることは，政権も認めている。地域住民委員会の登録が数年にわたり拒否されている反チャベス派市民グループは，Fundacomunal によって同リストに照合されているとの懸念を共有している（注5，2011年5～6月，カラカス，反チャベス派の近隣組合リーダーや地域住民委員会設置をめざすグループ，CLPP メンバーらとの筆者インタビュー）。

(9) 彼らのブログサイトは http://consejoscomunalesexcluidos.blogspot.com.
(10) 注5のカラカス・バルータ市内の近隣組合の代表へのインタビュー。反チャベス派地域住民委員会設立のために運動しているが，Fundacomunal が長年にわたって登録しないことについて，訴訟を起こした（2013年6月，カラカス，筆者インタビュー）。

〔参考文献〕

<日本語文献>
坂口安紀編　2016.『チャベス政権下のベネズエラ』アジア経済研究所.
篠原　一　2004.『市民の政治学――討議デモクラシーとは何か――』岩波書店.
野口　茂　2014.「ベネズエラの都市貧困コミュニティ――地域住民委員会による上からの創造――」石黒馨・初谷譲次編『創造するコミュニティ――ラテンアメリカの社会関係資本――』晃洋書房　91-115.
ブリセニョ，エクトル　2016.「民主主義と政治参加の変容」坂口安紀編『チャベス政権下のベネズエラ』アジア経済研究所　61-94.

<外国語文献>
Avritzer, Leonardo 2002. *Democracy and the Public Space in Latin America.* Princeton: Princeton University Press.
――― 2009. *Participatory Institutions in Democratic Brazil.* Baltimore: Johns Hopkins University Press.
Avritzer, Leonardo and Boaventura de Sousa Santos 2003. "Towards Widening the Democratic Canon." *Eurozine,* November, 3, http://www.eurozine.com/pdf/2003-11-03-santos-en.pdf（2012.1.18アクセス）.

Collier, David, and Steven Levitsky 1997. "Democracy with Adjectives: Conceptual Innovation in Comparative Research." *World Politics* 49(3) April: 430-451.

Cornwall, Andrea, and Vera Schattan Coelho 2007. *Spaces for Change?* New York: Zed Books.

Crisp, Brian F. 2000. *Democratic Institutional Design: The Powers and Incentives of Venezuelan Politicians and Interest Groups.* Stanford: Stanford University Press.

Ellner, Steve 2008. "Las tensiones entre la base y la dirigencia en las filas del chavismo." *Revista Venezolana de Economía y Ciencias Sociales* 14(1) enero-abril: 49-64.

España, Luis Pedro, y Gabriela Ponce 2008. "Estudio participación socio-política en Venezuela una aproximación cuantitativa." *SIC* 705 junio: 207-226.

Friedman, Elisabeth Jay, and Kathryn Hochstetler 2002. "Assessing the Third Transition in Latin American Democratization: Representational Regimes and Civil Society in Argentina and Brazil." *Comparative Politics* 35(1) October: 21-42.

García Guadilla, María del Pilar, y Rosa Amelia González 2000. "Formulación participativa del presupuesto en el municipio Caroní: comparación con la experiencia de Porto Alegre." *América Latina Hoy* 24 abril: 5-17.

Goldfrank, Benjamin 2007. "¿De la ciudad a la nación?: la democracia participativa y la izquierda latinoamericana." *Nueva Sociedad* 212 noviembre-diciembre: 53-66.

Gómez Calcaño, Luis 2009. *La disolución de las fronteras: sociedad civil, representación y política en Venezuela.* Caracas: CENDES.

Held, David 2006. *Models of Democracy.* 3rd edition. Stanford: Stanford University Press (the first edition was published by Polity Press in 1987).

Levine, Daniel H., y José E. Molina 2007. "La calidad de la democracia en América Latina: una visión comparada." *América Latina Hoy* 45 abril: 17-46.

Levitsky, Steven, and Lucan A. Way 2002. "The Rise of Competitive Authoritarianism." *Journal of Democracy* 13(2) April: 51-65.

López Maya, Margarita 2007a. "Innovaciones participativas y poder popular en Venezuela." *SIC*(700) diciembre: 448-451.

―――― 2007b. "Sobre representación política y participación en el socialismo venezolano del siglo XXI." En *Debate por Venezuela,* ed. por Gregorio Castro. Caracas: Editorial ALFA, 97-108.

Machado, M. Jesús E. 2009a. *Estudio cuantitativo de opinión sobre los Consejos Comunales.* Caracas: Centro Gumilla.

―――― 2009b. "Participación social y consejos comunales en Venezuela." *Revista Venezolana de Economía y Ciencias Sociales* 15(1) enero-abril: 173-185.

Monaldi, Francisco, Rosa Amelia González, Richard Obuchi, and Michael Penfold 2006.

"Political Institutions, Policymaking Process, and Policy Outcomes in Venezuela." (Research Network Working Paper #R-507) Washington, D.C.: Inter-American Development Bank. IDB ウェブサイトより. http://www.iadb.org/res/publications/pubfiles/pubr-507.pdf (2015.10.4アクセス).

Salamanca, Luis 2004. "Civil Society: Late Bloomers." In *The Unraveling of Representative Democracy in Venezuela,* edited by Jennifer L. McCoy and David J. Myers. Baltimore: The Johns Hopkins University Press, 93-114.

第5章

分配政治とブラジルの市民社会
——連邦政府から市民社会組織への財政移転の決定要因——

菊 池 啓 一

はじめに

　2015年にブラジルは民政移管から30年目を迎えた。1985年のタンクレード・ネーヴェス（Tancredo Neves）の大統領への選出は間接選挙によるものであった[1]が，1989年以降は今日に至るまで直接選挙で選出されており，2003年にはカルドーゾ（Fernando Henrique Cardoso）率いる中道のブラジル社会民主党（Partido da Social Democracia Brasileira: PSDB）からルーラ（Luiz Inácio Lula da Silva）を首班とする左派の労働者党（Partido dos Trabalhadores: PT）への政権交代も実現した。リンスとステパン（Linz and Stepan 1996）は1990年代前半のブラジルを「未定着の民主主義」（unconsolidated democracy）と評したが，現在は民主主義が定着し，彼らのいうところの政治的競争における「唯一の選択肢」（the only game in town）になっている。

　しかしその一方で，民主主義の現状に対する市民の満足度は決して高くない。2013年のラティノバロメトロ（Latinobarómetro）調査のデータによれば，ブラジルの民主主義に「大変満足している」もしくは「かなり満足している」と回答した人数は調査対象者全体の26.0％にすぎない。また，議会，政党，選挙といった代表制民主主義に不可欠な制度に対する信頼が低く，1を最低，7を最高とする7点尺度で5以上の評価を2014年のラテンアメリカ世

論調査プロジェクト（Latin American Public Opinion Project: LAPOP）の調査で下した回答者の割合もそれぞれ20.3％，12.0％，24.7％にとどまっている。

このような代表制民主主義に対する不満・不信の背景には，ブラジル政治の問題点として常に指摘される汚職の横行がある。民政移管後の大統領は全員何らかの汚職スキャンダルに直面しており（Power and Taylor 2011），2014年に再選を果たしたもののペトロブラス（Petrobras）社をめぐる汚職問題を一因とする支持率の低下に喘いでいたルセフ（Dilma Rousseff）は，上院に設置された弾劾法廷における2016年8月31日の採決によって失職に追い込まれた[2]。また，2015年11月25～26日に調査機関のひとつであるダッタフォーリャ（Datafolha）が行った世論調査によれば，汚職が他の選択肢を大きく引き離し，現在のブラジルが抱える最大の問題点として認識されている。

序章で論じられているように，市民社会による代表制民主主義への貢献のひとつに社会アカウンタビリティの保証がある（Peruzzotti 2013）。よって，民主主義の定着が進み市民社会がいっそう活性化されれば，アカウンタビリティに反する汚職やクライエンテリズムといった問題の発生件数は少なくなるはずである。近年のブラジルの市民社会はポジティブに評価されることが多く，先行研究では参加型予算（orçamento participativo）や審議会（conselho）などといった参加型制度（participatory institutions）を媒介した国家と市民社会の積極的な対話がクライエンテリズムの低下と市民のエンパワーメント，民主主義の質の向上などにつながっているとされている（e.g., Wampler 2012）。しかしその一方で，政府と一部の市民社会組織のあいだの不透明な関係をめぐるスキャンダルもしばしば発覚している。たとえば，2007年には与党労働者党員の率いるNGOが2003～2006年までのあいだに1800万レアルを連邦政府から受け取った疑いがもたれ，連邦上院に調査委員会（Comissão Parlamentar de Inquérito: CPI）が設置されたのである（Gimenes 2010）。

それでは，なぜ市民社会の強化が代表制民主主義の質の向上につながらないのであろうか。この問題について考える一助として，本章では国家と市民社会組織の関係を「おカネの流れ」，すなわち連邦政府から市民社会組織へ

の財政移転の決定要因に注目した分析を行う。ブラジルでは，連邦政府は州政府やムニシピオ（município）[3]政府といった地方政府だけでなく，市民社会との協働の一環として非営利団体（associações sem fins lucrativos）にも財政移転を行うことが可能である。しかし，ラテンアメリカの多くの国では，クライエンテリズムやポークバレル（pork barrel）によってその流れが説明されてしまうことも少なくない（e.g., Stokes et al. 2013）。そこで，「どのような市民社会組織の財政移転案が連邦政府に採択されやすいのであろうか？」という問いを立て，連邦政府から市民社会組織への財政移転にもクライエンテリズムなどが介在しているのかどうかを検討することにより，21世紀のブラジルにおける国家と市民社会組織の関係の特徴を浮き彫りにすることを試みたい[4]。

　本章の構成は以下のとおりである。まず連邦政府から市民社会組織への財政移転の決定要因を分析するための準備作業として，ブラジルの市民社会組織のプロフィールを確認する。つぎに，財政移転の制度的枠組みとその要因に関する先行研究を把握し，仮説を導出する。そして，連邦政府の「協定および財政移転契約システム」（Sistema de Convênios and Contratos de Repasse: SICONV）から得られたデータを用いた計量分析を行い，得られた知見の代表制民主主義に対する含意について論じる。

第1節　ブラジルの市民社会組織のプロフィール

　本節では，次節以降の分析を進めていくうえでの準備作業として，ブラジルの市民社会組織のプロフィールを概観する。具体的には，まず簡単に市民社会の変遷を確認し，つづいてブラジル地理統計院（Instituto Brasileiro de Geografia e Estatística: IBGE）やジェトゥリオ・ヴァルガス財団（Fundação Getulio Vargas: FGV）の調査データを基に市民社会組織のプロフィールを把握する。

他のラテンアメリカ諸国と同様に，ブラジルにおいても市民社会組織は当初は国家コーポラティズム（state corporatism）の枠組みのなかで設立された[5]。たとえば，1943年に制定された統合労働法（Consolidação das Leis do Trabalho: CLT）は連邦・州・ムニシピオなどの行政単位を活動範囲とする労働組合・経営者団体の結成を義務づけており，現在もこれらの組織に団体交渉における独占的代表権が付与されている（上谷 2007）。他方，1970年代に現世においてカトリック教会が積極的に貧者救済を行うべきであるとする「解放の神学」の影響が強まると，スラムや農村の10〜30人の信徒で構成されるキリスト教基礎共同体（Comunidades Eclesiais de Base: CEB）の全国展開が民主主義への移行を促す原動力のひとつとなり（乗 1993），また，政治の自由化が進むにつれて草の根団体や女性運動をはじめとするさまざまな社会運動の「下からの」興隆がみられた（e.g., Alvarez 1989; Mainwaring 1989）。

1985年に民政移管が実現し，1988年に「市民自決」（autodeterminação dos povos）を基本原理のひとつに掲げた新憲法が制定されると，都市社会問題・女性問題・土地なし農民問題から人種問題・労働問題・環境問題・消費者問題に至るまで，多様な権利追求が行われるようになった（Montero 2014）。そして，とくに地方政治レベルを中心に参加型予算や審議会などといった参加型制度[6]が整備されたことも加わり，市民社会組織は国家・メディア・他のNGO等との活発な交流を通じて「参加型公衆」（participatory publics）を形成していく（Montero 2014; Wampler and Avritzer 2004）。2002年10月の大統領選挙における労働者党の勝利を，このような市民社会組織の存在感の証左のひとつととらえることもできよう。ただし，元来緊密であった労働者党と市民社会組織の関係は第一期ルーラ政権下（2003〜2006年）で大きく変化し，近年は政権から距離をおく市民社会組織も少なくないという（Hochstetler 2008）。

それでは，以上のような経緯を経た市民社会組織は，現在どのような状態にあるのだろうか。ブラジルではさまざまな市民社会調査が行われているが[7]，IBGEが応用経済研究所（Instituto de Pesquisa Econômica Aplicada: IPEA）などとともに行った「ブラジルにおける私的財団と非営利団体」（As Funda-

第5章 分配政治とブラジルの市民社会 185

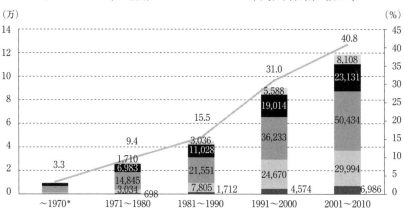

図5-1 2010年に活動していたブラジルの市民社会組織の設立年

(出所) IBGE (2012) を基に筆者作成。
(注) ＊1970年までに創立された市民社会組織については，北部158団体，北東部1,026団体，南東部5,556団体，南部2,477団体，中西部341団体。

ções Privadas e Associações Sem Fins Lucrativos no Brasil) 調査が最も有名である。これは，企業やその他の法人を対象に構築した「企業登録要覧」(Cadastro Central de Empresas: CEMPRE) を用いて私的財団と非営利団体の特徴を明らかにしたもので，過去に3回 (2002, 2005, 2010年) 行われている[8]。

図5-1はIBGEの最新の調査が行われた2010年時点で活動していた市民社会組織の設立時期の分布を示したものである。設立時期に関する情報は多くの研究において市民社会の特徴を把握するための指標として用いられているが (e.g., Salamon 1994; 辻中・森 2010), 図5-1のデータからも政治状況が市民社会組織の誕生に及ぼす影響を読み取ることができる。すなわち，同調査の対象となった29万692の団体のうち，「国家コーポラティズム」が強固であった1970年以前に生まれた団体は3.3％ (9558団体) にすぎない。その後，政治の自由化が進むにつれて組織の数も多くなり，民政移管から6年経った1991～2000年にかけて設立された団体が31.0％ (9万79団体), 2001年から2010年にかけて設立された団体が40.8％ (11万8653団体) を占めている。もっとも，

表5-1 ブラジルの市民社会組織の活動分野（2010年）

	団体数	%
住居	292	0.1
保健医療	6,029	2.1
文化・レクリエーション	36,921	12.7
教育・学術研究	17,664	6.1
社会福祉	30,414	10.5
宗教	82,853	28.5
経営者団体・職能団体*	44,939	15.5
環境保護・動物愛護	2,242	0.8
開発・人権擁護	42,463	14.6
その他	26,875	9.3
合 計	290,692	100.0

（出所） IBGE（2012）を基に筆者作成。
（注） *統合労働法を根拠に設立された団体は除く。

2002年の調査（IBGE 2004）でも約28万の団体がその対象となっていることから，2000年以前に設立された団体の多くは2010年には活動を停止していた可能性が高く，ブラジルの市民社会組織の「平均寿命」は決して長くはないと考えられる[9]。

また，地域による分布の偏りも，ブラジルの市民社会組織の特徴のひとつである。同国は北部，北東部，南東部，南部，中西部の五つの地域（região）に分けられるが，いずれの時期においても，経済社会活動の中心であるサンパウロ市やリオデジャネイロ市などのある南東部の占める割合が最も大きい。ただし，時系列変化をみると南東部や南部の団体の比率は低下傾向にあり，北部と北東部の団体の比率が上昇している。

つぎに，市民社会組織の活動分野に注目したい。表5-1は，2010年の調査における各団体の活動分野についての回答をまとめたものである。市民社会組織の活動分野の多様性や偏りにも各国の市民社会の状況が表れるが（辻中・森 2010），ブラジルでは宗教活動に取り組む団体の比率が最も高い（28.5%）[10]。そして，それに統合労働法を設立根拠とはしていない経営者団体・職

表5-2 ブラジルの税制における市民社会組織の法人格 (2011年)

	団体数	%
私的財団	7,528	2.2
外国財団・団体(ブラジル支部)	425	0.1
国外所在の財団・団体	255	0.1
宗教団体	23,407	6.7
先住民共同体	25	0.0
私的団体	317,781	90.9
合 計	349,421	100.0

(出所) FGV (2014) を基に筆者作成。

能団体 (15.5%), 開発・人権擁護関係の団体 (14.6%), 文化・レクリエーション関係の団体 (12.7%), 社会福祉団体 (10.5%) を加えた5分野で活動する団体が, 市民社会組織全体の81.8%を占めている。

そして最後に, 市民社会組織の法人格を確認したい。表5-2は, FGVが大統領府総務局 (Secretaria-Geral) とともに行った「市民社会組織および同組織と連邦政府のパートナーシップに関する調査」(Pesquisa sobre Organizações da Sociedade Civil e suas Parcerias com o Governo Federal) から, ブラジルの税制における市民社会組織の法人格のデータをまとめたものである[11]。2014年6月に成立した法律第13019号「市民社会組織の規制枠組み」(Marco Regulatório das Organizações da Sociedade Civil)[12]を受け, 今後さらなる法整備が進められる可能性があるが, 市民社会組織は2015年12月時点では「非営利団体」(Entidades sem Fins Lucrativos) のカテゴリーに含まれている。そのうち, 2011年時点では私的団体 (Associação Privada) に該当するものが全体の90.9%を占めており[13], 残りの組織は私的財団 (Fundação Privada) (2.2%), 外国財団・団体(ブラジル支部) (Fundação ou Associação Estrangeira com sede no Brasil) (0.1%), 国外所在の財団・団体 (Fundação ou Associação Domiciliada no Exterior) (0.1%), 先住民共同体 (Comunidade Indígena) (0.0%) などの法人格を有している。また, 表5-1で示されているように, 宗教活動に取り組む市民社会組織の数自体は多い一方で, 法人格としての宗教団体 (Organização Religiosa) に該当するものは全体の6.7%にとどまっていることから，少なからぬ市民社会組織が私的団体として宗教活動を行っている様子がうかがえよう。

以上みてきたように，「国家コーポラティズム」から民政移管を経て「市民自決」を基本原理のひとつとする新憲法と参加型制度のもとで活動するようになった現在のブラジルの市民社会組織の特徴として，その「平均寿命」の短さ，南東部の団体の多さや北部・北東部の団体の比率の上昇といった地域性，宗教活動に従事する団体の比率の高さ，私的団体として活動する団体の比率の高さ，などを挙げることができよう。

第2節　市民社会組織への財政移転

前節ではブラジルの市民社会組織の特徴を，そのプロフィールに注目して把握した。それでは，そのような市民社会組織に対して，どのように財政移転が行われているのであろうか。本節の目的は，連邦政府から市民社会組織への財政移転を説明する仮説を構築することにある。最初に財政移転の制度的枠組みを把握し，つぎに財政移転に関する先行研究を検討する。そして，連邦政府から市民社会組織への財政移転にもクライエンテリズムやポークバレルが介在しているのかどうかを検証するための仮説を提示する。

1．財政移転の制度的枠組み

ブラジルでは，軍政末期に州交付金基金（Fundo de Participação dos Estados: FPE）とムニシピオ交付金基金（Fundo de Participação dos Municípios: FPM）の州・ムニシピオ両政府への分与比率の引き上げが行われ，1988年に制定された新憲法で財政分権化の動きが決定的なものとなった（e.g., Falleti 2010; Lodola 2010）。その主たる方策は財政移転の拡張であり，租税移転（transferências tributárias）では連邦政府から州政府に向けたものとして，州交付金基金

や産業製品輸出補償基金（Fundo de Compensação pela Exportação de Produtos Industrializados: FPEX）など，連邦政府からムニシピオ政府に向けたものとしてムニシピオ交付金基金や農地所有税（Imposto sobre a Propriedade Territorial Rural: ITR）などがある。また，州政府・ムニシピオ政府向けの非租税移転（transferências não vinculadas à repartição tributárias）として，統一保健医療システム（Sistema Único de Saúde: SUS）や協定（convênio）などがある（Afonso 1994; Costin 2010）。

このように，「財政移転」というと連邦政府から地方政府へのものを想定しがちであるが，ブラジルにおいては市民社会組織もその対象になり，地方政府へのアドホックな非租税移転でも利用される協定と財政移転契約（contrato de repasse）がおもに用いられる。前者は，政府の策定したプログラムの実行のために一般会計予算（orçamento fiscal）や連邦社会保障制度（Seguridade Social da União）予算からある一定の財政資源を配分することに連邦政府と非営利団体が合意したもので[14]，後者は，相互利益に基づき行政手段（instrumento administrativo）として財政移転を行うものである[15]。もっとも，実際の内容に関して，両者のあいだに大差はない。たとえば，保健診療室のメンテナンスを目的として2011年に採択されたリオグランデ・ド・スル州パルミチーニョ（Palmitinho）市のサンタ・テレジーニャ病院（Hospital Santa Terezinha）[16]への財政移転が協定（第758034号）として行われたのに対し，同様に保健診療室の改修を目的として2011年に採択されたミナス・ジェライス州ポソス・デ・カルダス（Poços de Caldas）市のサンタ・カーザ友愛病院（Irmandade do Hospital da Santa Casa de Poços de Caldas）に対しては財政移転契約（第758208号）による支援が行われた。ただし，協定では交付官庁から市民社会組織に対して直接財政移転が行われるのに対し，財政移転契約によるものはブラジル銀行（Banco do Brasil）やブラジル国立経済社会開発銀行（Banco Nacional de Desenvolvimento Econômico e Social: BNDES）などといった連邦政府系金融機関（Instituições Financeiras Federais）を通じて実施される（Spinelli 2012）。

さらに，「公共の利益のための市民社会組織」（Organização da Sociedade Civil

de Interesse Público: OSCIP）として認可された団体のみ利用可能な財政移転枠組みに，パートナーシップ協約（termo de parceria）がある[17]。カルドーゾ政権下（1995～2002年）では政府と市民社会の協働を促進する政策がとられ[18]，その一環として1999年に「第3セクター法」（Lei do Terceiro Setor）（法律第9790号）が制定された。同法は，あくまで非営利団体の一種としてとらえられてきた市民社会組織について「公共の利益のための市民社会組織」という新たな法人格を確立し，簡略化された法人化プロセスを通じて認可を受けた団体に対してパートナーシップ協約をはじめとする特権を与えることを目的としている（小貫 2002）。また，2013年にはリオデジャネイロ市のブラジル領空管制科学技術振興会（Organização Brasileira para o Desenvolvimento Científico e Tecnológico do Controle do Espaço Aéreo: CTCEA）に対して7313万8897レアルを供与する財政移転案（785943号）が採択されるなど，パートナーシップ協約には高額の財政移転を保証するものが少なくない。しかし，実際には法務省（Ministério da Justiça）の認可を取得するためのハードルが決して低くはないために申請をする市民社会組織の数が限られており，同法の意図が実現されたとは言い難い状況となっている[19]。

　表5-3は，連邦政府の「協定および財政移転契約システム」の情報を基に[20]，2011年1月～2014年9月にかけての財政移転提案件数，採択件数，および財政移転額を示したものである。もちろんブラジル国内のすべての市民社会組織が連邦政府からの財政移転を受け取ろうとしているわけではなく，FGV（2014）の概算によれば，連邦政府と何らかの関係を有している約4万5000の組織のうち，財政移転を受けているのは1万5000程度である。

　表5-3を全体的にみると，協定の存在の大きさが目立っている。4年間で2万2888件の財政移転提案のうち，提案時点ではカテゴリーの決まっていなかったものを除いても実に85.7％（1万9622件）が協定を目的としたものである。また，そのうち採択された6161件に対して74億4467万レアルが供出されている。ただし，1件当たりの移転額に注目すると，市民社会組織にとって最も規模が大きい枠組みはパートナーシップ協約となり，1件当たり3427万

表5-3 交付官庁別財政移転提案件数・採択件数・財政移転額 (2011～2014年)

交付官庁	提案件数				採択件数		
	協定	財政移転契約	協定または財政移転契約	パートナーシップ協約	協定	財政移転契約	パートナーシップ協約
大統領府	3,668	0	0	154	382	0	0
企画・予算・運営省	1	0	0	0	1	0	0
農牧供給省	862	0	0	0	197	0	0
科学技術省	174	0	9	90	37	0	14
教育省	1,068	0	0	3	741	0	2
開発・商工省	289	0	0	0	44	0	0
法務省	1,051	0	0	182	157	0	12
鉱山動力省	59	0	0	0	12	0	0
保健省	8,051	1,413	24	2	3,829	438	1
労働・雇用省	421	0	2	0	86	0	0
運輸省	9	0	0	0	4	0	0
通信省	31	0	0	0	10	0	0
文化省	953	0	0	8	211	0	2
環境省	518	3	285	2	31	0	1
農業開発省	711	263	335	3	118	56	2
スポーツ省	1,018	83	27	0	233	0	0
防衛省	8	0	1	4	2	0	4
国家統合省	188	0	0	44	16	0	0
観光省	295	0	0	75	21	0	0
社会発展飢餓対策省	11	32	0	11	6	19	7
都市省	63	190	21	0	4	74	0
水産省	173	0	0	0	19	0	0
合　計	19,622	1,984	704	578	6,161	587	45
1件当たりの移転額 (単位：1,000レアル)					1,208.4	716.8	34,270.0
総額 (単位：1,000レアル)					7,444,670.4	420,779.5	1,542,149.2

(出所) SICONV を基に筆者作成。
(注) 2014年は9月までのデータ。

レアルが交付されている。

さらに、表5-3からは各省庁の交付件数にかなりのばらつきがあることもわかる。なかでも保健省 (Ministério da Saúde) が際立っており、提案件数については協定と財政移転契約に基づくものがそれぞれ8051件と1413件、採択

件数についてはそれぞれ3829件と438件に上る。もっとも,「採択率」という意味では教育省 (Ministério da Educação) の方が高く,協定についての1068件の財政移転案中,741件の提案が採択されている (69.4%)。また,採択件数に注目すると,協定については大統領府 (Presidência da República) の交付件数も多く,財政移転契約については農業開発省 (Ministério do Desenvolvimento Agrário) と都市省 (Ministério das Cidades) の交付件数も少なくない。一方,パートナーシップ協約によるものは科学技術省 (Ministério da Ciência e Tecnologia) が最も多く (14件),それに法務省 (12件) が続いている。

市民社会組織に対する財政移転は,通常は各省庁の公募に応じた市民社会組織が各種審査を経て競争的に獲得するものである。大統領令第6170号 (2007年6月25日発令) は第4条で協定および財政移転契約の締結における公募を義務づけており,第5条で各公募についっで客観的な基準を設けることを要求している。また,パートナーシップ協約についても,財政移転案のコンペ (concurso) が行われる (Ministério do Desenvolvimento Agrário 2014)。

ただし,上記のような競争的公募が行われないケースもある。ひとつは,各年の予算法 (Lei Orçamentária Anual: LOA) ですでに財政移転の提案者 (proponente) が特定されている場合であり (De Almeida 2012),これは省庁側があらかじめ財政移転先を指名することを意味する。たとえば,スポーツ・レジャーイベントの開催支援を目的としてスポーツ省 (Ministério do Esporte) とブラジリア連邦直轄区 (Distrito Federal) のブラジル学生スポーツ連盟 (Confederação Brasileira do Desporto Escolar) およびブラジル大学スポーツ連盟 (Confederação Brasileira do Desporto Universitário) との協定 (第775013号・第770714号) が2012年に採択されたが,この例では両者の恒常的な学生スポーツに対する支援とパイロットプロジェクトの成功を理由に,スポーツ省側からあらかじめ「特定提案者」(proponente específico)[21]として指名されていた (Ministério do Esporte 2013)。

もうひとつは,予算法の国会修正 (emenda parlamentar) により財政移転が認められる場合である (De Almeida 2012)。ブラジルの国会では,個々の議員

第5章　分配政治とブラジルの市民社会　193

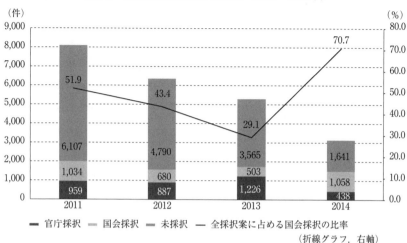

図5-2　採択分類別財政移転件数（2011〜2014年）

（出所）　SICONVを基に筆者作成。
（注）　2014年は9月までのデータ。

による予算法案の修正を認めるというきわめてユニークなシステムが採用されている。毎年，企画・予算・運営省（Ministério do Planejamento, Orçamento e Gestão）によって策定された予算法案は両院合同予算委員会（Comissão Mista de Planos, Orçamentos Públicos e Fiscalização: CMO）に送付されるが，各議員はその際に財源等を明記したうえで個人修正案（emenda individual）を委員会に提出することができる。そして，修正案を受け取った委員会はそれを小委員会で審議させ，採択されたものを予算法案に組み込んだうえで委員会ならびに合同本会議での採決に付すことになる（Lodola 2010）。各議員は個人修正案を25件まで提出することができるが[22]，そのなかで市民社会組織に対する財政移転を対象とすることも少なくない。たとえば，先述したサンタ・テレジーニャ病院への2011年の財政移転は，同じリオグランデ・ド・スル州選出のパウロ・ロベルト・ペレイラ（Paulo Roberto Pereira）下院議員の提出した修正案が採択されたことにより実現した。そしてこのように国会修正によって財政移転が認められた場合，市民社会組織は決められた期日までに財

政移転案を提出することになる[23]。

　このように，財政移転は公募もしくは特定提案者の指名を通じて官庁に採択される場合と予算法の国会修正を通じて国会に採択される場合があるが，図5-2はその内訳を示したものである。年々財政移転案の提案数自体が減少しているが，その一方で採択数は大幅な減少とはなっていない。また，採択されたものだけに注目すると，国会修正に伴う財政移転も決して少なくはなく，とくに2011年と2014年についてはそれぞれ51.9％（1034件）と70.7％（1058件）と過半数を上回っている。

2．財政移転に関する先行研究

　それでは，市民社会組織への財政移転について，既存の研究はどのようなことを明らかにしているのであろうか。ブラジルにおけるこの分野の先駆者は，IPEA に所属するフェリックス・ロペス（Felix Lopez）であろう。ただし，彼の研究は基本的に記述統計的なものが多い。たとえば，彼とブエノの共著論文（Lopez e Bueno 2012）では，連邦政府から非営利団体への財政移転額，総財政移転に占める非営利団体を対象としたものの割合，対象となる政策分野の特徴，法人格のちがいによる財政移転集中度のちがいなどを調査しているが，特定のパターンは見い出せていない。また，彼とバローネの共著論文（Lopez e Barone 2013）は前節で紹介した IBGE の調査とほかのデータベースとを関連づける市民社会組織の分類方法を模索するものであり，その他の研究も市民社会組織の様相を記述統計から描こうとするものである（e.g., Lopez et al. 2014）。

　他方，市民社会論ではなく，連邦制研究の観点からこの分野に参入してきたのがロペスの共同研究者でもあるナタリア・ブエノ（Natália Bueno）である。ブラジルの財政移転研究では，ブローロとナンニチーニ（Brollo and Nannicini 2012）が与党連合から選出された首長のムニシピオは他のムニシピオよりもより多くの財政移転配分を受けることを明らかにしたが，彼女は（まだ未公

刊論文ではあるものの）市民社会組織への財政移転もそのような政党戦略の一部として利用されていると主張した（Bueno 2014）。仮に大統領にその意図がなかったとしても，ムニシピオへの財政移転を通じて何らかの政策を実行すれば，その得点は与野党関係なくムニシピオの首長のものになってしまう。そのため，ブラジルではムニシピオの首長を益さない財政移転方法として市民社会組織が利用されているという。そして，福祉サービスを提供する市民社会組織に対する連邦予算の国会修正による財政移転を分析し，野党の首長がいるムニシピオにある市民社会組織がより多くの配分を受けていることを明らかにした。

ただし，市民社会をめぐる既存のブラジル政治研究にありがちな問題であるが，このブエノの研究も特定の政策分野の市民社会組織に焦点を当てたものになってしまっている。三つの異なる政策分野の事例を扱ったアバースら（Abers, Serafim, and Tatagiba 2014）の研究からも明らかであるように，政策分野によって国家と市民社会の関係の様相は大きく異なる。また，彼女の研究は国会採択による財政移転のみを対象としているが，図5-2から明らかであるように，官庁採択による財政移転も少なくない。よって，官庁採択と国会採択の双方の財政移転について，複数の異なる政策分野の市民社会組織を客観的に比較可能な指標を用いて分析することが肝要であろう。

そこで，本章では，「どのような市民社会組織の財政移転案が連邦政府に採択されやすいのであろうか？」というリサーチクエスチョンを立て，分野横断的に連邦政府から市民社会組織への財政移転を分析することにしたい。以下では，そのための仮説構築を行う。

3．財政移転とクライエンテリズム・ポークバレル

それでは，既存の研究で指摘されていない要素のうち，どのようなものが連邦政府から市民社会組織への財政移転に影響を与えるであろうか。まず，「はじめに」の部分で紹介した事例にも表れているように，クライエンテリ

ズムの影響を考慮する必要があろう。

　ストークスら（Stokes et al. 2013）によれば，クライエンテリズムとは個々の受益者の政治的支持と引き換えに政治家または政党が資源の分配を行う分配政治の一種であり，その例としてパトロネージ（patronage）や買票（vote-buying）が挙げられる。序章でも紹介されているが，市民社会組織は政党にとって魅力的な票田であり，ブラジルにおいても市民社会組織に所属するオピニオン・リーダーはクライエンテリズムのターゲットにされやすいと考えられる（Schaffer and Baker 2015）。また，サミュエルズとズッコ（Samuels and Zucco 2014）は現在のブラジル政治における主要政党である労働者党，ブラジル社会民主党，ブラジル民主運動党（Partido do Movimento Democrático Brasileiro: PMDB）のうち，労働者党のみが地方の党支部を通じて積極的に草の根NGOに働きかけを行い，同党に対する帰属意識を高めることに成功していると論じているが，その背後にもクライエンテリズムが存在するものと思われる。

　では，どのような状況がクライエンテリズムに資するであろうか。ここで注目したいのが，参加型制度のひとつである審議会である。審議会制度自体は古くから存在していたものの，とくに連邦レベルの審議会は1980年代まで技術諮問委員会としての性格が強く，市民社会組織の代表者の参加は義務づけられていなかった（Koga 2012）。しかし，1988年憲法で市民社会の政治参加が謳われるようになると同制度はブラジル全土に広まり，政府と市民社会の代表者の話し合いの場として機能するようになった。近年は連邦・州・ムニシピオの各レベルにそれぞれ設置されており，設置対象となる政策分野も多様である（近田 2012）。

　ただし，ムニシピオレベルについては，市民社会の代表が参加する審議会制度が政治社会の一部に組み込まれているとする議論もある。たとえば，サンパウロ州オサスコ（Osasco）市の2007～2009年を任期とする審議会委員を調査したロイボルトら（Leubolt et al. 2012）によれば，インタビューに応じた32人中23人がいずれかの政党の党員である一方で市民社会組織代表者は32

人中12人にとどまっており，オサスコ市の審議会は政党が市民社会組織を取り込む場と化していたという。

　連邦レベルにおいても，審議会制度は市民社会と政治社会の距離を近づけると考えられる。現在連邦レベルには40の審議会が存在しているが，そこに代表者を送り込むことができている市民社会組織は470にすぎず（FGV 2014），また，近年は改善されつつあるものの，市民社会代表者の選出方法は不透明な部分も少なくない。たとえば，大統領府所管の比較的新しい審議会の委員長を務めた市民社会組織メンバーによれば，彼の委員長就任は当時のルーラ大統領による「一本釣り」であった。審議会自体には財政移転をはじめとする政策決定権限はなく，大統領が提出する法案の草案を起案することなどがその業務であり，そこでは自らの属する市民社会組織の利益を超越した判断を求められる。しかし，その一方で，審議会は他の行政側メンバーや議会側メンバーの知己を得る機会にもなるという[24]。

　七つのムニシピオの市民社会組織のリーダーに対する調査を行ったワンプラーとタッチトン（Wampler and Touchton 2015）によれば，この手のネットワーク構築は国家―市民社会組織関係に影響を与える。すなわち，連邦政府や地方政府とのあいだの業務委託などを通じて接触が増え，それが包摂（co-optation）につながることも少なくないという。

　よって，市民社会組織への財政移転についても，次の仮説を検討する必要があろう。

　　仮説1：審議会委員を輩出している市民社会組織の財政移転案は，それ
　　　　　以外の市民社会組織のものよりも採択されやすい。

　つぎに，ポークバレルの可能性についても検討する必要がある。ポークバレルもクライエンテリズムと同じく不規則な分配政治の一類型ではあるが，特定の受益者個人の政治的支持ではなく，特定の地域における不特定の人々に対して党派的に利益を供与することを指す（Stokes et al. 2013）。

その典型例は議員による業績誇示行為であろう。メイヒュー (Mayhew 1974) によれば，議員行動は大きく分けて「宣伝」(advertising)[25]，「業績誇示」(credit-claiming)，「態度表明」(position-taking) という三つのタイプに分類できる。なかでも，業績誇示と態度表明が立法過程において重視される議員行動である。前者は選挙区民に対して何らかの利益を供給するような行為であり，予算案の修正などがその具体例として挙げられる。一方，後者は国政上もしくは地方政治上の争点に対する自身の態度を，記名投票などを通じて公に示す行為である。

キャリーとシュガート (Carey and Shugart 1995) によれば，議員個人によるこれらの行為の重要性は選挙制度のちがいによって規定され，とくに，候補者の当選順位が政党によってあらかじめ決定されるかどうか，同じ政党の他の候補者への投票もカウントできるかどうか，有権者は政党のみにしか投票できないかどうか，などといった点が議員行動に影響する。さらに，拘束名簿式比例代表制では選挙区定数が増加するにつれて所属政党の重要性も増すのに対し，その他の選挙制度下では選挙区定数の増加は所属政党の重要性の低下につながる。とくにブラジルの下院は非拘束名簿式比例代表制を採用しており，かつ，選挙区が州単位で定数が大きいため，政党の重要性がきわめて低く議員個人による集票行動がより重要となる。そのため，多くの議員がポークバレルに勤しむのである (Ames 2001; Samuels 2003)。

仮にブエノ (Bueno 2014) が主張するように市民社会組織への財政移転も他の財政移転と同様であるとするならば，議員たちにも業績誇示の一環として市民社会組織への財政移転に注目する動きが出ても不思議ではない。とくに，与党労働者党は元来市民社会組織との距離が近い (Hochstetler 2008)。よって，次の仮説も検討したい。

　　仮説2a：前回の下院選での労働者党候補の得票率が高いムニシピオの市民社会組織の財政移転案は，それ以外の市民社会組織のものよりも議会に採択されやすい。

さらに，ポークバレルに従事するインセンティブは議員だけではなく大統領にも存在する。アメリカの事例を分析したクリナーとリーブス（Kriner and Reeves 2012）によれば，大統領は自党の議員の選挙区により多くの財政移転を配分することにより，次回の大統領選の際にそれらの選挙区からより多くの票を獲得することができるという。よって，以下の仮説も検証する。

　　仮説2b：前回の大統領選での労働者党候補の得票率が高いムニシピオの市民社会組織の財政移転案は，それ以外の市民社会組織のものよりも官庁に採択されやすい。

　ただし，議員とは異なり，大統領は大統領選だけではなく国会議員選の行方も気にする必要がある。ブラジルは「連合大統領制」（presidencialismo de coalizão）と呼ばれているように，大統領に非常に強い権限が与えられているものの，その基盤は数多くの政党で構成される政党連合にある（堀坂 2013）。政党数が非常に多いため，一党のみで大統領選挙に勝利し国会の過半数の議席を獲得することは不可能であり[26]，大統領は与党連合を形成する他党に配慮した政権運営を強いられる。本章の対象とする2011〜2014年もルセフ政権は労働者党とブラジル民主運動党をはじめとする10の政党からなる政党連合を基盤としていたが，下院の第1党ではあったものの労働者党のシェアは17.2％にすぎなかった。しかも，労働者党以外の政党は基本的にイデオロギー的な基盤が強固ではなく，党内規律が弱い（e.g., Ames 2001）。よって，大統領が政権を円滑に運営していくためには，比較的党内規律の強い自党の労働者党の議席数が少しでも多い方が有利となる。そこで，次の仮説も検証したい。

　　仮説2c：前回の下院選での労働者党候補の得票率が高いムニシピオの市民社会組織の財政移転案は，それ以外の市民社会組織のものよりも官庁に採択されやすい。

次節では，これらの仮説を検証すべく，データ分析を行う。

第3節　データ分析

本節では仮説検証のためのデータ分析を行う。まず，データ分析に使用される変数を説明し，その後，多項ロジットモデルを用いて仮説を検証する。

1．リサーチデザイン

仮説から明らかであるように，本節での統計分析における分析単位は各市民社会組織によって提出された財政移転案である。ただし，先述したように，市民社会組織の財政移転案は官庁もしくは国会のいずれかによって採択される可能性があるものの，官庁採択と国会採択のあいだに優劣は存在しない。よって，従属変数は各案がどのように採択されたかを示す「採択分類」と名づけられた変数である。その作成にあたり，ルセフが大統領に就任した2011年1月から結果的に彼女が再選することとなった大統領選の前月にあたる2014年9月までの連邦政府から市民社会組織に対する財政移転案のデータを，連邦政府の「協定および財政移転契約システム」から入手した。そして，国会によって採択されたケースを2，官庁によって採択されたケースを1，未採択のケースを0とする「採択分類」変数を作成した。各ケースの内訳は，それぞれ3275件（14.3％），3510件（15.3％），1万6103件（70.4％）であり，本分析におけるNの数は2万2888となった。

前節で提示した仮説のうち，クライエンテリズムの財政移転への影響を考察するには，どの市民社会組織がどの審議会に所属しているのかを把握する必要がある。そこで，仮説1を検証するために「審議会ダミー」変数を使用した。変数作成にあたっては，まずFGV（2014）から審議会の構成に関する情報，従属変数を作成する際にも用いた「協定および財政移転契約システ

ム」から各財政移転案の交付官庁に関する情報をそれぞれ入手し，市民社会組織が財政移転案の交付官庁の所管する審議会の正式メンバーもしくは補欠（suplente）の場合を1，それ以外の場合を0とした。「審議会ダミー」が1となったケースの数は373（1.6％）である。

他方，ポークバレルと財政移転の関係の検討には選挙データが欠かせない。2010年に行われた大統領選挙は全国単位で行われるものであり，下院議員選挙の選挙区も州であるが，選挙最高裁判所（Tribunal Superior Eleitoral: TSE）はムニシピオレベルでの集計データも公開している。そこで，各ムニシピオにおける大統領選（第1回投票）および下院議員選挙での労働者党候補者のシェアをそれぞれ計算し，「PT大統領選シェア」と「PT下院選シェア」という2変数を作成した。前者は2010年大統領選挙におけるルセフ候補の各ムニシピオにおけるシェアと同義であり，15.8％（アクレ州リオ・ブランコ市）から92.2％（マラニョン州セントラル・ド・マラニョン市）までの値をとる。一方後者は1.0％（アマゾナス州ニャムンダ市）から62.2％（パラナ州ヴェラ・クルス・ド・オエステ市）までの値をとる。平均値と標準偏差は「PT大統領選シェア」では42.0％と0.119，「PT下院選シェア」では17.5％と0.094である。

それでは，ほかにどのような要素が市民社会組織への財政移転に影響を与えるであろうか。まず考えられるのが，ムニシピオの首長の党派性である。すでに紹介したように，ブエノ（Bueno 2014）は野党の首長の統治するムニシピオの市民社会組織はより多くの財政移転配分を受けると論じている。そこで，ムニシピオの首長の党派性をコントロールするため，「PT市長ダミー」を投入した。選挙最高裁判所のホームページから市長選のデータを入手し，選挙結果を吟味した結果，この変数の値が1をとるケースの数は3719（16.2％）となった。

さまざまな社会経済指標も財政移転に影響を与えると思われる。ムニシピオ開発指数（Índice FIRJAN de Desenvolvimento Municipal: IFDM）は国連の人間開発指数（Human Development Index）のブラジル版と呼べるもので，リオデジャネイロ工業連盟（Federação das Indústrias do Estado do Rio de Janeiro: FIR-

JAN）が雇用と家計収入，教育，保健衛生などについて各ムニシピオの状況を指数化したものである。本節の分析では，2010年版のデータをIPEAの運営するIpeadataから取得し，「IFDM」変数としている。同変数は0.390（パラ州ポルト・デ・モス市）から0.949（サンパウロ州インダイアツーバ市）までの値をとり，平均値が0.791，標準偏差は0.094である。また，Ipeadataからは各ムニシピオのGDPと人口のデータもダウンロードし，1.243（マラニョン州チンビラス市）から107.147（サンパウロ州ロウヴェイラ市）までの値をとる「1人当たりGDP」変数も作成した。この変数の平均値は10.125，標準偏差は6.275である。

最後に，表5-3から明らかなように，保健省は他の省庁よりも明らかに多くの件数の財政移転を交付している。また，図5-2に注目すると，年によって交付件数が大きく異なることがわかる。よって，これらの要素をコントロールするために，「保健省ダミー」と「2011年ダミー」「2012年ダミー」「2013年ダミー」も回帰式に投入した。データのソースは「協定および財政移転契約システム」であり，これらの変数の値が1となったケースの数は，それぞれ9490（41.5％），8100（35.4％），6357（27.8％），5294（23.1％）であった。

2．仮説検証

以上の変数を利用して，前節で提示した仮説の妥当性を検証するため，計量分析を行った。表5-4はその分析結果を示したものである。従属変数がカテゴリー変数であり，またそのカテゴリーを順序づけることが不可能であるため，多項プロビットモデルにより推定されている。

表5-4のモデル1の結果は連邦政府から市民社会組織への財政移転においてもポークバレルがみられる可能性を示唆している。しかし興味深いことに，それが顕著に現れるのは国会における予算修正過程ではなく，官庁での審査においてである。「PT下院選シェア」の係数は未採択・官庁採択の二択に

表5-4 財政移転の決定要因

独立変数	モデル1	
	未採択 対 官庁採択	未採択 対 国会採択
審議会ダミー	−0.278(0.316)	−0.209(0.487)
PT大統領選シェア	−0.241(0.762)	−1.196(0.530)*
PT下院選シェア	2.228(1.017)*	−0.505(0.591)
PT市長ダミー	−0.435(0.157)**	−0.105(0.137)
IFDM	2.830(1.146)*	0.142(0.870)
1人当たりGDP	0.023(0.014)	−0.003(0.013)
保健省ダミー	0.247(0.167)	4.411(0.215)***
2011年ダミー	−0.499(0.211)*	−2.543(0.124)***
2012年ダミー	−0.371(0.186)*	−3.419(0.136)***
2013年ダミー	0.380(0.145)**	−2.499(0.130)***
定数項	−4.198(1.126)***	−1.873(0.782)*
疑似対数尤度	−14131.719	
χ^2検定	1,057.53***	
疑似決定係数	0.210	
N	21,976	

(出所)　筆者作成。
(注)　カッコ内はロバスト標準誤差。*p<.05；**p<.01；***p<.001.

おいては正かつ5％水準で有意であり，仮説2cを支持している。一方，未採択と国会採択の二択については係数が有意ではなく，仮説2aを支持していない。このことから，下院選における労働者党の得票シェアが大きければ大きいほど，そのムニシピオの市民社会組織から提出された財政移転案が官庁によって採択される可能性が高くなることがわかる。

　他方，「PT大統領選シェア」の方に目を向けると，未採択と官庁採択の二択については係数が有意でなく，仮説2bを棄却している。ところが，未採択と国会採択の選択では係数が負かつ5％水準で有意であり，大統領選における労働者党の得票シェアが大きければ大きいほど，そのムニシピオの市民社会組織から提出された財政移転案が国会で採択される可能性が低くなることを示している。後者の二択について，「PT大統領選シェア」の係数が

負で有意である理由のひとつとして考えられるのが，与党労働者党が下院において過半数を握っていないという事実である。先述したように予算法の国会修正による財政移転の審議については両院合同予算委員会が重要な役割を担っているが，下院（Câmara dos Deputados）のウェブサイトによれば，本節のデータ分析で対象となった2011〜2014年の同委員会における各年の労働者党議員の割合は，それぞれ15.0％（40人中6人），15.2％（46人中7人），15.6％（45人中7人），15.6％（45人中7人）にすぎなかった[27]。そのため，労働者党の選挙戦略を益するような国会修正案は，むしろ採択されにくかったと考えられよう。

　以上の推定結果は，大統領の主導による労働者党のポークバレルが，下院第1党ではあるものの過半数を握っていない国会ではなく，多くの閣僚ポストを押さえている[28]官庁での決定過程において発生している可能性を示唆している。この解釈は官庁における高級官僚ポストの任免と政党政治の関連を主張する近年の研究（e.g., Lopez, Bugarin, e Bugarin 2015）とも親和的であり[29]，また，表5-4の「PT市長ダミー」の推定結果とも整合的である。同変数の係数は，未採択・官庁採択の選択においてのみ負かつ1％水準で有意であり，労働者党の首長がいるムニシピオの市民社会組織の財政移転案が官庁によって採用されにくいことを意味している。先述したように，ブエノ（Bueno 2014）は国会における予算修正を経て決定された市民社会組織に対する財政移転を分析し，ムニシピオの党派性が政党戦略に与える重要性を主張したが，彼女の分析は福祉サービス分野のみを扱ったものであった。しかし，全分野を対象とした本章の分析によれば，そのような政党戦略はむしろ官庁における財政移転決定に影響を与えており，大統領は野党の首長による業績誇示を避けるために，彼らのムニシピオにある市民社会組織により多くの財政移転が配分されていると思われる。

　一方，審議会委員ポストと財政移転との関係を想定した仮説1は本分析では支持されなかった。「審議会ダミー」の係数はいずれの二択においても負であり，かつ有意水準を満たしていない。このことは，少なくとも本章が対

象とした時期とケースについては財政移転決定過程へのクライエンテリズムの影響がみられないことを示しているが、「審議会ダミー」が1の値をとるケースが非常に少ない点、すなわち、審議会メンバーを輩出している市民社会組織が関連する分野の財政移転案をほとんど出していない点を含めて、より詳細な分析が必要であろう。

その他の統制変数に目を向けると、「IFDM」の係数は未採択と官庁採択の二択について正かつ有意である。この結果は、IFDMの値が大きければ大きいほど、そのムニシピオの市民社会組織の財政移転案が官庁に採択されやすいことを意味しており、発展している都市ほど連邦政府のプロジェクトを請け負うだけの能力がある団体が集中しているためだと考えられる。ただし、「1人当たりGDP」と「保健省ダミー」の係数は未採択と官庁採択の二択について有意ではない。また、未採択と国会採択の選択については、「IFDM」と「1人当たりGDP」の係数が有意でない一方で、「保健省ダミー」が正かつ0.1％水準で有意な値を示しており、業績誇示を目的とする議員にとって保健衛生関係のプロジェクトを自らの選挙区に供給することが重要である点を示唆している。最後に、年ダミー群であるが、いずれの二択についても係数が有意である。ただし、未採択と官庁採択の選択についてのみ「2013年ダミー」の係数が正で有意であることから、図5-2に示されているような2013年における官庁採択の多さと大統領選挙や下院議員選挙の行われた2014年における国会採択の多さを裏づけているといえよう。

多項プロビットモデルは非線形モデルの一種であるため、係数の絶対値をそのまま影響力として評価することはできない。そこで、従属変数のそれぞれの結果（カテゴリー）が生じる予測確率（predicted probabilities）を計算し、表5-5に示した。

この計算は、基準値（baseline）として、関連する審議会にメンバーを輩出しておらず（「審議会ダミー」= 0）、「PT大統領選シェア（42.0％）」「PT下院選シェア（17.5％）」「IFDM（0.791）」「1人当たりGDP（10.125）」がいずれも平均値をとり、労働者党以外に所属する市長（「PT市長ダミー」= 0）

表5-5　独立変数の変化に伴う採択確率の変化

	未採択	官庁採択	国会採択
基準値	0.752	0.178	0.070
	(0.698-0.807)	(0.124-0.232)	(0.049-0.090)
PT大統領選シェア=0.539	0.763	0.176	0.061
	(0.713-0.814)	(0.125-0.226)	(0.042-0.081)
PT大統領選シェア=0.301	0.741	0.180	0.079
	(0.674-0.807)	(0.111-0.250)	(0.054-0.104)
PT下院選シェア=0.269	0.725	0.212	0.064
	(0.655-0.794)	(0.139-0.284)	(0.043-0.085)
PT下院選シェア=0.081	0.776	0.149	0.075
	(0.723-0.829)	(0.099-0.199)	(0.053-0.097)
PT市長ダミー=1	0.809	0.124	0.067
	(0.765-0.852)	(0.085-0.163)	(0.042-0.092)
IFDM=0.885	0.713	0.220	0.067
	(0.650-0.776)	(0.154-0.287)	(0.046-0.088)
IFDM=0.697	0.786	0.143	0.072
	(0.725-0.846)	(0.086-0.199)	(0.047-0.096)
保健省ダミー=1	0.112	0.034	0.854
	(0.090-0.134)	(0.023-0.045)	(0.825-0.883)
2011年ダミー=1	0.869	0.125	0.006
	(0.834-0.902)	(0.092-0.158)	(0.004-0.009)
2012年ダミー=1	0.857	0.140	0.003
	(0.810-0.905)	(0.093-0.188)	(0.001-0.004)
2013年ダミー=1	0.739	0.256	0.006
	(0.673-0.804)	(0.190-0.321)	(0.003-0.008)

（出所）　筆者作成。
（注）　カッコ内は95％信頼区間。

によって統治されているムニシピオの市民社会組織が，保健省が交付官庁とはならない財政移転案を2014年に提出したケースを想定している。この場合，その財政移転案が未採択のまま終わる確率が75.2％，官庁によって採択される確率が17.8％，国会によって採択される確率が7.0％となる。ただし，大統領選における労働者党のシェアの影響が国会採択に与える影響は決して大きくはなく，シェアが1標準偏差変化して53.9％と30.1％になった場合の国会採択への影響は，それぞれ0.9％ポイントにすぎない。一方，下院選におけ

る労働者党のシェアが1標準偏差上昇し26.9％にまで高まると，財政移転案が官庁に採択される可能性も3.4％ポイント上昇して21.2％になり，下院議員選でのシェアが1標準偏差減少して8.1％に下がると，官庁に採択される可能性も14.9％まで低下する。また，ムニシピオの首長が労働者党員である場合，財政移転案が官庁によって採択される確率は12.4％まで下がる。

「IFDM」の変化も，「PT下院選シェア」の変化とほぼ同様の影響を官庁における採択に与える。すなわち，IFDMが0.855もしくは0.697に1標準偏差分変化した場合，官庁採択の確率も22.0％と14.3％にそれぞれ変化する。また，政策分野のちがいが採択率に与える影響も明らかであり，財政移転案の対象が保健省である場合，その案が国会における予算修正を通じて採択される確率は0.7％から85.4％にまで跳ね上がる。

最後に年による採択率のちがいに注目すると，官庁と国会に採択される可能性が基準値にくらべて2011年は12.5％と0.6％，2012年は14.0％と0.3％にそれぞれ低下する。一方2013年は，国会採択の確率は0.6％に下がるものの，官庁採択の確率は25.6％まで上昇する。

以上の知見をまとめると，ブラジルにおける連邦政府から市民社会組織への財政移転には，ポークバレルが介在している。前節で構築した仮説が示唆したように，労働者党は前回の下院選で得票率がより高いムニシピオの市民社会組織の財政移転案を優先的に採用することにより，政党の支持基盤をより強固なものにしようとする。しかし，驚くべきことに，そのようなポークバレルや政党戦略の影響は国会ではなく官庁における財政移転決定過程においてより顕著であり，その採択率に少なからぬ影響を与えているのである。

おわりに

参加型予算や審議会などの参加型制度を通じた市民社会の強化がポジティブな評価を受けているにもかかわらず，なぜブラジルにおいてはそれが代表

制民主主義の質の向上につながらないのであろうか。市民社会と民主主義の質との齟齬について考察する一助として，本章は「どのような市民社会組織の財政移転案が連邦政府に採択されやすいのであろうか？」というリサーチクエスチョンを提示し，財政移転の決定要因の分析を行った。「平均寿命」の短さ，南東部の団体の多さや北部・北東部の団体の比率の上昇，宗教活動に従事する団体の比率の高さ，などといったブラジルの市民社会組織の特徴を指摘したのち，連邦政府から市民社会組織への財政移転にもクライエンテリズムやポークバレルが介在しているのかどうかを検証するための仮説を提示した。そして，統計分析を行い，審議会委員を輩出している市民社会組織の財政移転案が採択されやすい，といったクライエンテリズムは見受けられなかったものの，党派性が財政移転に影響を与えるポークバレルの存在が明らかになった。しかもそのような政党戦略が顕著に表れるのは，国会ではなく官庁における採択決定過程においてであった。

では，このようなポークバレルの存在は，現在のブラジルにおける代表制民主主義にどのような影響を与えているのであろうか。ストークスら（Stokes et.al. 2013）によれば，買票を伴うようなクライエンテリズムほどは民主主義の質に対する影響を与えないが，それでも政党戦略上ポークバレルの対象とされにくい地域の有権者にとっては公共財を失うことにつながり，また，体制全体からみても資源の分配が非効率に行われていることを意味する。しかも，本章の分析の結果は，ポークバレルが既存の研究によってしばしば指摘されてきた国会においてではなく，むしろ官庁における決定過程において著しいことを示唆しており，その問題の根深さが窺える。

もっとも，連邦政府と市民社会組織との関係を改善することを目的として，「市民社会組織の規制枠組み」（Marco Regulatório das Organizações da Sociedade Civil）が2016年1月23日から施行されている。同法が上記のような問題を改善するかどうか，今後の動きを見守りたい。

<付記>

　本章の執筆にあたり，31人の市民社会組織関係者や研究者の方々にインタビューに応じていただいた。すべての方のお名前を列記することはできないが，IPEAのフェリックス・ロペス氏に財政移転の枠組みや「協定および財政移転契約システム」の利用方法などについてご教示いただいたことは，本研究にとって決定的に重要であった。ここに記して感謝したい。

〔注〕
(1) 彼は大統領就任前夜に病に倒れ，その後死去した。そのため，副大統領として選ばれていたジョゼ・サルネイ（José Sarney）が大統領に就任した。
(2) ただし，弾劾法廷開廷の直接的な理由は「自転車財政」（pedalada fiscal）と呼ばれる意図的な財政移転の遅延などである。
(3) 日本の市町村にあたる基礎自治体のこと。連邦を構成する最小の行政単位である。
(4) もちろん，財政移転の分析から明らかになるのは国家と市民社会組織の関係の一側面にすぎず，連邦政府からの財政移転の獲得を追求しない市民社会組織も少なからず存在している。たとえば，国会の福音派議員団（Bancada Evangélica）に所属する多くの議員の出身母体として第6章で取り上げられている「神のアセンブリー教会」（Igreja Assembléia de Deus）は財政移転の獲得には積極的ではなく，2011年1月～2014年9月までの時期については，その傘下の「トカンチンス州神のアセンブリー教会福音派援護協会」（Associação Beneficente Evangélica Da Assembléia De Deus No Estado Do Tocantins）が3件の財政移転案を提出しただけである。ただし，議員や審議会委員を輩出している市民社会組織の数は限られており，とくに後者は連邦政府と何らかの関係を有している約4万5000の組織のうちの470にすぎない（FGV 2014）。一方，活動資金が決して潤沢ではないブラジルの多くの市民社会組織にとって財政移転は魅力的な資金源のひとつであり，約1万5000の組織がその獲得に成功している（FGV 2014）。また，政策分野によって国家と市民社会組織の関係は大きく異なるものの（Abers, Serafim, and Tatagiba 2014），既存のブラジル政治研究では特定の組織に焦点を当てたケーススタディが主流であり，複数の政策分野の市民社会組織を対象にした客観的な指標を用いた比較分析が求められている（菊池 2015）。以上の点をふまえ，その限界を認識しつつも，本章では各市民社会組織によって提出された財政移転案の採択結果を従属変数として分析を展開する。連邦政府からの財政移転の獲得を追求しない市民

社会組織も視野に入れたより包括的な分析については，今後の研究課題としたい。
(5) 市民社会をめぐるブラジル政治研究の動向については，菊池（2015）を参照されたい。
(6) 参加型制度については，本書序章と菊池（2015）も参照されたい。
(7) 本節で紹介するふたつの調査以外にも，2005～2006年に筑波大学とブラジリア・カトリック大学（Universidade Católica de Brasília）が中心となって行ったブラジル JIGS 調査（BR-JIGS）がある（Kondo and Tsujinaka 2007）。
(8) 同じ労働者や経営者の利益を代表する団体が同一行政単位内に複数存在してはならず，「自発的な組織」であるとは言い難いという理由から，統合労働法を根拠に結成された労働組合や経営者団体は本調査の対象外となっている。ただし，統合労働法に基づかない経営者団体は調査対象に含まれている。
(9) Kondo と辻中（Kondo and Tsujinaka 2007）も，ブラジルの市民社会組織の特徴のひとつとして，この点にふれている。
(10) ブラジルの宗教団体については，本書第6章も参照されたい。
(11) 本調査は，IBGE の調査とは異なり，連邦政府の「協定および財政移転契約システム」などのデータベースに依拠している。そのため，表5-1と表5-2では団体数の合計が大きく異なっている点に留意されたい。
(12) 2016年1月23日に施行された。
(13) 後述する「公共の利益のための市民社会組織」としての認可を受けている団体も，私的財団に含まれる（FGV 2014）。
(14) 大統領令第6170号（2007年6月25日発令）による定義。orçamento fiscal の日本語訳については本田（2012）を参考にした。
(15) 大統領令第8180号（2013年12月30日発令）による定義。財政移転契約は，行政契約（contrato administrativo）とは異なる点に注意する必要がある（Ministério do Desenvolvimento Agrário 2014）。
(16) ブラジルでも，非営利団体として運営されている病院が少なくない。
(17) このほかにも，企業や個人が一連の「インセンティブ法」（leis de incentivo）に基づいて所得税の一部を監督官庁が認可したプロジェクトに投資することにより，「間接的」に市民社会組織への財政移転が行われることがある（Lopez e Barone 2013）。
(18) 人類学者のルース・カルドーゾ（Ruth Cardoso）大統領夫人もその動きを後押しした。
(19) 地域社会への支援活動や人間の安全保障などの分野で活動する NGO ビバ・リオ（Viva Rio）のカルロス・フェルナンデス（Carlos Fernandes）氏（プロジェクト・マネージャー担当者）への筆者によるインタビュー（リオデジャネイロ市，2015年9月22日）。

(20) 大統領令第6170号（2007年6月25日発令）により協定や財政移転契約を締結する市民社会組織の同システムへの登録が義務づけられているが，それでもすべての財政移転を完全に捕捉できているわけではないという。IPEA のフェリックス・ロペス（Felix Lopez）研究員への筆者によるインタビュー（リオデジャネイロ市，2014年10月24日）。
(21) 連邦政府の「協定および財政移転契約システム」では，「特定受益者」(beneficiário específico）と記載される。
(22) 1988～1992年は個人修正案を無制限に提出することができたが，スキャンダルにより制限が設けられるようになった（Lodola 2010）。一方，現在は個人だけではなく，常任委員会による修正案（emenda de comissão）や州議員団による修正案（emenda de bancada estadual）も認められている。
(23) 2014年予算の場合は，2014年3月21日が期日であった（Greggianin e Pereira da Silva 2015）。
(24) リオデジャネイロ所在の市民社会組織のメンバー（匿名希望）への筆者インタビュー（リオデジャネイロ市，2015年9月17日）。
(25) 宣伝の一例として，メイヒュー（Mayhew 1974）はニューズレターを有権者に送付する行為に言及している。
(26) たとえば，2014年の下院選では28の政党が議席を確保している。
(27) ただし，下院（Câmara dos Deputados）のウェブサイトによれば，2012年に両院合同予算委員会の委員長を務めたリオグランデ・ド・スル州選出のパウロ・ピメンタ（Paulo Pimenta）と，2014年に同職を務めたサンパウロ州選出のデヴァニール・ヒベイロ（Devanir Ribeiro）は，いずれも労働者党所属の下院議員である。
(28) 2015年1月に発足した第2次ルセフ政権の場合，閣僚39人中13人が労働者党員であった。
(29) ブラジルの官僚制度における高級官僚のポストは「上級職」(Direção e Assessoramento Superiores: DAS）と呼ばれ，1級～6級に分かれている。このうち，大統領令第5497号（2005年7月21日発令）により1級～3級については75％，4級については50％をキャリア官僚から任用することが定められているものの，この規定に抵触しない範囲で政治任用が認められている。その結果，2010年12月時点で2946の上級職が政治任用のポストとなっており，そのうちの31.0％にあたる915のポジションを労働者党が押さえていた（Praça, Freitas, and Hoepers 2011）。

〔参考文献〕

＜日本語文献＞
上谷直克　2007.「ブラジルの労働・社会保障改革――国家コーポラティズムの呪縛――」宇佐見耕一編『新興工業国における雇用と社会保障』アジア経済研究所　103-146.
小貫大輔　2002.「JICA／NGO協力事例」国際協力総合研修所編『ブラジル国別援助研究会報告書――新たなパートナーシップの構築に向けて――』国際協力事業団国際協力総合研修所　169-176.
菊池啓一　2015.「ブラジルにおける連邦政府から市民社会組織への財政移転の分析に向けた予備的考察」宇佐見耕一・馬場香織編『ラテンアメリカの国家と市民社会研究の課題と展望』アジア経済研究所　65-83.
近田亮平　2012.「ブラジルにおける参加型行政と貧困高齢者の政治参加――サンパウロ市の住宅審議会と貧困高齢者の社会運動――」『アジア経済』53（6）12月　35-71.
辻中豊・森裕城　2010.「本書の課題と構成」辻中豊・森裕城編『現代社会集団の政治機能――利益団体と市民社会――』木鐸社　15-32.
堀坂浩太郎　2013.「民主化と現在進行形の政治改革」近田亮平編『躍動するブラジル――新しい変容と挑戦――』アジア経済研究所　19-51.
本田達郎　2012.「ブラジルの医療制度」『ラテンアメリカ・レポート』29（2）12月　73-87.
乗浩子　1993.「カトリック教会と民主化」松下洋・乗浩子編『ラテンアメリカ政治と社会』新評論　135-152.

＜英語文献＞
Abers, Rebecca, Lizandra Serafim, and Luciana Tatagiba 2014. "Changing Repertoires of State-Society Interaction under Lula." In *Brazil Under the Worker's Party: Continuity and Change from Lula to Dilma,* edited by Fábio de Castro, Kees Koonings, and Marianne Wiesebron. New York: Palgrave Macmillan, 36-61.
Alvarez, Sonia E. 1989. "Politicizing Gender and Engendering Democracy." In *Democratizing Brazil: Problems of Transition and Consolidation,* edited by Alfred Stepan. Oxford: Oxford University Press, 205-251.
Ames, Barry 2001. *The Deadlock of Democracy in Brazil*. Ann Arbor: University of Michigan Press.
Brollo, Fernanda, and Tommaso Nannicini 2012. "Tying Your Enemy's Hands in Close

Races: The Politics of Federal Transfers in Brazil." *American Political Science Review* 106(4) Nov.: 742-761.
Bueno, Natália S. 2014. "Bypassing Your Enemy: Distributive Politics, Credit Claiming, and Non-State Organizations in Brazil." Yale University. (Paper posted to Social Science Research Network, http://papers.ssrn.com/sol3/papers.cfm?abstract_id=2460066 2016年9月1日閲覧)
Carey, John M., and Matthew Soberg Shugart 1995. "Incentives to Cultivate a Personal Vote: A Rank Ordering of Electoral Formulas." *Electoral Studies* 14(4) Dec.: 417-439.
Falleti, Tulia G. 2010. *Decentralization and Subnational Politics in Latin America*. Cambridge: Cambridge University Press.
Hochstetler, Kathryn 2008. "Organized Civil Society in Lula's Brazil." In *Democratic Brazil Revisited*, edited by Peter R. Kingstone and Timothy J. Power. Pittsburgh: University of Pittsburgh Press, 33-53.
Koga, Natalia Massaco 2012. "Shifts in the Relationship between the State and Civil Society in Brazil's Recent Democracy." Ph.D. diss., University of Westminster.
Kondo, Edson Kenji, and Yutaka Tsujinaka 2007.「団体の基礎構造に関する調査（ブラジル）BR-JIGS コードブック」= "Cross-National Survey on Civil Society Organizations and Interest Groups, Brazil: BR-JIGS Codebook." Tsukuba: University of Tsukuba.
Kriner, Douglas L., and Andrew Reeves 2012. "The Influence of Federal Spending on Presidential Elections." *American Political Science Review* 106(2) May: 348-366.
Leubolt, Bernhard et al. 2012. "Re-evaluating Participatory Governance in Brazil." In *Civil Society and the State in Left-led Latin America: Challenges and Limitations to Democratization*, edited by Barry Cannon and Peadar Kirby. London: Zed Books, 78-93.
Linz, Juan J., and Alfred Stepan 1996. *Problems of Democratic Transition and Consolidation: Southern Europe, South America, and Post-Communist Europe*. Baltimore: Johns Hopkins University Press.
Lodola, Germán 2010. "The Politics of Subnational Coalition Building: Gubernatorial Redistributive Strategies in Argentina and Brazil." Ph.D. diss., University of Pittsburgh.
Mainwaring, Scott 1989. "Grassroots Popular Movements and the Struggle for Democracy: Nova Iguaçu." In *Democratizing Brazil: Problems of Transition and Consolidation*, edited by Alfred Stepan. Oxford: Oxford University Press, 168-204.
Mayhew, David R. 1974. *Congress: The Electoral Connection*. New Heaven: Yale University Press.

Montero, Alfred P. 2014. *Brazil: Reversal of Fortune*. Cambridge: Polity Press.

Peruzzotti, Enrique 2013. "Reflections on the "Representativeness" of Civil Society Organizations: An Analysis of Recent Latin American Trends." In *Representation and Effectiveness in Latin American Democracies: Congress, Judiciary, and Civil Society*, edited by Moira B. MacKinnon and Ludovico Feoli. New York: Routledge, 226-237.

Power, Timothy J., and Matthew M. Taylor 2011. "Introduction: Accountability Institutions and Political Corruption in Brazil." In *Corruption and Democracy in Brazil*, edited by Timothy J. Power and Matthew M. Taylor. Notre Dame: University of Notre Dame Press, 1-28.

Praça, Sérgio, Andréa Freitas, and Bruno Hoepers 2011. "Political Appointments and Coalition Management in Brazil, 2007-2010." *Journal of Politics in Latin America* 3(2): 141-172.

Salamon, Lester M. 1994. "The Rise of Nonprofit Sector." *Foreign Affairs* 73(4): 109-122.

Samuels, David 2003. *Ambition, Federalism, and Legislative Politics in Brazil*. Cambridge: Cambridge University Press.

Samuels, David, and Cesar Zucco 2014. "Crafting Mass Partisanship at the Grass Roots." *British Journal of Political Science* 45(4) Oct.: 755-775.

Schaffer, Joby, and Andy Baker 2015. "Clientelism as Persuasion-Buying: Evidence from Latin America." *Comparative Political Studies* 48(9) Aug.: 1093-1126.

Stokes, Susan C. et al. 2013. *Brokers, Voters, and Clientelism: The Puzzle of Distributive Politics*. Cambridge: Cambridge University Press.

Wampler, Brian 2012. "Entering the State: Civil Society Activism and Participatory Governance in Brazil." *Political Studies* 60(2) June: 341-362.

Wampler, Brian, and Leonardo Avritzer 2004. "Participatory Publics: Civil Society and New Institutions in Democratic Brazil." *Comparative Politics* 36(3) Apr.: 291-312.

Wampler, Brian, and Michael Touchton 2015. "Contracting, Contesting, and Co-Optation: Civil Society Organizations' Strategies under New Institutional Arrangements in Brazil." *Journal of Politics in Latin America* 7(1): 3-44.

＜ポルトガル語文献＞

Afonso, José Roberto Rodrigues 1994. *Descentralização fiscal na América Latina: Estudo de caso do Brasil*. Santiago de Chile: CEPAL (Comisión Económica para América Latina y el Caribe).

Costin, Claudia 2010. *Administração Pública*. Rio de Janeiro: Elsevier Brasil.

第5章　分配政治とブラジルの市民社会　215

De Almeida, Cleber Fernando 2012. "Convênios e Contratos de Repasse." Brasília: Secretaria de Logística e Tecnologia da Informação, Ministério do Planejamento. (https://treinamento.convenios.gov.br/portal/arquivos/Apresentacao-Legislacao2. pdf).

FGV (Fundação Getulio Vargas) 2014. *Resumo Executivo da Pesquisa sobre Organizações da Sociedade Civil e suas Parcerias com o Governo Federal*. Brasília: FGV.

Gimenes, Éder Rodrigo 2010. "Transparência na prestação de contas por organizações do Terceiro Setor." *Revista Urutágua*(20): 130-140.

Greggianin, Eugênio, e José de Ribamar Pereira da Silva 2015. "O Regime do Orçamento Impositivo das Emendas Individuais: Disposições da Emenda Constitucional nº 86, de 2015, e da LDO 2015." Brasília: Congresso Nacional, Estudo Técnico Conjunto nº 1 de 2015. (http://www2.camara.leg.br/atividade-legislativa/orcamentobrasil/estudos/2015/ESTC01_2015.pdf).

IBGE (Instituto Brasileiro de Geografia e Estatística) 2004. *As Fundações Privadas e Associações Sem Fins Lucrativos no Brasil 2002*, 2ª edição. Rio de Janeiro: IBGE.

―――― 2012. *As Fundações Privadas e Associações Sem Fins Lucrativos no Brasil 2010*. Rio de Janeiro: IBGE.

Lopez, Felix, e Leonardo Barone 2013. "As Entidades Sem Fins Lucrativos e as Políticas Públicas Federais: Tipologia e Análise de Convênios e Organizações (2003-2011)." (Textos para Discussão #1896) Brasília: IPEA.

Lopez, Felix, e Natália Bueno 2012. "Transferências Federais a Entidades Privadas sem Fins Lucrativos (1999-2010)." (Textos para Discussão #1778) Rio de Janeiro: IPEA.

Lopez, Felix, Maurício Bugarin, e Karina Bugarin 2015. "Mudanças Político-Partidárias e Rotatividade dos Cargos de Confiança (1999-2013)." In *Cargos de Confiança no Presidencialismo de Coalizão Brasileiro*, edited by Felix Garcia Lopez. Brasília: IPEA, 33-70.

Lopez, Felix et al. 2014. "A Interação entre Organizações da Sociedade Civil e Governo Federal: Colaboração nas políticas públicas e aperfeiçoamentos regulatórios possíveis." In *Brasil em Desenvolvimento 2014: Estado, Planejamento e Políticas Públicas volume 2*, edited by Leonardo Monteiro Monasterio, Marcelo Côrtes Neri, e Sergei Suarez Dillon Soares. Brasília: IPEA, 329-346.

Ministério do Desenvolvimento Agrário 2014. "Manual sobre Convênios, Contratos de Repasse e Instrumentos Congêneres." Brasília: Ministério do Desenvolvimento Agrário. (https://www.mda.gov.br/sitemda/sites/sitemda/files/user_img_21/Manual_sobre_convenios_contratos_de_repasse_e_instrumentos_cong % C3 % AAneres_versao_2014.pdf).

Ministério do Esporte 2013. "Relatório de Gestão do Exercício de 2012." Brasília: Secretaria Nacional de Esporte, Educação, Lazer e Inclusão Social, Ministério do Esporte. (https://www.esporte.gov.br/arquivos/relatorioGestaoSNELIS2012.pdf).

Spinelli, Mário Vinícius 2012. "As entidades privadas sem fins lucrativos e as transferências voluntárias: Legislação." Brasília: Secretário de Prevenção da Corrupção e Informações Estratégicas, Controladoria-Geral da União. (https://www.convenios.gov.br/portal/arquivos/Apresentacao0803201LegislacaoAplicadaAConveniosEEPSFL.pdf).

<ウェブページ>
Câmara dos Deputados.　http://www2.camara.leg.br/
Datafolha.　http://datafolha.folha.uol.com.br/
Ipeadata.　http://www.ipeadata.gov.br/
LAPOP (Latin American Public Opinion Project). http://www.vanderbilt.edu/lapop/
Latinobarómetro Database.　http://www.latinobarometro.org
Presidência da República do Brasil.　http://www.planalto.gov.br
Secretaria-Geral, Presidência da República do Brasil.　http://www.secretariageral.gov.br
Tribunal Superior Eleitoral.　http://www.tse.jus.br/

第6章

ブラジルにおける国家と
キリスト教系宗教集団の関係

——福音派の台頭と政治化する社会問題——

近 田 亮 平

はじめに

　ブラジルは軍政から民政へ移行した1980年代以降，民主主義が定着傾向にある。また，市民社会組織の一形態である宗教集団[1]に関して，キリスト教のカトリック教会[2]は，ブラジルが帝政期（1815～1889年）[3]には国教であり，国家と重複する存在であった。ブラジルが共和国となり政教分離を実現した後も，1970年時点で国民の91.8％がカトリック教徒であった（Instituto Brasileiro de Geografia e Estatística: IBGE）。しかし，軍政期（1961～1985年）には信者だけでなく神父も含む教会関係者が迫害や人権侵害にあったため，カトリック教会内部で進歩派と呼ばれる反軍政派の勢力が優勢となった。そして，軍政後期の民主化プロセスにおいて人権擁護や貧者救済という大義名分のもと，カトリック教会はおもに都市部の草の根レベルで実際には反軍政や民主化の活動拠点[4]となり，国家と社会に強い影響力をもった。

　しかし，近年のカトリック教会は信者数の減少だけでなく，民主主義の定着などにより人権擁護の草の根活動も停滞し，国家とのかかわりや社会での勢力を後退させている（Burdick and Hewitt 2000）。一方，キリスト教の新興プロテスタントである福音派（Evangélico）[5]は，信者だけでなく国会議員の

数が増加しており，ブラジルにおいて国家と社会に及ぼす影響力を増している（DIAP 各年版）。このような変化のなか，ブラジルでは最近「人工妊娠中絶」（以下，中絶）や性的マイノリティである「LGBT」[6]をめぐる問題が政治的に争点化してきている。これらは「人間の再生産」や「家族のあり方」といった価値観などと関連しているため，政治家や関連する NGO だけでなく宗教集団も，これらの問題に関する自らの利益がそうような主張を行うようになっている（Hartch 2014）。

このような状況をふまえ本章では，ブラジルにおける国家とキリスト教系宗教集団の関係が近年どのようになっているか，を究明する。近年のブラジルで政治的に争点化する中絶と LGBT というふたつの問題に焦点を当て，国家とキリスト教系宗教集団の関係の態様を明らかにすることを目的とする。その際，国家レベルの代表制民主主義の政治的な利害アリーナである国会に注目し，そこでの福音派の議員たちの政治的行為をおもな分析対象とする。ただし，別レベルのアリーナでは異なる自己利益の反映のさせ方もあると考えるため，草の根レベルにおける関係にも着目する。

本章の構成は，第 1 節において，近年におけるブラジルの政治と宗教をめぐる変化，および，国家と宗教との関係に関する先行研究をまとめ，それらをもとに本章の問題意識と分析アプローチを提示する。第 2 節で中絶，第 3 節で LGBT に関して，国会でおもに福音派信者の議員が行った政治的行為を取り上げる。第 4 節において，宗教集団による国会での議員団と議員の代表性に加え，草の根レベルでの活動を考慮に入れ，最後に国家と宗教集団の関係性について考察する。

第1節　ブラジルの政治と宗教をめぐる変化

1．民主主義の定着

　ブラジルでは1964年から21年間続いた軍政期に民主主義が後退した。しかし，1980年代前半に軍政自らによる政治的な自由化，および，国民による全国規模の民主化運動を経て，1985年に軍政が終了し，多くの国民が起草に参加した新憲法が1988年に制定された。1989年には1960年以来となる直接大統領選挙が実施され，1992年に汚職による大統領[7]の弾劾裁判が開始された際には，大統領の辞任要求や反汚職の抗議デモが全国で展開された。2003年には42年ぶりに国民の直接選挙で選ばれた大統領同士による民主的な政権交代が実現した。このように1980年代以降のブラジルは，大統領の直接選挙をはじめ制度面においても，また，全国規模の民主化や反汚職デモが実施されるなど国民の意識の面においても，民主主義が定着してきたといえる。

　また1990年以降，より広範な市民が政治に直接的に参加する試みが推進されている。左派的な労働者党（Partido dos Trabalhadores: PT）の勢力拡大とともに，国家・政府が市民社会組織と協働で政策を策定・実施する参加型の行政スタイルが普及するようになった。とくに2003年，労働者党の政権が誕生すると参加型行政の仕組みが多く導入され，議会をはじめとする代表制民主主義と並存するかたちで，直接的な参加型の民主主義が定着していった。多様な形態の参加型行政が各地の地域性を考慮に入れながら実施され，宗教集団を含む市民社会組織の代表者も参画している（Hochstetler 2008; 近田 2014）。

　ブラジルでは2013年に汚職等を批判する全国規模の抗議デモが発生し，その後も同様の抗議デモが数回実施されるなど，政治腐敗は根深い問題として存在する。しかし，政治に関する制度や国民の意識において，間接的な代表制だけでなく直接的な参加型の民主主義が根付いてきたといえる。

2. ブラジルにおけるキリスト教の変化

ポルトガルの植民地だったブラジルは，1889年に共和国宣言を行うまでキリスト教のローマ・カトリックが国教であった。現在では政教分離とともに憲法で信教の自由が認められ，多種多様な宗教が存在するが，依然カトリック教徒が最も多く，世界で最大の信者数を有している。ただし近年では，国内の宗教信者の構図に変化がみられている。カトリック教徒の数が頭打ちになっている一方，新興の福音派と伝統的な宗派を含む全プロテスタントの信者数の伸びが顕著であり，無宗教者の数も増加傾向にある（IBGE）（図6-1）。

また，信者の割合に関してもカトリックは，1994年8月の75％から2013年6月には全人口の半分強となる57％へ減少した。その一方，全プロテスタントの割合は増加の一途をたどっており，2013年の調査ではプロテスタント系

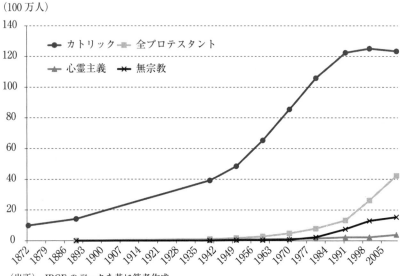

図6-1　ブラジルにおける宗教信者人口の推移（1872～2010年）

（出所）　IBGEのデータを基に筆者作成。
（注）　「プロテスタント」の原語は「Evangélica」，「心霊主義」は「Espírita」。

図6-2 ブラジルにおける宗教信者の割合の推移（1994〜2013年）

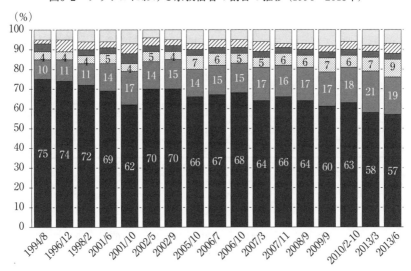

■ カトリック　■ 新興プロテスタント：福音派　☐ プロテスタント：非福音派
■ 心霊主義　☑ その他の宗教　□ 無宗教
（出所）　Datafolha（2013）を基に筆者作成。

全体で28％と全人口の3割弱に達した。とくに新興プロテスタントである福音派の増加が顕著であり，1994年8月に10％だった割合が2013年3月に21％まで拡大した（Datafolha 2013）（図6-2）。

　政治的な傾向，および，中絶と同性婚に関して，信者がどのような見解をもっているかをまとめる（表6-1）。政治的な傾向に関して，選挙にかかわる教会リーダーの意見を選挙時に考慮するか否かという質問に対し「はい」と答えた割合が福音派で最も高かった。宗教関係のリーダーは選挙に出馬すべきか否かという問いについても，肯定的な回答が福音派で，否定的な回答がカトリックで最も多かった。世論調査では宗教集団と政治に関する質問がさらにいくつか行われたが，いずれも福音派が最も高い政治的傾向を示す結果となっている。

　中絶に関して，妊娠を中絶する女性への罰則の賛否について，福音派の否

表6-1 政治的活動と争点化する問題への信者の見解（2013年6月時点）

(%)

回答		カトリック	プロテスタント福音派	プロテスタント非福音派	精霊信仰	その他の宗教	無宗教
選挙	はい	11	21	14	12	8	−
	いいえ	89	79	86	88	92	−
立候補	すべき	25	43	40	26	35	37
	すべきでない	69	52	56	67	65	59
	わからない	6	5	4	7	0	4
人工中絶	容認	22	16	23	42	47	32
	反対	65	72	65	40	45	53
	わからない・回答拒否	13	12	12	18	9	15
同性婚	容認	44	21	18	65	69	53
	反対	36	63	68	21	14	31
	中立	17	13	11	13	11	15
	わからない	2	2	2	1	6	1

（出所） Datafolha（2013）を基に筆者作成。
（注） 「選挙」とは「教会と関係する政治家の選挙キャンペーンを行う教会のリーダーの意見を，選挙の時期にあなたは考慮に入れがちか？」，「立候補」とは「あなたの意見では，宗教関係のリーダーは政治的職務に立候補すべきと思うか？」という質問に対する回答。「人工中絶」は，「あなたの意見では，妊娠を中絶する女性は収監されるべきか否か？」（回答の「収監されるべき」が人工中絶に「反対」，「収監されるべきではない」が「容認」）という質問に対する回答。「同性婚」は，「あなたは同性婚の合法化に賛成か反対か？」という質問に対する回答。

定的な回答が突出しているが，カトリックと非福音派でも反対意見の割合が高い。同性婚の合法化への賛否については，非福音派と福音派は否定的な回答が顕著であり，カトリックはそれに比べ寛容であるが，他の宗教や無宗教より否定的な結果となっている。中絶と同性婚に関して，キリスト教宗派で保守的な見解が示され，それが福音派で顕著な傾向となっている。

　本章では，このように政治志向がより強く，中絶とLGBTに直結する同性婚への拒否反応が顕著である福音派をおもな対象として，近年における国家との関係について追究する。

3．国家とキリスト教に関する先行研究

ブラジルの国家とキリスト教に関する先行研究は，政教が分離し同国が世俗国家となった20世紀以降，とくに軍政期からの変容を対象とする研究が多い。たとえばHartch（2014）は，ブラジルを含むラテンアメリカで500年以上の歴史をもつキリスト教について，世俗的な草の根活動や新たな運動，福音派の増加と独自の布教活動，貧困や被抑圧者の救済活動，国・地域内外での普及という点から，その態様について論じている。そのため，さまざまな時期における国家との関係性を対象とする研究があるが，近年を期間的な対象として政治的に争点化する問題に焦点を当てる本章との関連から，先行研究の論旨を以下の三つに大別することができる。

(1) 軍政国家と対峙するカトリック教会

ひとつは，民主化における宗教集団の役割に注目し，民主化のための草の根的な活動の拠点として，軍政という国家と対峙したカトリック教会を取り上げたものである。

教会の思想や植民地期からの国家との関係を追究したロマーノ（Romano 1979）は，軍政期の教会に関して，総本山であるバチカンに忠実な保守派と，ラテンアメリカ発祥で貧者救済を追求する「解放の神学」重視の進歩派による勢力構造に注目する。そして，国家との関係性に影響を与えた教会内部の構造的変化について，進歩派による草の根的な活動を評価しつつも，研究の発表時期が民主化の進展前ということもあり，階層的な保守派の権力の強さを強調している。ベリイマン（1985）は，ブラジルだけでなくラテンアメリカ諸国における「解放の神学」の影響を受けた草の根的な教会を研究し，それらは数量的に少ないが民主化をはじめ現地での政治社会的な重要性は大きいと結論づける。そして，民主化が進展した当時の時代背景をもとに，草の根的な教会の将来的な役割を楽観的に観測している。三田（1991）は，軍政

期にカトリック教会が国民の利益を代表できる唯一の全国的な政治圧力集団だったことの重要性を論じる。その一方，人権が保障されるようになった民政移管後，教会は国家や社会に対して政治的に介入する大義名分を失い，草の根的な活動が減退していったと指摘している。

(2) 国家とのかかわりを減退させるカトリック教会と台頭する福音派教会

次は，カトリック教会が勢力および国家とのかかわりを減退させる一方，キリスト教の新興プロテスタントである福音派の台頭に注目する研究である。

ラテンアメリカの宗教と政治変動の関係を研究した乗（よつのや）(1998) は，ブラジルの軍政期における草の根的なカトリック教会と，民主化のなかで誕生した左派政党の労働者党の結びつきに着目する。そして，教会の保守派と既存の政治エリートがその結びつきを危険視し，教会と政治エリート双方の保守派が政治的に協力したことが，教会の進歩的な活動の衰退につながったと分析している。20世紀後半から増加した福音派に関しては，経済的に停滞したラテンアメリカで下層民衆の宗教として，周辺資本主義の周辺部を支える役割を果たしていると指摘する。ブルディックとハウィット（Burdick and Hewitt 2000）はカトリック教会の勢力後退について，民主化プロセスで軍政国家に対峙することで中心的な勢力となった進歩派が，その後の「解放の神学」に根差した草の根活動に関して，確固たるビジョンをもっていなかったと指摘する。つまり自身たちの活動が，保守的で階層的な組織であるカトリック教会の変革なのか，または多くの問題を抱える社会で苦しむ貧者の救済をめざすのかが曖昧だったことが，教会の草の根的な活動を停滞させるひとつの要因になったと説明する。台頭する福音派教会についてシナー（Sinner 2012）は，ブラジルで定着傾向にある民主主義や市民権との関連から，カトリック教会とルター派などの伝統的なプロテスタントとの比較を行っている。そして，福音派は貧困層を中心に信者数を拡大しており，選挙で選出された議員を通じた政治への影響，市民権を権利ではなく義務ととらえる傾向，モラル問題の順守などが強い一方，民主主義への支持，市民社会との協力，世界で

の普遍的な布教などが弱い点を特徴として挙げている。

　草の根的なカトリック教会は，民主主義の定着とともに活動や数量自体が減退傾向にある。ただし，草の根的な教会は民主化の拠点という意義は失ったものの，貧者救済などの観点からさまざまな活動を行っている。たとえば舛方（2009）は，海外からブラジルに来る難民の保護活動に教会がNGOを介して従事している事例を取り上げている。近田（2014）は，都市周辺部の教会が貧困層の住宅運動の活動や社会運動リーダーの生計を支援している点を指摘している。

(3) 中絶とLGBTとのかかわり

　最後は，本章が取り上げる中絶とLGBTという社会問題をめぐる，宗教および国家が策定・実施する政策などに関する研究である。

　中絶に関して，容認派およびカトリック教会をはじめとする反対派を比較したソウザ（Souza 2009）は，実際には違法な中絶が多く行われ，それにより多くの女性が死亡している一方，長い歴史とともに国民や社会にカトリック教会の倫理が根差している現実が，ブラジルに存在する点を強調する。ブラジルでは中絶をめぐる見解が常に分極化するため，教育や予防医療分野での公共政策による違法中絶への介入を提案している。おもにフェミニズムや人権という観点から中絶や同性愛について研究したピタンガイ（Pitanguy 2011）は，同性婚など後者に関してはある程度の前進がみられるが，中絶に関してブラジルの状況は後進的だと述べる。その理由として，国家が福音派教会などの宗教集団からの要求を優先させるため，関連する法律に影響を来たしている点を，活動家などへのインタビューをもとに指摘している。LGBTに関してメロら（Mello et al. 2012）は，連邦政府の四つの具体的な関連政策を事例として取り上げ，LGBTをめぐる公共政策の形成について追究している。行政や市民社会の関係者へのインタビュー調査から，緒についたばかりであるLGBT分野の公共政策には，根強い同性愛嫌悪や実務・財政面などの問題が残されているとする。ただし，それらの問題は中長期的に改

善可能である一方，原理主義的な宗教による国家への介入が懸念されるとの結論を述べている。

しかし，ブラジルで中絶やLGBTが政治的に争点化したのが最近であることもあり，これらの問題をめぐり宗教集団が実際にどのような政治的な行為を行っているかを，実証的に分析した研究はほとんど行われていない。本章は，国会における福音派をはじめとするキリスト教系議員の政治的な行為とともに，先行研究が指摘するようなカトリック教会の草の根的な活動にも注目し，ブラジルにおける現在の国家と宗教集団の関係性を明らかにする。このような着眼点は先行研究にはみられず，本章の最後において結論や知見の提示を試みる。

4．本章の問題意識と分析アプローチ

(1) 本章の問題意識

ブラジルにおける民主主義の定着，カトリック教の変化，先行研究レビューをふまえ，本章では，ブラジルにおける国家とキリスト教系宗教集団の関係が近年どのようになっているか，という問いを設定する。近年のブラジルにおいて，宗教的な価値観や教えと関連の強い「人間の再生産」や「家族のあり方」をめぐり，政治的に争点化する「中絶」と「LGBT」というふたつの問題に焦点を当て，その態様を明らかにする。仮説的な見解として，近年のブラジルで中絶とLGBTの問題が表面化したことで，市民社会組織であるキリスト教系の宗教集団が，民主主義の定着により一時は関係性を希薄にしていた国家に対し，宗教的な価値観や教えに基づく自らの利益を政治や社会に反映させるような関係を構築しているのではないか，と考える。その際，国家レベルの社会的規範を主題化するのは代表制民主主義では国会であるため，そこにおいて宗教集団の代表が自身らの価値観に基づく利益を反映させようとしている，と考えられる。

本章では，国会における福音派の議員たちの政治行為を分析し，所属する

宗教集団に対してそれらの議員たちが代表性を備えている，または代表性が高い点を指摘し，国家と宗教集団との関係性を明らかにしようとする。序章で指摘したように，このような着眼点，つまり，代表制民主主義の政治過程のなかでの市民社会組織による利益表出という点は，国家と市民社会組織の関係性をめぐる研究課題のひとつである。したがって，代表制民主主義の国家レベルの制度である国会を舞台に，宗教集団の代表がどのような政治行為を行っているかに着目する本章は，この点に研究意義を有していよう。

ただし，宗教集団の活動は，草の根レベルにおける民主化だけでなく，多様である点が先行研究により指摘されており，別レベルの政治的な利害アリーナでは異なると考える。そのため本章では，国家レベルである国会における関係をおもな対象として，草の根レベルにおける関係にも着目する。

なお序章で説明されているように，市民社会組織について，国家や市場からの自立性，自発性，集団利益などを基盤とした結社である点は共有されているが，研究の分野や見方，ラテンアメリカの地域性との関連などから定義は必ずしも一様ではない。ただし，本章が着目する宗教集団，とくにカトリック教会をはじめとするキリスト教団体は (e.g., Cohen and Arato 1992, 144)，20世紀後半に民主化した諸国地域や (e.g., Linz and Stepan 1996, 7-8)，ブラジルの文脈 (e.g., Hochstetler 2008, 38-40) などの多くの研究で，民主化をはじめ国家との政治的なかかわりを強くもった市民社会組織の一形態として認識されている。したがって，本章では市民社会組織に含まれる宗教集団を対象に，国家との近年の関係性を究明する。

(2) 分析アプローチ

本章では，政治的に争点化する問題をめぐる宗教集団の行為を分析するに当たり，「影響の政治」(politics of influence)，および，実質的な (substantive) 代表性に基づくアプローチを適用する。

本章では，国家レベルの代表民主主義の政治的アリーナである国会において，キリスト教系宗教集団の代表者が自らの利益を国政に反映させ，自身の

宗教的な価値観や教えを社会に浸透させようとする行為を分析の対象とする。このような市民社会組織の政治的行為を分析するには，市民社会のアクターが自らの利益を政治社会へ反映させようとする「影響の政治」というアプローチが有用である。コーエンとアラート（Cohen and Arato 1992, 502, 526）によると「影響の政治」は，新たな解釈，アイデンティティ，規範を適応させるべく政治的言説の領域（universe）の変更を目的とする。「影響の政治」は，少なくとも原理的には公共圏，権利，代表制民主主義の制度が言説プロセスに開かれている近代市民社会に適した特有な媒体（medium）だとされる。この言説プロセスでは，社会的規範や政治的文化が広められ，主題化されるとともに，変更される可能性がある。つまり，宗教集団を含む市民社会の集団的アクターは，代表制民主主義の制度などに代表者を送り，そこでの言説プロセスに影響を与えることで，政治社会のアクターに規範を変えるような影響を与えることができると考えられる。

　この「影響の政治」を本章のように代表制民主主義の制度である国会に適用する際，代表性をめぐる問題が生じる。特定の社会集団を実質的に代表しているかという問題に関してピトキン（Pitkin 1967）は，代表者が数量的な規模や独自の利益の点で，被代表者の特性や傾向を客観的に「反映する」（standing for）場合，「記述的代表」（descriptive representation）と称する。記述的代表では，代表者が被代表者の特性や傾向などの情報を政治に提供する機能が重視される。また，被代表者を単に反映するだけでなく，カリスマ的な代表者が被代表者との関係性を作り出す場合，「象徴的代表」（symbolic representation）ととらえられる。このような代表者には，被代表の集団の象徴となることが求められるため，リーダーシップのある指導者が理想とされる。さらに，「代行する」（acting for）代表者の行為に注目する見解もある。代表者はどのような代行をすべきかについては被代表者との関係からさまざまだが，情報提供を主とする受動的な「反映する」代表と異なり，「代行する」代表では代表者として実際に行為を行うことが重視される。そして，記述的代表や象徴的代表であったり，その程度が高かったりする場合，さらにより

活発に代行している場合，代表者は被代表の集団をより実質的に代表している，またはその実質的な代表性が高いと考えられる（山岡 2006, 22-23; Collier and Handlin 2009, 14-16）。

本章では具体的に，国会におけるおもに福音派教徒の議員団や議員のデータ，および，中絶とLGBTをめぐり提出した法案や政治的行為について，「影響の政治」と実質的な代表性のアプローチに基づき分析する。さらに，これらの問題について宗教関係者へ行ったインタビュー調査をもとに，キリスト教系宗教集団の草の根レベルの活動にも注目する。

第2節　中絶をめぐる国家とキリスト教系宗教集団

1889年に帝政から共和政に移行したブラジルは，1891年に公布した共和国として初となる憲法でカトリック教会と国家の政教分離を宣言した。しかし，中絶を認めないカトリック教会の考え方は社会に浸透しており，中絶は「犯罪」だとの認識から禁じられていた。ただし，1940年に制定された刑法典（Código Penal）により，妊婦の生命が危機にさらされている場合，および，妊娠が強姦による結果である場合にかぎり，人工的な中絶が認められるようになった（Souza 2009, 4-6）。その後，半世紀以上にわたりブラジルで中絶をめぐる法的な変化はみられなかった。しかし，本節で取り上げるように2012年，胎児が無脳症（anencephaly）である場合が，中絶を認める第3のケースとして加えられた。

中絶が政治的な争点として注目されるようになったのは，2010年の大統領選挙以降である。同選挙はブラジル史上初めて，ルセフ（Dilma Rousseff）大統領（当時は候補）を含む2人の有力な女性候補[8]が争っていたこともあり，選挙戦で中絶に関する質問が候補者になされ，投票行動に影響を与えることになった（近田 2010）。中絶は「人間の再生産」はもちろんであるが，妊娠する女性の権利を考慮した出産数など「家族のあり方」にかかわる問題であ

り，宗教的な価値観や教えとも深くかかわっている。そのため，その後の選挙でも支持基盤であるキリスト教の団体や信者との関連から，中絶はブラジルで重要な争点のひとつとなっている。

　本節では中絶をめぐり，福音派信者の国会議員が実際にどのような法案などを提出し，政治的な行為を行っているのかを明らかにする。その際，近年のブラジルで大きな論争を惹起した無脳症胎児の中絶，および，避妊ピル規制法案を事例として取り上げる。

1．無脳症児の人工中絶合法化

　2012年4月，ブラジルの連邦最高裁判所（以下，最高裁）は，妊婦の胎児が無脳症である場合，中絶は犯罪に当たらないとする司法判断を下した[9]。この最高裁の判断に関連する法案などが，下院議会の法案検索サイトによると3件提出されており[10]，そのすべてが福音派議員団を中心とする議員によるものだった。

　ひとつは同年5月9日，福音派議員団のフェリシアーノ牧師（Pastor Marco Feliciano）議員が提出した，無脳症胎児の中絶を容認する最高裁の司法判断の差し止めを求める法案である[11]。5月10日にも福音派議員団のルセナ（Roberto de Lucena）議員，および，2015年に同議員団の団長に選出されたカンポス（João Campos）議員が，福音派議員団ではない議員1名[12]とともに同様の法案を提出している[13]。またカンポス議員は9月5日，本件に関する最高裁の判断を不服として保健省に対し，ブラジルの中絶やその差別状況に関連する調査研究の情報を開示するよう請求を行った[14]。

　無脳症胎児の中絶容認をめぐる福音派議員団の政治的な行為は，下院議会の公式なニュースで以下のように報じられている[15]。最高裁が上記の判断を下した2012年のみをみても，福音派議員団の上下院議員たちが8月30日，中絶，安楽死，個人消費のための麻薬所持を合法化するどのような試みも受け入れられないとの声明を発表した。11月20日には，福音派の議員たちが合法

的な中絶の拡大，個人消費のための麻薬所持の軽犯罪化，レイプ被害適用の年齢引下げに対する懸念を表明した。11月29日にも福音派議員団は，中絶，安楽死，麻薬に関する提案に対して批判を行っている。

ただし，ブラジルでは最高裁が違憲審査権を有しており，その司法判断は立法府や行政府の法的行為より優先される。そのため，最高裁が容認という司法判断を下した無脳症胎児の中絶は，同国で犯罪とされない合法的な3番めの中絶ケースとして認められることとなった。

2．避妊ピル規制法案

2013年2月，女性の避妊薬であるピルは人工的な生命の中絶であり犯罪であるとの認識から，罰則の強化や販売の禁止[16]によりその利用を規制する法案[17]が，13人の議員の連名で下院議会に提出された。13名のうち10名が福音派議員団であり，そのなかには前述のカンポス議員とルセナ議員，下院での審議法案の決定権をもつ下院議長を2015年2月から務めるクーニャ（Eduardo Cunha）議員が含まれている[18]。また下院議会の議員経歴サイトによると，その他3名のうちの1人はトン神父（Padre Ton）議員[19]で，大学で神学を専攻し政治家名に「神父」を付していることからもわかるようにカトリック教の信者である[20]。残りの2人のうち，1人は大学で神学を学びキリスト教系の病院で勤務した経験があるが，もう一方の議員は宗教とはとくに関連のない経歴となっている[21]。

避妊ピル規制法案が提出された2013年において，下院議会の公式ニュースによると，妊娠の人工的な中絶をめぐり以下のような福音派議員団の政治的行為がみられた。8月1日，性的虐待の犠牲者への緊急かつ避妊を含む多様な措置を公的医療機関で講じる法律（12.845/13）をルセフ大統領が承認した際，下院人権マイノリティ委員会委員長のフェリシアーノ牧師議員は，同法律が中絶の合法化に道を開くとして次のように批判した。「大統領は福音派議員団，全国カトリック前線[22]，司教協議会との協約を破棄した。2010年，

大統領（当時は候補者として同年の選挙で大統領に当選）は、自身の政権では中絶を認めないと発言していた。大統領は約束したすべての協約をゴミにしたのである。大統領は再選されはしない。われわれの支持は得られない。」[23]

また12月4日、女性の権利を擁護する活動家たちが、レイプされた女性には事後避妊ピル[24]を含む緊急の避妊措置を受ける権利があると主張し、レイプされた女性の血を表現すべく身体を赤く塗って抗議を行ったが、これは福音派議員団が中絶の観点から前述の法律（12.845/13）を批判したことに対する抗議であった。同日、フェリシアーノ牧師議員は委員長を務める下院人権マイノリティ委員会で、中絶を支持したのは女性1人で大多数は反対であり、これが世論を反映したものだと述べた。しかし同委員会の議論は、「命を守る司教区委員会」[25]の代表や、中絶に関する議員調査委員会の設置を申請している、前述のカンポス福音派議員団団長による演説などにより行われた。

避妊ピル規制法案は2015年10月、下院の「憲法と公正および市民権委員会」（Comissão de Constituição e Justiça e de Cidadania: CCJ）で承認され、本会議の審議へ回された。これに対して、避妊や妊娠の自己決定は女性の権利だと主張する団体などが反発し、ブラジル各地で同法案に反対する抗議デモが行われた。

第3節　LGBTをめぐる国家とキリスト教系宗教集団

ブラジルでは近年、性的マイノリティであるLGBTをめぐる活動の活発化やその社会問題化への注目が高まっている。1997年から毎年開催されているサンパウロ市でのLGBTパレードの参加者は100万人を超え[26]、性的マイノリティの権利、宗教との関係、本項で取り上げる同性婚などに関するアピールが行われている。このような活動はおもに市民社会側のイニシアティブにより行われているが、そこにはLGBT支持層の獲得などを目的に政治家が参加することもある。2001年には、政府と市民社会組織の代表で構成さ

れる参加型行政の審議会が，LGBTに関しても国家レベルで設立されており[27]，政治的に看過できなくなったLGBTと国家（政府）の関係模索の動きがみられている。

近年の世界各国地域では，同性同士の結婚に関する議論や法整備に進展がみられるが，ブラジルも同様な状況にある。ただし，LGBTは「人間の再生産」や「家族のあり方」に大きな影響を与える問題であり，宗教的な価値観や教えに相反する場合が多いため，同性婚に反対する政治的な動きや，差別や同性愛嫌悪に基づく反発的な行為も顕著化してきている。本項ではLGBTをめぐり，福音派信者の国会議員が実際にどのような法案などを提出し，政治的な行為を行っているかを明らかにする。その際，近年のブラジルで賛否両論の議論を誘発した同性婚，および，「ゲイ治療」と「ゲイ・キット」（後述）を事例として取り上げる。

1．同性婚

2011年5月，ブラジルの最高裁は，権利[28]や社会保障[29]が異性だけでなく同性同士の婚姻者にも認められるべきだとして，同性婚を認める司法判断を下した。この最高裁の判断に関連する法案などが，下院議会の法案検索サイトによると6件提出され[30]，そのすべてが福音派議員団の議員によるものだった。

ひとつは同年5月24日，レイス（Washington Reis）議員が提出した法案で，同性愛者など教会の信仰と合致しない人々に対して，教会が受容や儀式を拒否することを犯罪とみなさないよう求めたものである[31]。前述の福音派議員団の団長であるカンポス議員も5月25日，同性婚を認めた最高裁の判断の差し止めを求めた[32]。6月1日にはザシャロウ（Andre Zacharow）議員が，同性婚の是非を問う国民投票を実施するよう提案した[33]。前述のフェリシアーノ牧師議員も8月3日，同性婚者への社会保障の適用を求めた法案に関して，その影響を議論する公聴会の開催を要求した[34]。また同氏は10月27日[35]と11

月30日[36]，同性同士のユニットを家族として法的に認めるか否かについて，国民投票を実施することを提案した。

最高裁が同性婚を認める判断を下した2011年において，同性婚をめぐる福音派議員団の政治的な行為を下院議会の公式ニュースは以下のように報じている。福音派議員団団長のカンポス議員は1月21日，精子提供による女性同性夫婦の妊娠や代理出産を求める男性同性夫婦の請求を認めた政府機関の決定を差し止めるよう要求した。福音派議員団は3月2日，同性婚者を所得税の被扶養者の対象に加えるとする財務大臣が下した法令に対して，それを無効とする法案の提出を決定した。6月1日，カンポス議員をはじめとする福音派の議員たちは下院副議長を訪問し，最高裁が認めた同性婚を無効とする法案を優先的に審議するよう要請した。福音派議員団は6月22日，ある地方の裁判所が同性婚を無効とした際[37]，その決定に対する支持を表明した。

なお，ブラジルにおける同性婚は最終的に2013年5月，最高裁の司法判断に従うかたちで法律が整備され認められるようになった[38]。

2．「ゲイ治療」と「ゲイ・キット」

ブラジルだけでなく世界の各地において，LGBTというセクシュアリティは"病気"であり，LGBTの人々も然るべき治療をすれば"治癒"し，異性愛者になれるという差別的な考え方がみられ，ブラジルでは通称「ゲイ治療」（Cura Gay）と呼ばれている。「ゲイ治療」に関連する下院議会の状況を把握すべく，下院議会の法案検索サイトにおいて，「年」を指定せずに「性的オリエンテーション」（orientação sexual）で検索すると，2016年1月8日時点で371件もの法案などが析出された。その一例として，性的オリエンテーションに心理学的用法を取り入れようとする法案[39]があり，2011年にカンポス議員により提出された。同法案は2013年，フェリシアーノ牧師議員が委員長を務めていた下院人権マイノリティ委員会で承認された。同年6月にブラジルでは，2014年に同国で開催予定だったサッカーW杯などへの反対

をきっかけに，参加者が100万人に上る全国規模の抗議デモが発生したが，その際に「ゲイ治療」法案も争点のひとつとなった。

一方，ブラジルでもLGBTの人々に対する差別的かつ暴力的な事件が発生しており，同性愛嫌悪に基づく事件を犯罪と認めようとする法案が，労働者党の議員から2006年に提出された[40]。その後，このような事件の発生を防止するとともに，LGBTへの理解や知識を深め状況を改善することを目的に，ブラジルの教育省は通称「ゲイ・キット」(Kit Gay) と呼ばれる教材を配布し，公立学校でLGBTに関する教育を推進する試みに着手した。しかし，LGBTに関して学校で教育を行うことに対しては賛否両論が起きた。下院議会の法案検索サイトにおいて，「年」を指定せずに「同性愛教育」(educação homossexual) で検索すると，2016年1月8日時点で26件の法案などが析出された。反対派の一例としてカンポス議員は2011年，教育省に対してゲイ・キットの作成と配布の基準について説明するよう要求している[41]。

ゲイ・キットをめぐる議論が活発化した2011年において，福音派議員団の政治的な行為を下院議会の公式ニュースは以下のように報じている。福音派議員団はゲイ・キットの配布に関して1月17日に反対の意を表明し，5月25日にカトリック信者の議員たちと共闘し政府に対して中止するよう圧力をかけ，5月31日に対策を話し合う会合を開催した。7月7日には，「家族を守る超党派議員団」(Frente Parlamentar Mista em Defesa da Família) や福音派教会NGO[42]とともに全国集会を開催し，同性愛嫌悪を含むさまざまなテーマについて議論した。

ゲイ・キットを用いたLGBT教育の実施は最終的に2011年5月，ルセフ大統領の拒否権行使により実現されなかった。ルセフ大統領は多様性を重視する労働者党所属であるが，賛否両論の論争を巻き起こしたゲイ・キットを，公的な教育として自身の政権で推進するわけにはいかなかったのである。

第4節　国家と宗教集団の関係

本節ではまず、中絶やLGBTに関する政治的行為を積極的に行っている福音派の議員団と議員について、実質的代表性の観点からその実態をとらえる。また、国家の代表制民主主義制度である国会において、中絶やLGBTに異議を唱える行為がおもに福音派議員により行われる一方、草の根レベルではどのような活動が行われているかを把握すべく、宗教関係者へのインタビュー調査の結果をまとめる。

1．国会における関係

(1) キリスト教徒の議員団

ブラジルの国会における議員団[43]は、特定のテーマに関する法案を成立させるべく超党派の議員で結成される結社である。国会業務の妨げや雇用などの費用発生がないかぎり、議員団は国会内の施設を利用して独自の活動を行うことができる。議員団として登録するには、立法府議員数の3分の1（下院議員513名、上院議員81名であるので合計198名）以上の参加が必要となる。

福音派議員団[44]は、2003年10月に任意団体として結成され、2005年に正式に議員団として登録された。結成時のメンバーは58人で、創設者が所属していた「神のアセンブリー教会」（Igreja Assembléia de Deus）が23人で最も多く、そのほかにはバチスタ教会（Igrejas Batistas）やユニバーサル教会（Universal）などであった。これらの福音派諸教会には、近年ブラジルで設立され勢力を拡大したものが多く、20世紀初頭に米国で創設された後ブラジルに伝道され広まったものもある（乗 1998; 山田 2013; Hartch 2014）。

同議員団は異なる政党の福音派信者により創設されたが、倫理、人類の生、宗教の自由、公正で平等な社会の擁護に関して共通の価値観を有する。そのため結成当時から、家族のより多様な形態を認める2003年の新民法典（Novo

第6章　ブラジルにおける国家とキリスト教系宗教集団の関係　237

Código Civil）や，遺伝子組み換え大豆の流通を促進する2005年の生物安全法（Lei de Biossegurança）などの新たな法案制定に際して，自らの宗教的な価値観や教えから反対の活動を積極的に行った（福音派議員団サイト）。福音派議員団の定款には，「家族や人類の生の保護にかかわる政府の政策やプログラムを憂慮し監視する国会議員の集まり」と記載されている。また，公共政策の策定に際して，「神の目的および神の言葉と一致する自らの意志により，国会で存する関連職務から立法プロセスに影響を与える」と明記されている。

　このような宗教と関連した政治活動の実践に同意する福音派信者による議員団には，2016年1月時点で，下院議員199名，上院議員4名が参加している（下院議会サイト）。そして福音派議員団に所属する議員は，連邦下院議員と一部の上院議員を選出する総選挙において，2006年に36議員，2010年に76議員，2014年に78議員が当選・再選している（DIAP各年版）。このような福音派議員団に所属する議員数の増加は，実質的な代表性の分析アプローチから後説するように，福音派教会という市民社会組織の国会における影響力の増大を表している。信者の割合が国民の約2割と考えられる福音派が（図6-2），国会議員の3分の1以上を占める勢力となっていることは注目に値しよう。とくに，2014年の選挙の当選者78名のうち，後説するフェリシアーノ牧師議員とカンポス議員が所属する「神のアセンブリー教会」が27名と最も多く，つぎにユニバーサル教会の13名，バチスタ教会の11名となっており（DIAP 2014, 107-109），議員団の主要な宗派は結成当初から変化していない。

　また2015年3月には，カトリック議員団[45]が，宗派に関係なくカトリック教徒である下院議員213名，上院議員5名により創設された。その定款によると，ローマ・カトリック教会が擁護する原理，倫理，モラル，教えを守ることを目的としている。同議員団は，カトリック教会はブラジル国民の形成に大きく関与し，社会のすべての分野で重要なかかわりをもっており，ブラジルは過去だけでなく未来もカトリック教会に大きく負っていると認識している。そして，市民の法律を策定する議員として，神聖な聖書を崇め，神の法が破られていないかを監視するため，カトリック教会の議員団を設立した

とされる。議員団のメンバーとして，ブラジル全国司教協議会（以下，司教協議会。Conferência Nacional dos Bispos do Brasil: CNBB）主催のミサに最低でも毎月1回，参加することが義務づけられている。また，司教協議会の利益にそうよう国会で職務を遂行することが求められており，全国レベルのカトリック教の宗教集団である司教協議会との関係が明記されている。

(2) リーダー的議員

近年の福音派議員団の政治的行為の活発化は，同議員団の中心人物が政治的に重要なポストについたことが影響している。とくに最近では，法案を多く提出しているフェリシアーノ牧師議員が2013年，下院人権マイノリティ委員会委員長に選出され，2015年にカンポス議員が福音派議員団の団長に選ばれている。また2015年には，超党派の議員で構成される同議員団の支持を受けたクーニャ議員が，政府の連立与党所属[46]であるにもかかわらず下院議長選挙に反政権側の候補として出馬し，与党労働者党が推薦する候補を破り，審議する法案の優先を決める権限のある下院議長に当選した。

フェリシアーノ牧師議員は，中絶やLGBTに反対の意を公言しているため，下院人権マイノリティ委員会委員長に選出された際，激しい抗議行動に遭った[47]。同議員は「神のアセンブリー教会」系の福音派教会を自ら主宰し，同協会関連のテレビ，ラジオ，出版社などの媒体を有する宗教集団の経営者である[48]。このようなメディアを利用した宣教活動や信者獲得は，福音派教会の特徴のひとつとされる（山田 2013）。フェリシアーノ牧師議員が選挙で福音派信者からの強い支持により当選したことは，メディアのインタビューで同議員自身が認めるなど自他ともに認知されている[49]。また，同議員の中絶やLGBTに反対する政治的な行為に対して，2013年の「神のアセンブリー教会」全国大会で大半の牧師が支持を表明している[50]。したがってフェリシアーノ牧師議員は，国会における福音派信者の代表者として期待されていると考えられる。

また，カンポス議員は1973年に福音派「神のアセンブリー教会」に改宗し，

1980年に助祭（Diácono），1988年に長老（Presbítero），1989年に福音伝道者（Evangelista），1996年に副牧師（Pastor Auxiliar）になっている。同議員は，「神のアセンブリー教会」だけでなくさまざまな福音派の教会から選挙の際に支持を獲得していることから，地方ではなく国政にかかわり続ける意向を表明している。また同議員は，反中絶の抗議デモを教会とともに実施したり，LGBTをめぐる法改正の審議が進むなか教会のリーダーや議員を緊急招集し対策会議を開催したりするなど，教会との強いつながりをもちながら政治活動を行っている。そして，このような具体的な情報を自身の公式サイト[51]で自ら発信している。これらの経歴，選挙での信者からの支持，教会とのつながりから，フェリシアーノ牧師議員とカンポス議員が，自身の福音派の宗教集団，または，福音派全体という市民社会組織を代表するかたちで，国会で政治的行為を行っている議員であることが理解できよう。

(3) 実質的代表性

このような福音派議員団をはじめとする宗教集団の政治的行為について，国会で人権と市民権に関する顧問（consultor legislativo）を務め，ブラジリア大学で宗教を研究しているサントス（Eurico dos Santos）教授は次のように述べている[52]。

「近年，福音派教会は代表制民主主義の制度を活用し，自らの団体を代表するよう選挙に出馬させていて，実際に当選して議員になる人が増えています。彼らは民主的な方法により国会での政治的影響力を強めていて，福音派議員団はその最たるものといえます。福音派の議員たちは中絶やLGBTなどに激しく反対したり，自身の宗教的価値観に合致するような法案を提出したりしています。

（中略）

ブラジルは公式には政教分離の国家ですが，カトリック教会はその長い歴史から，ブラジルの社会，人々の生活や考え方に深く浸透していま

す。そのため，カトリック教会の教えや存在はブラジルで半ば自然なこと，当たり前のこととして受け止められています。カトリック教会や信者は，福音派と比べて政治的な活動は活発ではありませんが，ブラジルで中絶に反対意見が多いのはカトリックの影響が強いからです。」

　サントス教授は，国会の現場で宗教関係者の政治的行為とかかわりをもち，実際に発生する諸問題について専門家として相談に当たっている。また同教授は，国会のある首都ブラジリアにおいて，宗教的な価値観や教えが女性や同性愛をめぐる政治社会的な規範に影響を及ぼしているとする研究を発表している（Santos 2000）。国会で政治的行為を行っている福音派議員たちが自身の所属する宗教集団の実質的な代表であるか，またはその代表性が高いか否かは，前説したキリスト教系議員団の設立目的や概要，リーダー的議員の経歴，選挙での信者からの支持，教会とのつながり，そして，これら議員たちの組織および個人的な政治行為を分析することで判断できよう。サントス教授の発言は，本事例に関する分析の判断を補強するものだといえよう。また，カトリック教会は同教授が述べるように，ブラジルの社会や人々にとって所与の存在であるが故に政治的に顕在化していなかった。しかし，2015年に国会でカトリック議員団が結成されており，民主主義の定着とともに希薄化していた国家との関係性を，再び強めようとする試みのひとつといえよう。

　国家の政策策定機関である国会において福音派教徒の議員たちは，近年のブラジルで増加する福音派の信者数や勢力を客観的に反映し，その特性や傾向などの情報を政治に提供する記述的代表になりつつある。そして，フェリシアーノ議員などの象徴的代表であるリーダー的議員を中心に，宗教的な価値観や教えにそう法案を提出し，議員団を結成し集団として政治的圧力をかけ，自身たちが所属する宗教集団の代行としての代表にふさわしい活発な活動を行っている。また，政党との結びつきが強い労組などと異なり（Collier and Handlin 2009)，キリスト教系の議員団は超党派であり特定の政党との関連性が強くない。つまりキリスト教系の議員団は，政党政治的な観点からで

はなく，宗教集団の利益を国政に反映させ，自身の宗教的な価値観や教えを社会に浸透させようと行為を行っている。したがってこれらの議員団は，ブラジルのキリスト教系宗教集団を実質的に代表する集団であり，自らの利益を政治社会へ反映させようとする「影響の政治」を実践しているといえよう。

2．草の根レベルにおける関係

前項までにおいて，国会での福音派教徒の議員などによる政治的行為を理解することができた。一方，冒頭で述べたように本章では，利害アリーナの異なる草の根レベルでどのような利益が存在するのかにも関心を寄せる。そのため本項では，ブラジル最大の都市サンパウロで筆者が宗教関係者に行った，中絶とLGBTをはじめとする草の根的な活動に関するインタビュー調査をまとめる。

【A 牧師】[53]
　サンパウロ市中心部に位置する福音派教会の牧師。サンパウロのLGBTサイト[54]ではキリスト教系の教会が六つ紹介されているが，A牧師の教会も含めすべて福音派である。
　「カトリック教会とちがい福音派は階層的でなく，信者が神と直接結ばれています。大半の福音派教会はLGBTに反対ですが，福音派のなかにもさまざまな宗派があり，それぞれの教会が独立しています。ですから，多くの福音派教会とは異なり，われわれはLGBTの人々や家族，このような問題を抱えているすべての人たちのための教会なのです。(中略) 2001年にサンパウロ州では反同性愛嫌悪の州法案[55]が提出されましたが，われわれが支持運動を活発に行ったことで，2010年に同法案は制定されました。同州法制定を記念したポスターには，支持運動を行った中心人物の1人として私の写真が載っています。」

【B 神父】[56]

　サンパウロ市北西部に位置するカトリック教会の牧師。B 神父の教区は貧困層が多く居住する周辺地区であり，貧者救済をはじめとする教会の草の根活動の歴史が長い。

　「カトリック教会としては中絶や LGBT を認めていません。ですが，もしこれらの問題で悩んでいる人が私の教会を訪ねてきたら，私はまず話を聞きます。そして，その人の相談に乗ります。中絶や LGBT の問題で苦しんでいる人を見捨てるようなことはしません。私の教会は悩めるすべての人々を受け入れています。（中略）私のようにカトリック教会の公式な見解と異なる活動を行っている神父は，サンパウロ州に所属している神父全体のなかで20％くらいかと思います。私たちのような神父は少数派ですが，ローマ教皇がリベラルなフランシスコ教皇になった影響もあり，地道ながら活動を行っています。（中略）私の教会は宗教的な活動はもちろんですが，貧しい地域に根差した慈善や社会福祉的な活動を多く行っています。とくに子供たちを対象とした活動に力を入れています。」

【C 神父】[57]

　サンパウロ市東部に位置するカトリック教会の神父。通常，ひとつの教区に神父がとどまるのは5年前後だが，B 神父は約40年にわたり貧困層が多く居住する現在の教区で宣教や慈善活動を行っており，サンパウロ市内外で著名な神父である。

　「B 神父がいうように，われわれのような急進的で自由な活動を行っている神父は全体の20％くらいでしょう。中絶であれ LGBT であれ問題を抱えた人々のため，私はこの貧しい人が多く住む地区で長年にわたり闘っているのです。（中略）カトリック教会の数はさほど増えていません。中絶や LGBT など社会のなかで現実に存在する問題をカトリック教会は認めようとしないのです。教会自身も抱えている問題にもかかわらず。それに比べて福音派教会の数は，都市の貧しい周辺地区においてものすごい勢いで増えてい

ます。(中略)私たちはサンパウロでもとくに貧しいこの東部地域でさまざまな活動を行っています。最近この教会の隣に,地域の高齢者の支援を目的にご老人の憩いのための施設を教会の支援で建設しました。」

【D カトリック教信者活動家】[58]

サンパウロ市中心部に事務所のある「決定する権利のための女性カトリック教徒」(Católicas pelo Direito de Decidir)という団体の理事。同団体のサイト[59]には,フェミニズムや性の多様性に基づく合法的な中絶やレズビアンの容認など,カトリック教会の公式な見解とは相容れない主張が多く掲載されている。

「私たちは,家族やセクシュアリティを決める権利は女性自身や個人がもっているはずであり,カトリック教会が決めることではないと考えています。私たちはフェミニズムだけでなくLGBTの立場にも立っていますが,こうした私たちの活動に対してカトリック教会は圧力をかけてきました。でも,私たちの聖書の解釈では,中絶やLGBTもカトリック教徒として受け入れられると理解しています。(中略)大学入試の小論文でフェミニズムやLGBTが取り上げられましたが[60],その直後,私たちはマスコミからの取材や講演会の依頼を多く受けました。入試問題にこういった問題が取り上げられるということは,政府は現実をちゃんと理解しているということなのです。そして,関連する取材や講演の依頼が多くあったことは,カトリック教徒であり市民である私たちの活動が社会から求められている証拠だといえます。」

【E 草の根教会活動家】[61]

サンパウロ市南東部に居住するカトリック教会信者であり社会運動の活動家。E氏は,カトリック教会の熱心な信者で,教会への参加や貢献度など一定の条件を満たした者だけが資格を与えられる社会活動家(Agente Social da Pastoral)として,2002年から現在まで教会の草の根活動に携わっている。

「私は中絶には反対です。同性婚やセクシュアリティの多様性には以前は

反対でしたが，人権を含めた社会運動に参加するようになって，周りにLGBT の人がいたので偏見はなくなり，今は LGBT の友達もいます。（中略）最近，私たちの教区の草の根活動は確かに以前に比べてあまり活発ではありません。その大きな理由は，神父さんが代わったことです。以前の神父さんはリベラルな考え方の人で草の根活動に熱心でしたが，今の神父さんはそうではなく，とても保守的です。教会の草の根活動は，その教区に派遣されてくる神父さんがどのような人かに大きく左右されるのです。」

　これらのインタビュー調査から，国会における宗教集団の政治的な行為とは異なり，草の根レベルにおける国家とキリスト教系宗教集団の関係を理解することができる。中絶と LGBT に反対する福音派は，国会ではこれらの問題に関する法案の提出や政治行為を行うなど，国家に対する働きかけを積極化させているが，組織構造が階層的ではなくさまざまな宗派があり各宗派の独立性や自由度が高いため，草の根レベルでは一部の教会がまったく相反する活動を行っている。

　カトリック教会に関しても，とくに貧困層の多い周辺地区にある一部の教会では，世俗的な社会福祉や慈善活動とともに，中絶や LGBT の問題を抱えた人々も受容し支援を行っている。また，教会の保守的な主流派の価値観や教えに反対する活動が，信者自身によって行われている[62]。このような教会や信者は少数だが，2013年にリベラルで庶民的なフランシスコ教皇が就任した影響も言及されている。ただし，中絶や LGBT に関するカトリック教会の受容性や草の根的な活動は，教区に派遣される神父の考え方に左右されることが理解できる。また，リベラルな教会関係者は如何なる問題でも悩める人々はすべて受容するという考えから，おおむね中絶と LGBT の双方に寛容ではあるが，個人的な信念から一方には異を唱える人も存在することがわかる。

　これらのインタビュー調査の結果は，政治的な利害アリーナが国会とは異なる，おもに都市の草の根レベルにおいて，宗教関係者が問題を抱えた大衆

の利益をどのように実現させようとしているかを表出している。このような利益実現の態様について，コリアとハンドリン（Collier and Handlin 2009）は「都市大衆利益レジーム」(urban popular interest regime) を唱えている。コリアとハンドリンは，20世紀後半の民主化の第三の波や国際的な経済再編により，国民の大半を占める低階層の利益をめぐり，近年のラテンアメリカで市民社会組織の増殖や政治的な左傾化が起きたと認識する。このことにより，それまでの労組と政党を中心とした支配的なレジームのほかに，都市部のコミュニティ密着型結社（community-based associations）を基盤とする「都市大衆利益レジーム」が新たに登場したと論じる。そして，それまでのレジームが政党との結びつきの強い労組を中心とした中央集権的，特権的，全国的であったのに対し，新しいレジームはネットワーク的で水平的なことや，政党の果たす役割が小さい点などを特徴として指摘する。

　国会においては，おもに福音派議員団が中絶やLGBTをめぐる政治行為を活発化させ，国家への影響力を強めている。一方で本インタビュー調査から，草の根レベルにおいて，中絶やLGBTという社会的規範や政治的文化を主題化する国家に対して，一部のキリスト教関係者がラテンアメリカの新たな都市大衆の利益に基づき，主流派の宗教集団とは異なる関係を国家とのあいだで構築している態様が理解できる。

おわりに

　本章では，ブラジルにおける国家とキリスト教系宗教集団の関係が近年どのようになっているかについて，同国で政治的に争点化する「中絶」と「LGBT」というふたつの問題に焦点を当て，その態様を明らかにすることを試みた。

　国会における関係に関して，おもに福音派の議員団および議員が，「人間の再生産」や「家族のあり方」をめぐる自らの宗教的な価値観や教えに基づ

き，自らの利益を政治に反映させるべく，政治的な行為を活発化させていることがわかった。近年の福音派の議員数および議員団は増加傾向にあり，本章で示した例外的な事例はあるが，ブラジルの福音派教徒の全体的な特性や傾向などの情報を政治に提供している点から，福音派の宗教集団を記述的に代表しているといえよう。またリーダー的議員は，法案の提出や活発な政治的行為の点で信者を象徴的に代表し，国会で自身の宗教集団の利益を代行している現状を理解できた。つまり，実質的な代表ととらえることができる，またはその代表性の高いといえる福音派の議員たちが，国家レベルの代表民主主義制度である国会の政策策定プロセスに自らの宗教的価値観に基づく言説を持ち込み，自らの利益を政治社会へ反映させようと「影響の政治」を実践しているのである。2015年，カトリック教会も自らの議員団を正式に結成させている。したがって近年のブラジルにおいて，キリスト教系の宗教集団は国家の代表制民主主義である国会に代表者を送り，そこでの言説プロセスに影響を与えることで，政治社会のアクターに規範を変えるような影響を強めているといえよう。

　このような国会における国家と宗教集団の関係は，本章の冒頭で提示した仮説的な見解とほぼ合致する。その見解とは，中絶やLGBTという問題が表面化したことで，市民社会組織であるキリスト教系の宗教集団が，民主主義の定着により一時は関係性を希薄にしていた国家に対して，宗教的な価値観や教えに基づく自らの利益を政治や社会に反映させるような関係を構築しているのではないか，というものであった。とくにこの傾向は福音派の宗教集団に顕著であり，その影響力の強さを象徴することとして，本章で分析した国会での政治行為に加え，ブラジルの大都市圏で近年建設されている巨大な教会が挙げられる。宮殿のような教会の落成式などには，福音派が招待した有力な政治家がこぞって参列しており，国家や政治との関係性の深さを象徴している。

　ただし，本章では国会における関係に加え，草の根レベルにおける関係にも着目した。なぜなら，社会的規範を主題化する国会に対して宗教集団は自

己利益を反映させようとするが，その態様が別レベルの政治的な利害アリーナで異なると考えるとともに，多様な草の根的な活動が先行研究で指摘されているからである。

　実際，サンパウロで行ったインタビュー調査では，一部の教会や信者が中絶やLGBTという問題に，直接または間接的にかかわる活動を行っていることがわかった。軍政期に民主化の拠点となった教会の草の根的な活動は，民主主義の定着により衰退傾向にある。しかし，とくに都市周辺部の貧困層が多く居住する地区では，より世俗色の強い社会福祉や慈善的な活動が行われ，その対象には中絶やLGBTの問題で苦しんでいる人々が含まれることもある。カトリック教会が公式には認めず，福音派議員団が国会で公然と反発している問題であっても，それらも含む大衆の利益を実現すべく，おもに都市部においてコミュニティ密着型の教会やそこで独自の活動を行う信者も少数派だが確認することができた。つまり，国会においては実質的な代表である宗教集団が，自らの宗教的な利益を社会的な規範に反映させようと国家に対して政治的行為を活発化している。しかし，それとは異なり草の根レベルでは，おもに都市に集中している大衆の利益も，国家が形成する社会的規範に反映させようと，国会における関係とは異なる活動を行っている宗教集団や信者が存在するのである。

　近年のブラジルでは，間接的な代表制民主主義だけでなく直接的な参加型民主主義の定着も進んでいる。それとともに，福音派をはじめとするキリスト教系の宗教集団が，国家の代表制民主主義の頂点である国会において，中絶やLGBTという表面化した問題に反対する政治的行為を活発化させている。宗教集団を含む市民社会組織の政治参加の増大について，多くの先行研究が参加型民主主義に注目されている。しかし序章が指摘するように，代表制民主主義の政治過程における市民社会組織による利益表出の態様を明らかにし，国家との関係性を考察した点が，本研究の知見のひとつだといえよう。ただし，一部であるが都市の草の根レベルにおいて，これらの問題を抱える人々の利益も実現すべく活動する教会や信者も存在する。

中絶やLGBTをめぐる宗教関係者や為政者による国会での政治行為，および，草の根的な活動は，多くの国民の意識とともに社会的規範や政治的文化に影響を及ぼしている。市民社会組織である宗教集団は，自らの宗教的な価値観や教えに反する中絶やLGBTという問題に関して，自らの利益を実現すべく政治的な行為や活動を活発化させ，これらに関する政策や規範を形成する国家・政府との関係性を強めている。その利益とは，国会という国家レベルの代表制民主主義制度のアリーナでは，実質的な代表性の高い議員を介した宗教集団の宗教的な価値観や教えに基づく利益だといえる。ただし，同一ととらえることができる宗教集団の一部を介してではあるが，草の根レベルには都市に集中する大衆の利益も含まれることがわかった。

　近年のブラジルにおいて，キリスト教系の宗教集団が中絶やLGBTという問題をめぐる行為を積極化させたことで，これらの問題の是非や方向性とは別に，国家と市民社会における議論や活動が国会や草の根レベルで活発化し，双方の相互作用を深めているといえる。本章は宗教集団に関して，代表性の高い議員の国家レベルでの政治的行為に主眼をおいたが，最後に論じた草の根レベルの行為について，社会集団としてのキリスト教系宗教の変化やその政治経済的な背景の究明には至らなかった。これらの点を今後の研究課題として挙げることができよう。

〔注〕
(1) 宗教の組織に関しては，特定の共通な価値観やアイデンティティに基づくとともに，登記などの有無も重視する「団体」と称する場合もある。しかし，本章は国家レベルに主眼をおきつつも草の根レベルの利害アリーナに着目し，広義では同一とも認識される組織の異なる行為にも注目する。そのため本章では，組織の機能や形態の多様性も含意する「社会集団」という意味をもたせるべく「宗教集団」と称する。
(2) カトリック教会にはローマ・カトリック教会と東方教会がある。ただし，ブラジルが過去に国教としていた宗教はローマ・カトリックである。また，同国の人口センサスなどの統計調査における「カトリック教徒」は「ローマ・カトリック教徒」を意味し，2010年時点の信者数も前者の約123万人に対し，

後者は約13万人と僅かである（IBGE）。さらに，軍政期からブラジルの民主化に対して影響が強かったのはローマ・カトリック教会である。そのため，本章で取り上げる「カトリック教」とは，過去にブラジルの国教であり，宗教信者の大半を占め，民主化を含め社会に大きな影響力をもってきた「ローマ・カトリック教」を意味する。
⑶　1815〜1822年は独立前のポルトガル・ブラジルおよびアルガルヴェ連合王国。
⑷　「キリスト教基礎共同体」（Comunidades Eclesiais da Base: CEBs）と呼ばれ，軍政期には民主化活動への支援を行ったが，通常は人権擁護や貧者救済のための活動を行っているため，貧困層が多く居住する都市周辺部を中心に存在する。
⑸　福音派を含むキリスト教の宗派の詳細については，乗（1998），山田（2013），Hartch（2014）などが詳説している。
⑹　LGBTとは，女性同性愛者（Lesbian），男性同性愛者（Gay），両性愛者（Bisexual），性別越境者など（Transgender）の頭字語の略称で，多様なセクシュアリティを意味する。
⑺　コロル（Fernando Mello de Collor）大統領（当時）。
⑻　もう1人はMarina Silva候補。現在は自らの政党の党首。
⑼　基本的規則不履行非難（Arguição de Descumprimento de Preceito Fundamental：ADPF）54号。
⑽　下院議会の法案検索サイトにおいて，2012年に議会に提出された法案を「無脳症」（anencefalia）と「中絶」（aborto）で検索し，その内容を照査した結果。
⑾　立法府命令案（Projeto de Decreto Legislativo: PDC）565号。
⑿　ジンバルジ（Salvador Zimbaldi）議員。下院議会サイトの経歴データから，同議員は2011年に「生命を守る超党派議員団：中絶に反対」（Frente Parlamentar Mista em Defesa da Vida - Contra o Aborto）の団長を務めたことがあるため，宗教より自身の価値観から同法案の共同提出者になったと推測される。
⒀　立法府命令案（PDC）566号。
⒁　情報請求（Requerimento de Informação: RIC）2476号。
⒂　下院議会のサイトに掲載される「下院議会ニュース」（Câmara Notícias）。
⒃　ブラジルでは「次の日のピル」（pílula do dia seguinte）と呼ばれるピルで，性行為の後に飲用すると避妊効果があるとされ，薬局などで購入が可能である。
⒄　法案（Projeto de Lei: PL）5069号。
⒅　その他の議員は，シルヴェストリ（Isaias Silvestre），モウラ（Andre Moura），オリヴェイラ（Arolde de Oliveira），サー（Arnaldo Faria de Sá），アウレロ（Aureo），ポルテラ（Lincoln Portela），ロジェリオ（Marcos Rogério）。

(19) 本名は Máriton Benedito de Holanda。
(20) トン神父の選挙区であるロンドニア州の新聞（*Diário da Amazônia*, 2015年7月10日付）によると，トン神父は司祭職にあったが，聖職者と政治家の兼職を認めないカトリック教会の方針により，司祭職を停止させられた。
(21) 前者がリンニャーレス（José Linhares）議員，後者がダード（João Dado）議員。
(22) 原文は「Frente Católica Nacional」で，前述のカトリック議員団と関連していると思われるが，同議員団の正式な設立は本発言の2年後の2015年である。
(23) カッコ内は筆者補足。
(24) 注(16)の「次の日のピル」（pílula do dia seguinte）を意味する。
(25) ポルトガル語の正式名は Comissão Diocesana em Defesa da Vida da Diocese de Taubaté で，サンパウロ州タウバテ（Taubaté）市の司教区にある中絶に反対する福音派教会の団体。同様の団体は全国各地の司教区に存在する。
(26) 主催者側の発表では，2011年のパレード参加者が過去最多の400万人に達したとされる。
(27) 現在の正式名は「LGBT差別撲滅国家審議会」（Conselho Nacional de Combate à Discriminação de LGBT）。
(28) 違憲直接行為（Ação Direta de Inconstitucionalidade: ADI）4277号。
(29) 基本的規則不履行非難（ADPF）132号。
(30) 下院議員の法案検索サイトにおいて，2011年に議会に提出された法案を「ホモセクシュアル」（homossexual）で検索し，その内容を照査した結果。
(31) 法案（PL）1411号。
(32) 立法府命令案（PDC）224号。
(33) 立法府命令案（PDC）232号。
(34) 要求（Requerimento：REQ）88号。
(35) 立法府命令案（PDC）495号。
(36) 立法府命令案（PDC）521号。
(37) ゴイアス州のケース。
(38) 判決（Resolução）175号。
(39) 立法府命令案（PDC）234号。
(40) 法案（PL）122号。
(41) 情報請求（RIC）26号。
(42) 「社会政治行動の全国福音派フォーラム」（Fórum Evangélico Nacional de Ação Social e Política）。
(43) 正式名は議員前線（Frente Parlamentar）だが，通称として議員団（Bancada）と呼ばれることが多い。
(44) 通称（Bancada Evangélica）であり，正式名は国会の福音派議員前線（Frente

Parlamentar Evangélica do Congresso Nacional)。

⑷5 正式名は「ローマ・カトリック超宗派教徒議員前線」(Frente Parlamentar Mista Católica Apostólica Romana)。下院議会サイトによる2016年1月時点の参加者は，下院議員214名，上院議員5名。

⑷6 ブラジル民主運動党（Partido do Movimento Democrático Brasileiro: PMDB）で，労働者党のルセフ政権にとって連立を組む最大の政党であり，副大統領も同党所属であった。

⑷7 2013年3月7日付の下院議会サイトの公式ニュース。

⑷8 同議員自身の公式サイト。http://marcofeliciano2010.com.br/（2016.1.8 アクセス）

⑷9 BAND.com.br，2015年8月31日。http://noticias.band.uol.com.br/brasil/noticia/100000769198/feliciano-promete-manter-parada-gay-se-chegar-a-prefeitura-de-sp.html（2016.4.18アクセス）

⑸0 *Folha de São Paulo* 紙，2013年4月9日付。http://www1.folha.uol.com.br/poder/2013/04/1260007-feliciano-recebe-mocao-de-apoio-de-colegas-pastores.shtml（2016.4.18アクセス）

⑸1 http://www.joaocampos.com.br/（2016.1.8 アクセス）

⑸2 2016年11月6日にブラジリア大学で行った筆者によるインタビュー。

⑸3 2016年11月12日にサンパウロ市のA牧師の教会で行った筆者によるインタビュー。

⑸4 http://www.guiagaysaopaulo.com.br/1/r--igrejas--20--guia-gay-sao-paulo.htm（2016.1.8. アクセス）

⑸5 州法10948/2001号。セクシュアリティをもとにした差別行為に対して罰則を適用するサンパウロ州の法律。

⑸6 2016年11月11日にサンパウロ市のB神父の教会で行った筆者によるインタビュー。

⑸7 2016年11月13日にサンパウロ市のC神父の教会で行った筆者によるインタビュー。

⑸8 2016年11月13日にサンパウロ市の「決定する権利のための女性カトリック教徒」事務所で行った筆者によるインタビュー。

⑸9 http://catolicas.org.br/（2016.1.8. アクセス）

⑹0 日本の大学センター試験に相当するもので，2013年に同性婚，2015年に女性の解放を訴えたフランス人作家シモーヌ・ド・ボーヴォワールが取り上げられた。

⑹1 2016年11月11日にサンパウロ市のE氏の自宅で行った筆者によるインタビュー。

⑹2 このような活動を含むカトリック教会の新たな動きは，「カトリック・カリ

スマ刷新運動」(Renovação Carismática Católica) と呼ばれている（山田 2013）。

〔参考文献〕

<日本語文献>
近田亮平　2010.「ブラジル大統領選挙とルーラ主義」『ラテンアメリカ・レポート』27 (2) 12月　2-14.
―――　2014.「都市貧困層の社会運動への参加――サンパウロの住宅運動をめぐる制度化とエージェンシー――」博士論文　東京外国語大学.
ベリイマン, フィリップ　1985.「解放の神学と草の根教会――キリスト教基礎共同体とラテンアメリカの未来――」『新日本文学』40 (11)：29-40.
舛方周一郎　2009.「ブラジルにおける難民保護政策の形成――国際人権規範の国内受容と多元化する政策決定過程――」（ラテンアメリカ研究　No.33）上智大学イベロアメリカ研究所.
三田千代子　1991.「岐路に立つブラジルのカトリック教会」『ラテンアメリカ・レポート』8 (3)　9月　11-19.
山岡龍一　2006.「政治におけるアカウンタビリティ――代表, 責任, 熟議デモクラシー――」『早稲田政治経済学雑誌』(364)：20-33.
山田政信　2013-2014.「新宗教のブラジル伝道　キリスト教の変容」①～⑬『グローカル天理』(164) - (175).
乗浩子　1998.『宗教と政治変動――ラテンアメリカのカトリック教会を中心に――』有信堂高文社.

<外国語文献>
Burdick, John, and W. E. Hewitt, ed. 2000. *The Church at the Grassroots in Latin America: Perspectives on Thirty Years of Activism*. Westport: Praeger.
Cohen, Jean L., and Andrew Arato 1992. *Civil Society and Political Theory*. Cambridge, Massachusetts: MIT Press.
Collier, Ruth Berins, and Samuel Handlin, ed. 2009. *Reorganizing Popular Politics: Participation and the New Interest Regime in Latin America*. University Park: Pennsylvania State University Press.
Datafolha 2013. "Opinião pública: religião." São Paulo: Datafolha.
DIAP (Departamento Intersindical de Assessoria Parlamentar) 2002-2014〔Each edition〕*Radiografia do novo congresso*. Brasília: DIAP.

Hartch, Todo 2014. *The Rebirth of Latin American Christianity*. New York: Oxford University Press.
Hochstetler, Kathryn 2008. "Organized Civil Society in Lula's Brazil," In *Democratic Brazil Revisited*, edited by Peter R. Kingstone and Timothy J. Power. Pittsburgh: University of Pittsburgh Press, 33-53.
Linz, Juan J., and Alfred Stepan 1996. *Problems of Democratic Transition and Consolidation: Southern Europe, South America, and Post-Communist Europe*. Baltimore: Johns Hopkins University Press.
Mello, Luiz, Rezende B. de Avelar e Daniela Maroja 2012. "Por onde andam as políticas públicas para a população LGBT no Brasil." *Revista Sociedade e Estado* 27(2): 289-312.
Pitanguy, Jacqueline 2011. "Mulheres, constituinte e constituição.", In *Redistribuição, reconhecimento e representação: diálogos sobre igualdade de gênero*, edited by Maria A. Abreu. Brasília: IPEA, 17-45.
Pitkin, Hanna Fenichel 1967. *The Concept of Representation*. Berkeley: University of California Press.
Romano, Roberto 1979. *Brasil: igreja contra estado: crítica ao populismo católico*. São Paulo: Kairós Livraria e Editora Ltda.
Santos, Eurico A. G. Cursino dos 2000. "Política e magia (na cultura brasileira e) no Distrito Federal." In *Política e Valores*, edited by Caetano E. P. de Araújo et.al. Brasília: Editora UnB, 87-115.
Sinner, Rudolf von 2012. *The Churches and Democracy in Brazil: Towards a Public Theology Focused on Citizenship*. Eugene: Wipf and Stock.
Souza, Valdomiro José de 2009. "O aborto no Brasil: um resgate das concepções morais católicas em constraposição aos grupos pró-aborto." *Revista Brasileira de História das Religiões* 1(3): 1-13.

<ウェブページ>
Câmara dos Deputados（下院議会）. http://www2.camara.leg.br/
Frente Parlamentar Evangélica do Congresso Nacional（福音派議員団）.
　　http://www.fpebrasil.com.br/portal/
IBGE (Instituto Brasileiro de Geografia e Estatística) Séries históricas estatísticas.
　　http://seriesestatisticas.ibge.gov.br/

終　章

21世紀ラテンアメリカにおける国家と
市民社会組織の関係

宇佐見　耕一

　1980年代以降ラテンアメリカにおいて市民社会組織は，その活動分野や組織の数において大幅に拡大し，政治学や社会学研究のひとつの重要な研究対象となった。とはいえ，ラテンアメリカを対象とした研究者から，同地域における市民社会は欧米のそれと歴史的背景や，その内容自体も異なるとの議論が出されていた。そこで本書ではペストフの第3セクターの議論を援用し，ラテンアメリカの市民社会はその地域の歴史的展開を背景に，国家や経済といった隣接領域と相互に影響しあいながら形成されてきたものであると把握することにした。他方こうした市民社会組織の役割が注目される間，ラテンアメリカにおいて市民社会の隣接領域である国家は，1980年代に権威主義体制から民主主義体制への移行を果たした。本書の問いは，民主主義体制への移行を経たラテンアメリカにおける国家と市民社会組織はどのような性格のものであるのかというものである。とはいえ21世紀の今日に至るまで市民社会組織の隣接領域で起きた変容は，民主主義への移行にとどまらない。経済的領域において第2次世界大戦以降ラテンアメリカにおいて中心的位置を占めてきた国家介入型の輸入代替工業化は，1980年代の経済危機によりその限界が鮮明となり，1990年代以降市場機能を重視する新自由主義経済政策へと移行していった。21世紀のラテンアメリカの市民社会組織は，こうした隣接領域における二重の移行を経て構成されたものであった。本書の課題である

国家と市民社会組織の関係を考察する際にも，現在の市民組織がこうした二重の移行を経て成立している点を視野に入れておくことは必要不可欠な点である。

こうした二重の移行のもとで，ラテンアメリカの国家と市民社会組織の関係がどのような性格のものになったのかという本書の課題は，より具体的に以下のふたつの課題に分けることができる。それは第1に，利益媒介システムあるいは政策形成過程としての国家と市民社会組織の関係であり，第2は民主主義体制と市民社会組織の関係である。第1の利益媒介システムあるいは政策形成過程として国家と市民社会組織を検討するという課題は，第2次世界大戦後多くの域内諸国で何らかの形式のコーポラティズムが存在し，それが利益媒介あるいは政策形成に影響を与えていたという先行研究に基づいている。そこから二重の移行を経てそうした利益媒介システムや政策形成システムは，どのような変容を遂げたのかという課題が設定されることなる。そこではコーポラティズムが何らかの形で継続しているのか，あるいは存在していないのか。コーポラティズムが継続した場合，どのような形態のコーポラティズムが存続しているのか。あるいはコーポラティズムが存在しない場合，どのような形態の利益媒介システムあるいは政策形成システムが構築されたのかというさらなる問いが提起される。

第2の民主主義体制と市民社会組織の関係を明らかにするという課題は，民主主義定着後の代表制民主主義に関する先行研究より，市民社会を理解するためには国家と市民社会関係を理解する必要性があることから提起されたものである。代表制民主主義に対して市民社会は，社会的アカウンタビリティを通してその監視機能により，多元性とアイデンティティ政治を通してそのアドボカシー機能や政府に対する直接的な利益表出により，また参加型制度により貢献することが先行研究により示されている。他方，クライアンテリズムやポークバレルは代表制民主主義を阻害するものである。第Ⅱ部はこれらの視点をふまえて，民主主義と市民社会組織の関係を考察するものである。以下各章の概要を記す。

終　章　21世紀ラテンアメリカにおける国家と市民社会組織の関係　257

　第Ⅰ部の第1章「メキシコにおける政労関係の継続と変容——労働法制改革をめぐる政治を中心に——」では，2012年に雇用関係の柔軟化を促進するよう労働法が改正されたが，経済部門に比べて労働部門の自由化がなぜ遅れたのかを課題としている。それを説明するためにムリージョの労組のリーダシップをめぐる政党間競争と，労働者の利益代表をめぐる労組間競争から，その政権の新自由主義政策に対するリアクションを説明するという分析枠組みからヒントを得て，新自由主義政策に対する労組のレバレッジを検討することとし，次のような結論を導き出している。すなわちコーポラティズム的構造をもっていた政権では，労組のレバレッジが高く，2000年にPAN政権成立後も，労組によるアドホックなレバレッジにより労働法改革は阻止され，これらがメキシコにおいて経済面に比して労働面での自由化が遅れた理由である。それがPAN政権末期の2012年に，労働組合のレバレッジが弱まったときに労働法を柔軟化する改正が成立した。とはいえ，21世紀になってからの多元的協議の構想は早々に挫折し，政府・政党と労組の力関係が政策形成にとって重要であるという構図は基本的に継続している。

　第2章の「ボリビアにおける国家と強力な市民社会組織の関係——モラレス政権下の新鉱業法の政策決定過程——」においては，ボリビア鉱山協同組合という強い市民社会が政策決定の自律性をもたない弱い国家のもとでどのように政策形成を成し得たのかという課題を，新鉱業法の成立過程を事例として検討している。結論として，鉱山国有化を含む新鉱業法のように，特定の市民社会組織から強い抵抗運動が予想される場合に，政府はアドホックに合意を得ようとし，アドホックな政策アリーナが形成される。最終的に鉱山組合は天然資源の国家管理を認めるという妥協を強いられた訳であるが，そこには鉱山協同組合の大統領との政治的同盟を優先させた戦略があった。その背景には，いかに強い市民社会組織といえども権力を集中させた大統領との関係を重視せざるを得なかったというボリビアの権力集中システムが存在していた。

　第3章「ポスト新自由主義期ペルーの労働組合と国家——20世紀の状況と

の比較——」においては，20世紀の国家と労働組合の関係の検討から三つの問いを設定し，21世紀のペルーにおける国家と労働組合との関係を解き明かそうとしている。21世紀のペルーの労働組合に関する分析を行った結果，以下のような結論を得た。第1にポスト新自由主義の影響に関して，労働組合をめぐる政治的ダイナミズムに変化はみとめられなかった。第2の労働組合と左派系政党との関係については，各組合・連合組織が，左派系小政党のひとつに従う形で存在してきた状況に変化は起きなかった。第3の労働組合の他組織との関係について，垂直的な政党とつながる関係がみられる一方で，自組織と類似の労働問題を抱える社会の他の部門との水平的な協調関係を幅広く構築することはなかった。総じて20世紀に観察されたペルーにおける労働組合の特徴は21世紀になっても維持され，それゆえ国家と労働組合関係にも大きな相違はみられなかったと結論している。

第Ⅱ部第4章「ベネズエラにおける参加民主主義——チャベス政権下におけるその制度化と変質——」では，チャベス政権下において参加型民主主義を切り口として国家と市民社会組織の関係がいかなるものであるかを明らかにすることを課題としている。ベネズエラではコーポラティズム的なプント・フィホ体制が崩壊以降，参加型予算等市民社会の政治参加の萌芽がみられた。チャベス政権成立以降は，2006年の地区住民委員会制度が法制化された。法制化以前の地区住民委員会は他の市民社会組織と同等の位置づけであったが，法制化以降は，チャベス政権のめざす社会主義モデルのなかに位置づけられた。そのため，チャベス政権では市民の政治参加を当初の目的とした地区住民委員会は国家の統治機構の一部となり，チャベス政権に賛同しない市民社会組織は参加のシステムから排除されるに至った。

第5章「分配政治とブラジルの市民社会——連邦政府から市民社会組織への財政移転の決定要因——」では，なぜ市民社会の強化が代表制民主主義の質の向上につながらないのかという問いを立て，それを解明するためにどのような市民社会組織の財政移転案が連邦政府に採択されやすいのかを明らかにすることを課題としている。そこでは，連邦政府から市民社会組織への財

政移転にクライエンテリズムやポークバレルが介在しているのかといった問題が扱われる。こうした問題を明らかにするために統計分析が行われた。計量分析の結果，労働者党によるポークバレルが比較第一党である下院ではなく，多くの閣僚ポストを押さえている官庁の決定過程で発生している可能性が示された。他方，計量分析はクライエンテリズムの影響がないことが示されている。本章の財政移転に焦点を当てた分析により，ブラジルの国家と市民社会組織のあいだにはクライエンテリズムはみられなかったが，特定の地域における不特定の人々に対して党派的利益を供与するというポークバレルが存在することが証明された。

　第6章「ブラジルにおける国家とキリスト教系宗教集団の関係――福音派の台頭と政治化する社会問題――」においては，近年ブラジルにおいて政治的に争点化している中絶とLGBTというイシューに焦点を当て，国家とキリスト教系宗教団体との関係のあり方を明らかにすることを課題としている。まず国会レベルでは，福音派議員が集まり形成された議員団が国会の場において，言説プロセスに影響を与え，自らの利益を，すなわち中絶やLGBTの権利に関して反対する立場を政治社会に反映しようとする「影響の政治」を実践していることが明らかにされた。しかし草の根レベルでは，福音派においてもカトリックにおいても中絶やLGBTの問題を抱える大衆の利益を実現するために活動している宗教団体関係者が存在することが明らかにされた。総じて中絶やLGBTに関する宗教関係者の国会での政治的行為や草の根レベルでの活動は，多くの国民の意識，社会的規範および政治文化に影響を与えていることが示された。また，国家と市民社会組織の関係が国家と草の根レベルでは相違していることが指摘されている。

　これらをまとめると，第Ⅰ部の利益媒介システム，あるいは政策形成の観点から国家と市民社会組織との関係をみるという課題では，メキシコ，ボリビアおよびペルーの事例が扱われた。序章の第2節で示したように，先行研究の検討からこの課題はコーポラティズムを手がかりに分析に入ると整理しやすいことがわかっている。コーポラティズムの観点からみると，メキシコ

では民主化以前からコーポラティズムの枠組みが明確で，民主化以後も政労協議の枠組みは残されていた。そのなかで，政労の力関係で政策が策定されていった。ボリビアでは「穴の開いた国家」と呼ばれる弱い国家は，強い抵抗を示す市民社会組織とアドホックな協議によりアドホックな合意を得るという状況がみられた。ペルーでは歴史的に弱い国家と弱い社会のあいだでコーポラティズム的関係は構築されず，21世紀に入っても政労関係に限ってみると特定の左派政党に特定の労働組合が従うという構図に変化はみられなかった。このような場合市民社会組織の要求は，メキシコでは政労の力関係を通して，ボリビアではアドホックな交渉を通して，ペルーでは国民の支持を意識した大統領による決定であるとか，ソーシャルネットワークを使ったアドホックな労働者の抗議活動により政策が形成されていった。

　序章では，市民社会組織の機能として政治過程への利益表出があり，コーポラティズムの存在が，民主化と新自由主義への二重の移行を経た段階の利益媒介・政策形成を理解するうえで有用な視角であることを提起した。そこでは各国の新たな政策形成様式の類型化と，国によって異なる経路の解明が重要な課題であるとされた。第Ⅰ部で扱ったメキシコ，ボリビアおよびペルー3カ国のうち，メキシコは歴史的にコーポラティズムが存在しそれが変容しながら残存している国であり，ペルーとボリビアはコーポラティズム的要素が弱い国に分類される。現在の国家と市民社会組織の関係性は，それまでに存在してきた政策形成アリーナと，それを基盤とした両者の関係に強く依存したものであり，メキシコでは，政労によるコーポラティズムの枠組みが形を変えて残り，そこで政労の力関係で政策が決定されている。これに対してコーポラティズム的要素が弱いボリビアとペルーでは，政策はアドホックな場でそのときの政治情勢を反映したアドホックな政策形成がなされている。

　第Ⅱ部の民主主義と市民社会組織の関係については，ベネズエラとブラジル2事例を扱った。序章において代表制民主主義と市民社会組織の関係を分析する際，次の三つの視点からの分析が重要であると指摘した。すなわち，

終　章　21世紀ラテンアメリカにおける国家と市民社会組織の関係　261

第1に民主主義の退行がみられる場合における社会アカウンタビリティ，多元性とアイデンティティ政治，参加制度，クライエンテリズムの分析，第2にクライエンテリズムは政策プログラムをめぐる「政党制の構造化」の低さに起因しており，分配における党派性と市民社会組織の関係の分析，第3に民主化や新自由主義を経て代表制民主主義において新たな市民社会アクターが議員を通じてどのようにその利益を表出しているのかということに関する分析である。ベネズエラのケースでは，政権が権威主義的性格を強め，民主主義が退行している事例と考えられる。そこでは政府主導で市民社会組織の再編が図られたことにより，市民社会組織の自律性が損なわれたことが明らかにされている。ブラジルの連邦政府から市民社会組織への財政移転の決定要因の分析は，党派性と市民社会組織に関する分析である。それによりポークバレルの存在が明らかとなり，これも政権が特定の市民社会組織を利用しようとすることの現れである。両者を比較すると，権威主義的政権のベネズエラではより直接的に国家が市民社会組織を統制しているのに対して，民主主義体制が定着したとされるブラジルでは，既存の制度のなかで予算配分をめぐって間接的に市民社会組織へ国家が影響力を行使しようとしていることがわかる。他方，ブラジルにおけるキリスト教系宗教団体のケースを扱った研究では，宗教団体が新たに国会に賛同者を送り自己の利益を政策に反映させようとしている。しかし，そこには市民社会組織側からの民主主義への質低下を図る行為はみられていない。

　最後に，本書の検討から残された次のふたつの課題を指摘しておく。本書は，21世紀のラテンアメリカ諸国における国家と市民社会組織関係の性格をめぐる事例研究の書である。利益媒介システムあるいは政策形成の観点から国家と市民社会組織を検討した本書の各章は，市民社会組織である労働組合あるいは協同組合を事例とした研究であった。労働組合や協同組合は有力な市民社会組織であり，政策形成に関する分析の対象としては適しているといえる。とはいえ，民主化以降の市民社会組織は質量的な拡大がみられたことが知られている。次の段階では，より包括的な市民社会組織を含んだ研究が

求められる。第2に比較研究の必要性である。第Ⅱ部でのベネズエラとブラジルの検討により，政治体制の相違により国家が市民社会組織に与える影響が異なり，民主主義の質に影響していることが示唆されている。しかし，本書ではそれぞれ異なる手法で分析しており，同じ方法で複数の国を比較する比較研究が求められる。このことは第Ⅰ部に関しても該当する。第3は，ポスト新自由主義期の国家と市民社会組織の関係に焦点を絞った研究の必要性である。本書では，両者の関係について民主化と新自由主義という二重の移行を前提に議論を展開した。しかし，本書のペルーやボリビアでの議論より，21世紀になり20世紀末における新自由主義の経験をふまえた新たな段階への移行の可能性が示唆されている。このポスト新自由主義段階それ自身の検討，およびそのもとでの国家と市民社会組織の関係性の検討がさらなる課題として残されている。

索引

【アルファベット】

LGBT　29, 218, 222, 225, 226, 229, 232-236, 238, 239, 241-250, 259

【あ行】

アプラ党（Partido Aprista Peruano）　120, 121, 125, 136, 140
アヤ・デラトレ，ビクトル・ラウル　120, 121
委任型民主主義　11, 21, 158
インフォーマルセクター　113, 114, 124, 125, 129, 136
ウマラ，オジャンタ　130, 135, 138
影響の政治　23, 227-229, 241, 246, 259

【か行】

寡頭支配　3, 6, 116-121, 125, 139
　――国家　116
カトリック　210, 220-227, 231, 235, 237-244, 246-251, 259
　――議員団　237, 240, 250
　――教会　156, 184, 217, 223-227, 229, 237, 239-244, 246-251
　――教徒　217, 220, 237, 243, 248, 251
ガルシア，アラン　125
カルデロン，フェリペ　42
官庁採択　195, 200, 202-205, 207
競争的権威主義　→　権威主義を見よ
協定（convenio）　16, 57, 60, 62, 189-192, 211
　――および財政移転契約システム（SICONV）　183, 190, 200, 202, 209-211
キリスト教　28, 29, 184, 217, 218, 220, 222-224, 226, 227, 229-232, 236, 240, 241, 244-249, 259, 261
草の根　184, 196, 217, 218, 223-227, 229, 236, 241-248, 259
組合民主主義　48-51, 59, 61, 62, 64, 65, 67-69
クライエンテリズム　5, 21, 26, 27, 118, 182, 183, 188, 195-197, 200, 205, 208, 259, 261
軍政　3, 6, 9, 10, 14, 15, 155, 188, 217, 219, 223, 224, 247, 249
権威主義　3, 5, 6, 9-11, 13-17, 29, 46, 122, 131, 152-154, 157, 174, 255, 261
　競争的――　71, 153, 174
鉱業　19, 28, 77-86, 88-108
　――部門　77-79, 81, 84, 88, 92, 107
　――法　77-80, 82-85, 88-95, 97-106, 108, 257
　新鉱業法　77-80, 84, 85, 88-95, 97-100, 102, 104-106, 108, 257
公共圏　4, 5, 24, 25, 228
公共の利益のための市民社会組織（OSCIP）　189, 190, 210
鉱山協同組合　28, 29, 79-82, 84-89, 94, 97, 99-103, 106, 107, 109, 257
　ボリビア――　82, 257
鉱山労働組合　80, 82-84, 92
コーポラティズム　4-6, 10-19, 23, 28-30, 46, 50, 155, 158, 174, 184, 185, 188, 256-260
国民行動党　10, 42
国会採択　195, 200, 203, 205-207
　予算法の国会修正　192, 194, 204
国家社会関係アプローチ　115
国家主導型発展モデル　115, 124, 125, 128
コミューン　152, 159, 164-167, 172, 175
雇用主保護協約　44, 71
雇用の柔軟化　41, 42, 44, 48-50, 52, 59, 61, 62, 65-67, 71, 73

【さ行】

財政移転　27, 29, 181, 183, 188-195, 197-211, 258, 259, 261
　――契約（contrato de repasse）　183, 189-192, 200, 202, 209-211

サリナス，カルロス　45
参加型予算　24-26, 30, 31, 154, 157, 161, 163, 182, 184, 207, 258
参加（型）民主主義　29, 247, 258
参加民主主義　26, 151-157, 159-164, 166, 168, 170, 172, 174, 175, 258
社会アカウンタビリティ　21, 22, 27, 30, 182, 261
社会主義　86, 162, 165, 166, 169-172, 175, 176, 258
若年労働基本法　135, 136, 138, 142
宗教団体　187, 210, 259, 261
熟議民主主義　25, 154, 159, 174, 175
審議会　24, 154, 182, 184, 196, 197, 200, 201, 204, 205, 207-209, 233, 250
新鉱業法　→　鉱業を見よ
新自由主義　3, 9-11, 15-17, 23, 24, 28, 41-43, 45, 49, 52-58, 60, 68, 79, 80, 85, 113-115, 124, 125, 128-133, 137, 141, 255, 257, 260-262
　　ネオリベラリズム　23, 115
　　――経済改革　80
　　ポスト――　113-115, 129, 130, 132, 133, 137, 257, 258, 262
政策アリーナ　89, 91, 94, 105, 106, 257
政策決定　77-79, 82, 86, 88-91, 94, 102, 104-107, 197, 257
　　――過程　28, 43, 77-79, 86, 104, 257
制度的革命党　4, 9, 10, 19, 26, 42
セディージョ，エルネスト　45

【た行】

第三セクター　7, 190, 255
大衆民主主義　159, 160, 172, 174-176
代表制　219
代表制民主主義　20-28, 31, 152, 153, 158, 159, 166, 172, 174, 175, 181-183, 207, 208, 218, 219, 226-228, 236, 239, 246-248, 256, 258, 260, 261
地域住民委員会　152, 157, 160-172, 174-177
地方分権　156, 172

チャベス　10, 27, 29, 151-153, 155, 157, 159, 160, 162, 163, 165, 166, 168-172, 174-177, 258
中絶　29, 218, 221, 222, 225, 226, 229-232, 236, 238-250, 259
強い国家　52
特定提案者（proponente especifico）　192, 194
トレド，アレハンドロ　130

【な行】

二重の移行　11, 12, 15, 18, 19, 28, 42, 49, 80, 255, 256, 260, 262
ネオリベラリズム　→　新自由主義を見よ

【は行】

パートナーシップ協約（termo de parceria）　190, 192
ハイブリッド体制　153, 174
フォックス，ビセンテ　42
福音派　209, 217, 218, 220-226, 229-242, 244-247, 249, 250, 259
　　――議員団　209, 230-239, 245, 247
　　――教会　224, 225, 235, 237-239, 241, 242, 250
　　――教徒　229, 240, 241, 246
フジモリ，アルベルト　128
ペニャ＝ニエト，エンリケ　45
ペルー共産党（Partido Comunista Peruano）　120-123, 127, 134, 137, 140, 141
　　――統一派（Partido Comunista Peruano-Unidad）　120-122, 127, 134, 137, 140, 141
ペルー労働総同盟（CGTP）　120
ペルー労働連合（CTP）　120
ポークバレル　27, 183, 188, 195, 197-199, 201, 202, 204, 207, 208, 256, 259, 261
ポピュリズム　9, 116, 117, 139
ボリビア鉱山公社　83
ボリビア鉱山労働組合　82

【ま行】

マリアテギ，カルロス　120
民主主義の質　25, 152, 153, 158, 170, 182, 208, 258, 262
民主主義の定着　11, 20, 25, 27, 182, 217, 219, 225, 226, 240, 246, 247
民主的革命党　50
ムニシピオ（municipio）　183, 184, 188, 189, 194-199, 201-207
メキシコ企業家連合　50
メキシコ労働者連合　44
モラレス，エボ　77, 102

【や行】

輸入代替工業化　3, 9-11, 125, 255
予算法の国会修正（emenda parlamentar）
　→　国会採択を見よ
弱い国家　79, 114, 115, 119, 257, 260

【ら行】

利益団体　29, 78, 79, 82, 85, 86, 89, 90, 92, 93, 95, 96, 105, 176
利益媒介システム　4, 11, 24, 80, 256, 259, 261
労働会議　45
労働基盤政党　54, 55, 68
労働者全国同盟　46
労働者党（PT）　139, 181, 182, 184, 196, 198, 199, 201, 203-207, 211, 219, 224, 235, 238, 251, 259
労働法制　41-45, 52, 56-62, 64-71
　──改革　28, 41-45, 48, 50, 52, 54, 56-62, 64-71, 73, 74, 257

【わ行】

和解仲裁評議会　44, 49, 60

複製許可および PDF 版の提供について

　点訳データ，音読データ，拡大写本データなど，視覚障害者のための利用に限り，非営利目的を条件として，本書の内容を複製することを認めます（http://www.ide.go.jp/Japanese/Publish/reproduction.html）。転載許可担当宛に書面でお申し込みください。

　また，視覚障害，肢体不自由などを理由として必要とされる方に，本書の PDF ファイルを提供します。下記の PDF 版申込書（コピー不可）を切りとり，必要事項をご記入のうえ，販売担当宛ご郵送ください。折り返し PDF ファイルを電子メールに添付してお送りします。

〒261-8545　千葉県千葉市美浜区若葉 3 丁目 2 番 2
　日本貿易振興機構 アジア経済研究所
　研究支援部出版企画編集課　各担当宛

　ご連絡頂いた個人情報は，アジア経済研究所出版企画編集課（個人情報保護管理者－出版企画編集課長043-299-9534）が厳重に管理し，本用途以外には使用いたしません。また，ご本人の承諾なく第三者に開示することはありません。

アジア経済研究所研究支援部　出版企画編集課長

PDF 版の提供を申し込みます。他の用途には利用しません。

宇佐見耕一・菊池啓一・馬場香織 編「ラテンアメリカの市民社会組織——継続と変容——」【研究双書626】2016年

住所 〒

氏名：　　　　　　　　　　年齢：
職業：
電話番号：
電子メールアドレス：

うさみこういち
宇佐見耕一（同志社大学グローバル地域文化学部教授）

きくちひろかず
菊池　啓一（アジア経済研究所地域研究センターラテンアメリカ研究グループ）

ばばかおり
馬場　香織（北海道大学大学院法学研究科准教授）

おかだいさむ
岡田　勇（名古屋大学大学院国際開発研究科准教授）

むらかみゆうすけ
村上　勇介（京都大学地域研究統合情報センター准教授）

さかぐちあき
坂口　安紀（アジア経済研究所地域研究センターラテンアメリカ研究グループ長）

こんたりょうへい
近田　亮平（アジア経済研究所地域研究センターラテンアメリカ研究グループ）

―執筆順―

ラテンアメリカの市民社会組織
――継続と変容――　　　　　研究双書No.626

2016年11月18日発行　　　定価［本体3300円＋税］

編　者　　宇佐見耕一・菊池啓一・馬場香織

発行所　　アジア経済研究所
　　　　　独立行政法人日本貿易振興機構
　　　　　〒261-8545　千葉県千葉市美浜区若葉3丁目2番2
　　　　　研究支援部　　電話　043-299-9735
　　　　　　　　　　　　FAX　043-299-9736
　　　　　　　　　　　　E-mail syuppan@ide.go.jp
　　　　　　　　　　　　http://www.ide.go.jp

印刷所　　日本ハイコム株式会社

Ⓒ独立行政法人日本貿易振興機構アジア経済研究所 2016
落丁・乱丁本はお取り替えいたします　　無断転載を禁ず
ISBN978-4-258-04626-3

「研究双書」シリーズ

(表示価格は本体価格です)

No.	タイトル	概要
626	**ラテンアメリカの市民社会組織** 継続と変容 宇佐見耕一・菊池啓一・馬場香織 共編　2016年　265p.　3,300円	労働組合・協同組合・コミュニティ組織・キリスト教集団をはじめ、ラテンアメリカでは様々な市民社会組織がみられる。コーポラティズム論や代表制民主主義論を手掛かりに、近年のラテンアメリカ5カ国における国家とこれらの組織の関係性を分析する。
625	**太平洋島嶼地域における国際秩序の変容と再構築** 黒崎岳大・今泉慎也編　2016年　260p.　3,300円	21世紀以降、太平洋をめぐる地政学上の大変動が起きている。島嶼諸国・ANZUS（豪、NZ、米）・中国などの新興勢力による三者間のパワーシフトと合縦連衡の関係について、各分野の専門家により実証的に分析。現代オセアニアの国際関係を考えるための必読書。
624	**「人身取引」問題の学際的研究** 法学・経済学・国際関係の観点から 山田美和編　2016年　164p.　2,100円	人身取引問題は開発問題の底層にある問題である。国際的アジェンダとなった人身取引問題という事象を、法学、経済学、国際関係論という複数のアプローチから包括的かつ多角的に分析する。
623	**経済地理シミュレーションモデル** 理論と応用 熊谷聡・磯野生茂編　2015年　182p.　2,300円	空間経済学に基づくアジア経済研究所経済地理シミュレーションモデル（IDE-GSM）についての解説書。モデルの構造、データの作成、パラメータの推定、分析例などを詳説。
622	**アフリカの「障害と開発」** SDGsに向けて 森　壮也編　2016年　295p.　3,700円	「障害と開発」という開発の新しいイシューを、アフリカ大陸の5つの地域・国と国内協力について論じた。SDGsでアフリカの開発を念頭に置く際に、障害者たちの問題を取り残さないために必要な課題を整理。
621	**独裁体制における議会と正当性** 中国、ラオス、ベトナム、カンボジア 山田紀彦編　2015年　196p.　2,400円	独裁者（独裁政党）が議会を通じていかに正当性を獲得し、体制維持を図っているのか。中国、ラオス、ベトナム、カンボジアの4カ国を事例に、独裁体制が持続するメカニズムの一端を明らかにする。
620	**アフリカ土地政策史** 武内進一編　2015年　275p.　3,500円	植民地化以降、アフリカの諸国家はいかに土地と人々を支配しようとしたのか。独立や内戦終結は、その試みをどう変えたのか。アフリカの国家社会関係を考えるための必読書。
619	**中国の都市化** 拡張、不安定と管理メカニズム 天児慧・任哲編　2015年　173p.　2,200円	都市化に伴う利害の衝突がいかに解決されるかは、その都市または国の政治のあり方に大きく影響する。本書は、中国の都市化過程で、異なる利害がどのように衝突し、問題がいかに解決されるのかを政治学と社会学のアプローチで考察したものである。
618	**新興諸国の現金給付政策** アイディア・言説の視点から 宇佐見耕一・牧野久美子編　2015年　239p.　2,900円	新興諸国等において貧困緩和政策として新たな現金給付政策の重要性を増している。本書では、アイディアや言説的要因に注目して新たな政策の形成過程を分析している。
617	**変容する中国・国家発展改革委員会** 機能と影響に関する実証分析 佐々木智弘編　2015年　150p.　1,900円	中国で強大な権限を有する国家発展改革委員会。市場経済化とともに変容する機能や影響を制度の分析とケーススタディーを通じて明らかにする。
616	**アジアの生態危機と持続可能性** フィールドからのサステイナビリティ論 大塚健司編　2015年　294p.　3,700円	アジアの経済成長の周辺に置かれているフィールドの基層から、長期化する生態危機への政策対応と社会対応に関する経験知を束ねていくことにより、「サステイナビリティ論」の新たな地平を切り拓く。
615	**ココア共和国の近代** コートジボワールの結社史と統合的革命 佐藤　章著　2015年　356p.　4,400円	アフリカにはまれな「安定と発展の代名詞」と謳われたこの国が突如として不安定化の道をたどり、内戦にまで至ったのはなぜか。世界最大のココア生産国の1世紀にわたる政治史からこの問いに迫る、本邦初のコートジボワール通史の試み。
614	**「後発性」のポリティクス** 資源・環境政策の形成過程 寺尾忠能編　2015年　223p.　2,700円	後発の公共政策である資源・環境政策の後発国での形成を「二つの後発性」と捉え、東・東南アジア諸国と先進国を事例に「後発性」が政策形成過程に与える影響を考察する。
613	**国際リユースと発展途上国** 越境する中古品取引 小島道一編　2014年　286p.　3,600円	中古家電・中古自動車・中古農機・古着などさまざまな中古品が先進国から途上国に輸入され再使用されている。そのフローや担い手、規制のあり方などを検討する。